実務の技法シリーズ 1

会社法務のチェックポイント

編著
市川　充
安藤知史

著
美和　薫
吉田大輔

弘文堂

イドを本編に先立って設けているが、これは類書にはほとんど見られない本シリーズの大きな特色であろうと自負している。また、随所にコラム欄も置き、実務上知っておきたい豆知識や失敗しないための経験知を気楽に身につけることができるようにも工夫した。

　本シリーズは、各法律・紛争分野ごとの巻のほか、これに総論的テーマを扱う巻を加えて順次刊行していく予定である。読者の皆様には、ぜひ全巻を机上に揃え、未経験・未知の案件が舞い込んだときにも、該当する巻をすぐ手にとり、チェックポイントを確認して必要部分の解説を通読していただき、誤りのない事件処理をする一助としていただきたいと念願している。また、ベテランの弁護士の方々にも、未経験の事件のほか、自らの法律知識や実務経験の再チェックをするために本シリーズを活用していただけるならば、望外の幸せである。私たちも、実務家にとってそのように身近で有用なシリーズとなるよう、最大限の努力と工夫を続けるつもりである。絶大なご支援を心からお願いする次第である。

　2019年1月

髙中正彦

市川　充

シリーズ刊行にあたって

　ひと昔は、新人・若手弁護士は、先輩弁護士によるOJTによって実務を学び、成長していったものであるが、現在は残念なことに、先輩弁護士から十分な実務の指導を受ける機会を得られない弁護士や指導が短期間に終わってしまう弁護士も、かなりの数に上っているようである。そのようなOJTに対する強い要望が背景にあるのであろう、弁護士実務のノウハウや留意点を叙述した新人・若手弁護士向けの実務書が実に多数刊行されている。しかし、それらを見ると、若干高度すぎる内容となっているもの、真に先輩弁護士に相談したい事柄を網羅していないもの、先輩の経験談を披露したにとどまるものなどが混在しているように思われる。

　このような状況の中、私たちは、実務を適切に処理するにあたって体得しておくべき技法を、一覧性のあるチェックポイントと簡潔かつ明快な基礎知識とともに叙述する書籍が必要とされているのではないかと考えるに至った。執筆陣には、新人・若手弁護士に接する機会が多い中堅弁護士を核とし、さらにはこれに気鋭の若手弁護士にも加わってもらった。「実務の技法シリーズ」と銘打ったこの出版企画は、弁護士が実務において直面するであろう具体的な場面を想定し、これを紛争類型ごとに分けたシリーズとなっている。本シリーズは全巻を通して、新人弁護士ノボルが身近な先輩弁護士である「兄弁」「姉弁」に対して素朴な疑問を投げかけ、先輩がこれに対して実務上のチェックポイントを指摘しながら回答していく対話から始まる。その後にチェックポイントをリスト化して掲げることを原則とし、その解説を簡潔に行うという構成となっている。このチェックリストだけを拾い読みしても、有益なヒントを得ることができるものとなっている。さらに、当該事件を処理する上での必携・必読の文献をまとめたブックガ

はしがき

　本書は、司法修習生を含む若手の法律実務家が新たに事件を受任した際の道標(チェックポイント)になることを目指して企画、編集、執筆をしたものである。

　実務家にとって最も重要なことは、具体的な事件を受けた際に、何が問題になっていて、その問題を解決するにはどうすればよいのかを的確に判断することである。いわゆる事件の見立てがきちんとできるかどうかでその実務家の能力が評価される。このような力をつけるには多くの種類の事件処理をすることが必要になるが、実務家としての経験が浅いときでも、他人が経験したことを見聞きしてこれを補うことができる。本書はそのような他の実務家の実務経験を基礎的な知識とともに書き込むことにより、経験が十分ではない実務家の方々の糧にしていただくことを目的としている。

　本書のタイトルを「会社法」ではなく「会社法務」としたのは、実務家が会社から相談を受ける際には、会社法にとどまらず、民法や労働法はもとより、独禁法や不正競争防止法といった専門的な法分野に関する知識や経験も必要となることから、会社法から少し幅を広げたほうがよいと考えたからである。本書の多くは会社法に関する実務的な問題を取り上げているが、会社法以外の問題点にも言及している。また、事例の設定は、ベンチャーなどを除いて主に株式を上場していない会社からの相談を念頭においている。若手の実務家の多くは、大規模な上場企業ではなく、中小規模の会社からの相談が圧倒的に多いからである。

　本書では、**Case** で具体的な事例を設定したうえで、実際に相談を受けた際に、何を相談者から聴き取るべきかをチェックするために **Check List** を設けた。また、**Case** の次に新人の「ノボル弁護士」と先輩弁護士たち(「兄弁」「姉弁」)に登場してもらい、経験の浅

い実務家が相談を受けた場合に陥りやすいミスを対話の中で示すようにした。また、対話を取り入れることにより相談に対応する際の思考の順序をイメージできるようにもなっている。[解説]の部分はできるだけわかりやすい叙述、特に、そのことがなぜ問題になるのかという点から記載するように心がけており、**参考判例**を読んでいただければ、解説で引用した判例の概要を知ることができるようにもなっている。また、最後に Case で設定した事例に対する回答を【Answer】において示した。

さらに本書の特徴として、本編に入る前に設けられた「会社法務のためのブックガイド」がある。本書はこれだけを読めば大丈夫というものではない（そもそもそのような本はほとんどないといってよい）。実務家にとって必要なことの1つに、今後どのような場合にどのような本を読んでいけばよいのかを知ることが挙げられるが、これを知る機会は実際には限られている。また、常によき先輩や同期の友人がおり、ガイド役になってくれるとは限らない。そのようなガイド役を担うべく、各書籍に簡単なコメントを付けて紹介しているので、読者の参考になれば幸いである。

本書を上梓するにあたっては、弘文堂編集部の登健太郎氏、中村壮亮氏と何度も企画会議を行いその内容を詰めていき、その過程で様々な助言をいただいた。おふたりの協力がなければ本書は世に出ることはなかったと思う。心からお礼を申し上げたい。

2019年1月

市川　充
安藤知史

目次 contents

シリーズ刊行にあたって ── i
はしがき ── iii
凡　例 ── xviii
会社法務のためのブックガイド ── xix

第1章　会社の組織・役員人事 ── 1

1 … 取締役を減員する（機関設計の変更） ── 2
[Case] ── 2
[Check List] ── 3
【解説】
1 会社の機関設計の確認 ── 4
2 様々な機関設計 ── 4
3 取締役の員数の定め方 ── 6
4 取締役の員数を減員するのに必要な手続 ── 6
5 取締役の任期 ── 6
6 取締役が1名の会社における留意点 ── 7
7 取締役会非設置会社における業務執行等 ── 7
　(1) 監査機関の設置 (7)／(2) 株主総会の権限 (7)／(3) 業務執行の決定方法等 (7)
【Answer】── 8

2 … 取締役の解任 ── 10
[Case] ── 10
[Check List] ── 12
【解説】
1 取締役を解任する手続 ── 12
2 取締役の解任によって員数を欠くことにならないか ── 13
　(1) 法令・定款所定の員数の確認 (13)／(2) 取締役に欠員が生じた場合 (13)
3 解任について「正当な理由」があるといえるか ── 13
4 解任された取締役に対する損害賠償の範囲 ── 14
5 解任の訴えについて ── 15
▶参考判例 ── 15
【Answer】── 16

3 … 取締役会決議 —— 17

[Case] —— 17
[Check List] —— 19
〖解説〗
1 取締役会の役割と権限 —— 19
 (1)「支配人その他の重要な使用人の選任及び解任」の意義 (19) ／ (2)「支店その他の重要な組織の設置、変更及び廃止」の意義 (20)
2 取締役会規則などの内規について —— 20
3 取締役会決議を欠く行為の効力 —— 20
4 取締役会の招集 —— 21
5 取締役会の目的事項を特定して招集している場合 —— 21
6 取締役会の目的事項を特定せず招集している場合 —— 22
7 招集手続の省略等 —— 22
8 手続違反があった場合の取締役の責任 —— 23
▶参 考 判 例 —— 23
〖Answer〗—— 24

4 … 顧問弁護士を監査役に選任する —— 25

[Case] —— 25
[Check List] —— 26
〖解説〗
1 監査役の兼任禁止との関係 —— 26
2 社外監査役の要件 —— 28
3 常勤か非常勤か —— 29
4 監査役が会社の訴訟代理人となることについて —— 29
▶参 考 判 例 —— 29
〖Answer〗—— 30

5 … 取締役の報酬 —— 31

[Case] —— 31
[Check List] —— 32
〖解説〗
1 取締役の報酬の決定手続 —— 32
 (1) 株主総会の決議 (33) ／ (2) 株主総会の決議によって定める事項 (33) ／ (3) 株主総会において開示する事項 (34) ／ (4) 取締役会における具体的な支給額の決定 (34) ／ (5) 株主総会の決議がない場合 (35)

2 取締役の報酬の減額 —— 35
    (1) 会社による一方的な変更の可否（36）／(2) 取締役会による報酬減額の決定（36）
  ▶ 参 考 判 例 —— 37
  【 Answer 】—— 37

6 … 役員の退職慰労金 —— 39

  [Case] —— 39
  [Check List] —— 40
  【 解 説 】
  1 退職慰労金支給の決定方法 —— 41
  2 使用人兼務取締役か否か —— 41
  3 退職慰労金規程などの内規や慣行について —— 42
  4 退職慰労金支給額の決定を取締役会等に一任する場合 —— 42
    (1) 取締役会等に一任するための要件（42）／(2) 取締役会がさらに代表取締役に一任することは可能か（43）
  5 会社と取締役との契約等について —— 43
    (1) 契約等に違反した場合の問題点（43）／(2) 会社が退任取締役に対して債務不履行責任を負うか（44）／(3) 代表取締役が支給を約束していた場合（44）
  6 退職慰労金の不支給・減額 —— 45
  7 退任取締役の不祥事が発覚したような場合 —— 45
  ▶ 参 考 判 例 —— 45
  【 Answer 】—— 46

7 … 会計帳簿等閲覧請求への対応 —— 47

  [Case] —— 47
  [Check List] —— 48
  【 解 説 】
  1 会計帳簿の閲覧謄写請求の位置づけ —— 48
    (1) 会計帳簿閲覧謄写請求の内容（49）／(2) 計算書類等の閲覧・謄本交付請求との違い（49）
  2 閲覧謄写請求を拒否できる場合 —— 50
    (1) 請求理由の明示（50）／(2) 会計帳簿等の範囲（50）／(3) 法定の拒絶事由（51）／(4) 代理人による請求であることを理由とした拒否（52）
  3 会計帳簿閲覧謄写請求訴訟（仮処分）—— 52
    (1) 訴訟外における事前の閲覧謄写請求の要否（52）／(2) 複数の株主による閲覧謄写請求の可否（52）／(3) 新株発行による持株比率の低下（52）／(4) 対象となる会計帳簿等の特定（53）／(5) 仮処分における保全の必要性（53）
  ▶ 参 考 判 例 —— 54
  【 Answer 】—— 55

第2章 株主総会に関する問題 —— 57

8 ⋯ 株主総会を開催するための手続 —————— 58
[Case] —— 58
[Check List] —— 59
【解説】
1 取締役会設置会社か否かによる招集手続の違い —— 60
 (1) 招集の決定（60）／(2) 招集通知（60）／(3) 招集通知の発出時期（61）
2 定款による定め —— 61
 (1) 招集通知の発出時期の短縮（61）／(2) 普通決議の定足数の引き下げ（61）／(3) 特別決議の定足数の引き下げ等（62）
3 手続の簡略化 —— 62
 (1) 招集手続の省略（63）／(2) 全員出席総会（63）／(3) 書面決議（63）
▶参考判例 —— 63
【Answer】—— 63

9 ⋯ 取締役の説明義務 ———————— 65
[Case] —— 65
[Check List] —— 66
【解説】
1 説明義務 —— 66
 (1) 説明義務の趣旨（67）／(2) 説明しなくてもよい場合（67）／(3) 実務上の対応（68）
2 説明の程度 —— 68
 (1) 報告事項について（68）／(2) 決議事項について（69）
3 個別の議案に関する説明義務 —— 69
 (1) 取締役選任議案（69）／(2) 取締役報酬議案（70）
4 説明義務違反があった場合 —— 71
 (1) 総会決議の取消し（71）／(2) 過料（71）
▶参考判例 —— 71
【Answer】—— 72

10 ⋯ 株主総会の瑕疵 ———————— 73
[Case] —— 73
[Check List] —— 74
【解説】
1 株主総会決議の瑕疵 —— 75
 (1) 決議取消しの訴え（75）／(2) 決議不存在確認の訴え（75）／(3) 決議無効確認の訴え（76）／(4) 実務上多い訴訟類型（76）

  2 各訴訟類型における原告適格 ── 76
   (1) 決議取消しの訴えの場合（76）／**(2)** 決議不存在確認および決議無効確認の訴えの場合（77）／**(3)** 株主が原告となる場合（77）
  3 決議取消しの訴えに関する固有の問題 ── 78
   (1) 提訴期間（78）／**(2)** 裁量棄却（78）
  4 株主総会議事録の入手 ── 78
   (1) 株主の閲覧・謄写請求権（79）／**(2)** 会社が閲覧謄写を拒絶した場合（79）
  5 担保提供命令 ── 80
 ▶ 参 考 判 例 ── 80
 〚*Answer*〛── 81

第3章 役員の責任について ── 83

11… 取締役に対する任務懈怠責任の追及 ──── 84

〔**Case**〕── 84
〔**Check List**〕── 85
〔 解 説 〕
1 会社の基礎的資料は確保されているか ── 86
2 取締役の任務懈怠責任 ── 87
 (1) 責任の性質等（87）／**(2)** 責任の主体（87）／**(3)** 任務懈怠（87）／**(4)** 故意または過失（88）／**(5)** 賠償すべき損害の範囲および因果関係等（88）／**(6)** 責任の一部免除および責任額の限定（89）／**(7)** 株主代表訴訟（89）
3 任務懈怠の類型 ── 90
 (1) 法令違反（90）／**(2)** 定款違反（91）／**(3)** 経営判断の誤り（92）／**(4)** 監視・監督義務違反（92）
▶ 参 考 判 例 ── 93
〚*Answer*〛── 93

12… 他の会社の代表取締役を兼務する場合の問題点
  （競業取引・利益相反取引） ──── 95

〔**Case**〕── 95
〔**Check List**〕── 96
〔 解 説 〕
1 競業取引および利益相反取引の規制の概要 ── 97
2 競業取引規制と取締役の責任 ── 98
 (1) 取締役の競業取引規制（98）／**(2)**「会社の事業の部類に属する取引」（99）／**(3)** 他の会社の代表取締役への就任、他の会社の設立や取得（100）
3 利益相反取引の規制と取締役の責任 ── 100
 (1) 利益相反取引の規制（100）／**(2)** 利益相反取引に該当する取引（101）

4 競業取引・利益相反取引の承認の手続 —— 102
5 責任の免除および責任額の一部限定 —— 102
▶参考判例 —— 102
【Answer】—— 103

13 … 名目的取締役の責任とその地位の解消 —— 104

[Case] —— 104
[Check List] —— 106
【解説】
1 はじめに —— 106
2 名目的取締役の問題 —— 107
 (1) 名目的取締役とは (107) /(2) 名目的取締役の責任 (108) /(3) 実務上の留意点 (109)
3 登記簿上の取締役の問題 —— 109
 (1) 登記簿上の取締役とは (109) /(2) 登記簿上の取締役の責任 (110) /(3) 実務上の留意点 (110)
4 権利義務取締役 —— 111
 (1) 権利義務取締役の責任 (111) /(2) 権利義務取締役の地位の解消 (111)
▶参考判例 —— 112
【Answer】—— 112

14 … 株主権行使に関する利益供与の禁止と取締役の責任 —— 114

[Case] —— 114
[Check List] —— 115
【解説】
1 株主の権利行使に関する利益供与の禁止 —— 115
2 利益供与に関与した取締役の責任 —— 116
 (1) 利益供与に関与した取締役の供与利益相当額の支払責任 (116) /(2) 会社の損害の要否 (117)
3 「財産上の利益の供与」であること —— 117
4 「会社またはその子会社の計算」においてされること —— 118
 (1) 「会社または子会社の計算」の要件の趣旨 (118) /(2) 取締役等の計算による利益供与 (118)
5 「株主の権利の行使に関し」てされたこと —— 119
 (1) 「株主の権利の行使に関し」てされたことの意義 (119) /(2) 特定の株主への利益供与に関する推定規定 (119) /(3) 関連性の有無が問題となる事例 (119)
6 違法性が認められない場合 —— 121
▶参考判例 —— 121

【Answer】── 122

15 … 取締役の第三者に対する任務懈怠責任 ── 123
[Case] ── 123
[Check List] ── 124
【解説】
1 会社法429条1項の責任の実務上の意義 ── 125
 (1) 役員個人に対する責任追及の必要性 (125)／(2) 不法行為責任との異同 (126)
2 会社法429条1項の責任の要件等 ── 127
 (1) 責任の法的性質 (127)／(2) 判例の示した要件 (127)／(3) 民法の諸規定の適用 (127)
3 責任を負う主体 ── 128
4 任務懈怠 ── 128
 (1) 会社法423条1項との関係 (128)／(2) 経営判断の原則 (129)
5 悪意・重過失 ── 129
6 第三者の範囲 ── 130
7 損害との間の相当因果関係 ── 130
▶参考判例 ── 130
【Answer】── 131

第4章 会社の支配権に関する問題 ── 133

16 … 会社支配権をめぐる社長の解任（解職） ── 134
[Case] ── 134
[Check List] ── 136
【解説】
1 問題に対応するにあたって ── 136
2 代表取締役の解任と特別利害関係 ── 138
3 審議参加および議長となることの可否 ── 138
 (1) 特別利害関係を有する者が審議に参加できるか (138)／(2) 特別利害関係を有する者が議長を務めることができるか (139)
4 新たな代表取締役の選定 ── 139
5 登記手続など実務上の留意点 ── 139
 (1) 解職による影響 (139)／(2) 登記手続における留意点 (139)／(3) 解職を決議する時期の検討 (140)
6 損害賠償請求について ── 140
▶参考判例 ── 141
【Answer】── 141

17 … 少数株主の排除（スクイーズアウト）の方法 ────── 142

[Case] ── 142
[Check List] ── 144
【解 説】
1 会社の持株比率によるスキーム選択 ── 144
2 任意に株式を買い取る方法 ── 145
3 株主総会の特別決議が可能な状況の場合 ── 145
　(1) 全部取得条項付種類株式の利用 (145) ／ (2) 株式の併合による方法 (147)
4 大株主が 90％ 以上の株式を保有している場合 ── 148
5 その他の方法 ── 149
　(1) 株式交換 (149) ／ (2) 吸収合併 (149) ／ (3) 税負担の確認 (149)
【Answer】── 150

18 … 資金調達時の支配権維持 ────── 151

[Case] ── 151
[Check List] ── 152
【解 説】
1 募集事項の決定方法 ── 153
2 第三者割当ての手続 ── 153
3 支配権の維持等を目的とした募集株式の発行 ── 154
4 種類株式の活用について ── 155
　(1) どのような種類株式を活用するか (155) ／ (2) 種類株式を発行する手続 (156)
▶参 考 判 例 ── 156
【Answer】── 157

19 … 支配権をめぐる争いを解決するには ────── 158

[Case] ── 158
[Check List] ── 160
【解 説】
1 相続による株式分散のリスク ── 160
2 会社分割の活用 ── 161
3 会社分割を利用する場合の問題点 ── 161
　(1) 税務上の問題点 (161) ／ (2) 適格分割における問題点 (162) ／ (3) 取引先や従業員に関する問題点 (164)
4 相続人等に対する売渡請求 ── 164
【Answer】── 165

第5章 株式に関する問題 —— 167

20 … 株式の譲渡承認請求 —————— 168
[Case] —— 168
[Check List] —— 169
【解説】
1 株式の譲渡制限 —— 170
　(1) 譲渡制限株式 (171)／(2) みなし承認の規定 (171)／(3) 会社の承認なく行われた株式譲渡の効力 (171)／(4) 譲渡の承認機関 (171)
2 譲渡承認請求の流れ —— 172
　(1) 株主による譲渡承認請求 (172)／(2) 株式取得者による譲渡承認請求 (173)
3 会社側の対応（譲渡を承認しない場合）—— 173
　(1) 譲渡を承認しない旨の決定 (173)／(2) 会社または指定買取人のいずれが株式を買い取るかについての方針の決定 (173)／(3) 会社による株式の買取りの決定 (174)／(4) 買取決定後の通知・供託 (175)／(5) 指定買取人の指定 (175)／(6) 株主による株券の供託（株券発行会社の場合）(176)
4 売買価格の決定 —— 176
　(1) 当事者間での協議 (176)／(2) 売買価格決定の申立て (177)／(3) 裁判所による決定 (177)／(4) 売買価格決定後 (177)
▶ 参 考 判 例 —— 178
【Answer】—— 178

21 … 自己株式の取得と処分 —————— 179
[Case] —— 179
[Check List] —— 180
【解説】
1 自己株式の取得 —— 180
　(1) 自己株式の取得による弊害 (180)／(2) 平成13年改正による自己株式の取得規制の緩和 (181)
2 特定株主から合意により取得する場合 —— 182
　(1) 手続の流れ (183)／(2) 売主追加請求 (183)／(3) その他の株主との合意による自己株式の取得 (184)
3 財源規制 —— 184
　(1) 財源規制の内容 (184)／(2) 財源規制に違反した場合 (185)
4 第三者の名義による取得 —— 185
　(1) 第三者の名義で自己の計算による取得 (185)／(2) 自己の名義で他人の計算による取得 (186)
5 取得後の自己株式の取扱い —— 186
　(1) 自己株式の法定地位 (186)／(2) 自己株式の消却 (187)／(3) 自己株式の処分 (187)
【Answer】—— 187

22 … 株券発行会社における株式の譲渡 ── 189

[Case] ── 189
[Check List] ── 190
【解説】
1 株券発行会社か否か ── 191
 (1) 会社法における株券不発行の原則 (191) ／ (2) 株券発行会社において株券を発行しなくてもよい場合 (191)
2 株券発行会社が株券を発行していない場合の対応 ── 192
 (1) 株券の発行 (192) ／ (2) 株券発行請求訴訟 (192) ／ (3) 株券不発行会社への移行 (193)
3 過去に株券の交付がない株式譲渡が行われていた場合 ── 194
 (1) 株式譲渡のやり直し (194) ／ (2) 補償責任等による対応 (194)
▶参考判例 ── 195
【Answer】── 195

23 … 株式の相続 ── 197

[Case] ── 197
[Check List] ── 198
【解説】
1 相続が発生した場合の株式等の取扱い ── 199
 (1) 株式会社の場合 (199) ／ (2) 持分会社（合名会社、合資会社、合同会社）の場合 (199)
2 共同相続人間における株式の分割の有無 ── 199
 (1) 遺産分割協議の要否 (199) ／ (2) 遺産分割がなされるまでの株主権の行使方法 (200)
3 相続人等からの株式の買取り ── 200
 (1) 相続人等に対する売渡請求による場合 (201) ／ (2) 相続人との合意による場合 (201)
4 相続人等に対する売渡請求の流れ ── 202
 (1) 株主総会の特別決議 (202) ／ (2) 売渡請求 (202)
5 売買価格の決定 ── 203
 (1) 売買価格決定の申立て (203) ／ (2) 裁判所による審理 (203) ／ (3) 申立てがなされなかった場合 (204)
6 自己株式取得に関する規制との関係 ── 204
 (1) 財源規制 (204) ／ (2) 財源規制に違反した場合 (204)
▶参考判例 ── 204
【Answer】── 205

第6章 会社のリスク管理 —— 207

24 … 事業承継（親族内承継を中心に）—————— 208

［Case］—— 208
［Check List］—— 209
［解説］
1 事業承継 —— 210
 (1) 事業承継とは（210）／(2) 事業承継ガイドラインの活用（210）
2 現状の把握と承継計画の立案 —— 210
3 承継先は誰か —— 211
 (1) 親族内承継（211）／(2) 親族外承継（役員・従業員への承継・第三者への売却）（211）
4 親族内承継の主な手順等 —— 212
5 先代経営者から後継者への自社株等の承継 —— 212
 (1) 後継者の議決権の確保（212）／(2) 後継者への自社株等の承継方法（213）／(3) 遺留分への配慮と遺留分減殺請求への対策（215）
6 自社株の分散の防止 —— 216
 (1) 株式の買取り（216）／(2) 会社法上の売渡請求（217）／(3) 名義株・所在不明株主の整理（217）
7 自社株等の承継に伴う税負担と対策 —— 218
 (1) 贈与税の概要（218）／(2) 相続税の概要（219）／(3) 相続税・贈与税の課税における自社株の評価方法（220）／(4) 非上場株式等についての相続税および贈与税の納税猶予・免除制度（事業承継税制）（221）／(5) 小規模宅地等の例外（222）
8 債務・保証等への対応 —— 222
▶参 考 判 例 —— 223
［Answer］—— 223

25 … 取締役による従業員の引き抜き行為と
###　　取締役の責任 —————— 224

［Case］—— 224
［Check List］—— 226
［解説］
1 従業員の引き抜き行為に対する責任 —— 226
 (1) 引き抜き行為がされた時期（226）／(2) 取締役在任中の従業員の引き抜き（227）／(3) 取締役退任後の従業員の引き抜き（227）
2 取締役在任中の引き抜き行為と忠実義務違反 —— 227
 (1) 忠実義務違反となる場合（227）／(2) 裁判例の傾向（228）
3 取締役退任後の引き抜き行為と責任 —— 228
 (1) 退任した取締役の責任（228）／(2) 退任後の引き抜き行為が違法となる場合（228）／(3) 元従業員による引き抜き行為に関する裁判例（229）
4 取締役退任後の競業避止義務について —— 229

5 従業員の引き抜き行為によって生じる会社の損害等 ── 230
       (1) 違法な引き抜き行為の責任（230）／(2) 引き抜き行為による会社の損害（230）
    ▶参 考 判 例 ── 231
    【Answer】── 232

26 … 企業の営業秘密の保護（従業員による情報の持ち出し） ── 233

    [Case] ── 233
    [Check List] ── 234
    〔解 説〕
    1 不正競争防止法による営業秘密の保護 ── 235
       (1) 不正競争防止法（235）／(2) 営業秘密とは（235）／(3) 営業秘密侵害行為（236）／(4) 侵害行為の立証（237）／(5) 営業秘密の侵害に対する法的効果（237）
    2 営業秘密の具体的な管理方法 ── 238
       (1) 営業秘密管理指針（238）／(2) 営業秘密管理指針に示された具体的な情報管理方法（238）
    3 情報漏えいの予防措置 ── 239
       (1) 情報漏えい予防の重要性（239）／(2) 秘密情報の保護ハンドブック（239）
    ▶参 考 判 例 ── 242
    【Answer】── 242

27 … 契約書レビューの留意点 ── 244

    [Case] ── 244
    [Check List] ── 245
    〔解 説〕
    1 契約書の作成目的 ── 246
    2 契約書の作成実務と形式面の留意点 ── 247
       (1) 契約書の作成方法の助言（247）／(2) 契約書の基本的な構成および作成上の留意点（247）／(3) 取引基本契約と個別契約（249）／(4) 条項の形式面の点検（249）／(5) 要式契約の場合（249）
    3 契約条項を検討する際の留意点 ── 250
       (1) 基本的な視点（250）／(2) 依頼者の意図の把握（250）／(3) 法的有効性・法的拘束力の具備（252）／(4) 契約違反の場合の救済手段の確保（252）
    4 契約書のチェック事項（継続的な売買契約を題材に）── 254
    【Answer】── 256

事項索引 ── 257

【コラム一覧】
　「有限会社」がなくなる日は来るか？ —— 9
　取締役を処分できるか —— 38
　会社法務と弁護士の懲戒 —— 137
　株主間契約を活用するには —— 163
　株券喪失登録 —— 195
　会社は従業員の電子メールを本人の了解なく閲読してよいか？ —— 241

凡　例

【法令】

　本書において法令を示すときは、平成30年12月30日現在のものによっている。なお、かっこ内で参照条文を示すときは、法令名について以下のように略記したほか、条は数字のみとし、項を①、②、③……、号を(1)、(2)、(3)……と表記した（例：会社法911条3項15号→会911③(15)）。

会	会社法	不競	不正競争防止法
会規	会社法施行規則	民	民法
会計規	会社計算規則	民訴	民事訴訟法
独禁	独占禁止法（私的独占の禁止及び公正取引の確保に関する法律）	民保	民事保全法

【文献】

江頭	江頭憲治郎『株式会社法〔第7版〕』（有斐閣・2017年）
コンメ(7)	岩原紳作編『会社法コンメンタール7　機関［1］』（商事法務・2013年）
コンメ(8)	落合誠一編『会社法コンメンタール8　機関［2］』（商事法務・2009年）
コンメ(9)	岩原紳作編『会社法コンメンタール9　機関［3］』（商事法務・2013年）
新・裁判実務大系(11)	門口正人編『新・裁判実務大系11　会社訴訟・商事仮処分・商事非訟』（青林書院・2001年）
類型別Ⅰ	東京地方裁判所商事研究会編『類型別会社訴訟Ⅰ〔第3版〕』（判例タイムズ社・2011年）
類型別Ⅱ	東京地方裁判所商事研究会編『類型別会社訴訟Ⅱ〔第3版〕』（判例タイムズ社・2011年）

【判例】

最大判(決)	最高裁判所大法廷判決(決定)	集民	最高裁判所裁判集民事
最判(決)	最高裁判所小法廷判決(決定)	金判	金融・商事判例
高判(決)	高等裁判所判決(決定)	金法	金融法務事情
地判(決)	地方裁判所判決(決定)	判時	判例時報
知財高判	知的財産高等裁判所判決	判タ	判例タイムズ
民集	最高裁判所民事判例集	労判	労働判例
刑集	最高裁判所刑事判例集		

会社法務のためのブックガイド

　実務家も、基本書を（できればコンメンタールも）最低1冊は手許においておきたい。以下では、実務家の間でも定評がある代表的な基本書、コンメンタール、解説書および法令集を紹介している。また、会社法務の分野では、非常に多くの実務書が刊行されているので、信頼できる書籍を選ぶのは難しい。自分が必要とする分野や内容をカバーしているか、使い勝手が良いかなど、実務書を選ぶ観点は様々だが、以下では多くの実務家が利用していると思われる実務書を紹介しているので、参考にしていただきたい。

■ 基 本 書 ■

神田秀樹
『会社法〔第20版〕』（弘文堂・2018年）
基本書として定評がある。会社法を理解するうえで必要な事項や近時の判例などが網羅されているが、コンパクトで読みやすい。実務家としても手許においておきたい一冊。

江頭憲治郎
『株式会社法〔第7版〕』（有斐閣・2017年）
会社法務に関わる実務家の多くが参照している基本書。かなりボリュームがあるため通読するにはエネルギーが必要だが、実務上問題となる論点については、かなり細かいところまで網羅されている。

田中　亘
『会社法』（東京大学出版会・2016年）
図表なども多く用いられており、内容が理解しやすい。学生向けの基本書ではあるが、実務上重要な論点なども十分に取り上げられており、簿記など会社法務に関わる際に役に立つ記載も盛り込まれている。

■ コンメンタール ■

江頭憲治郎ほか編
『会社法コンメンタール　1〜20』（商事法務）
各条文に対して詳しい解説が付されており、調べものをする際に非常に便利。ただし、現時点で全20巻もあり、いまだ刊行が続いている。

江頭憲治郎＝中村直人編
『論点体系会社法　1〜6・補巻』（第一法規）
実務家向けのコンメンタール。逐条形式で実務上重要な論点に解説を加えるという形式になっており、全6巻＋補巻という構成なのでコンメンタールとしては比較的コンパクト。

酒巻俊雄＝龍田節編集代表
『逐条解説　会社法　1〜5・9』（中央経済社）
各条文の趣旨や制度の沿革などについて丁寧な解説がある。ただし、現在も刊行中であり、会社の計算、社債、組織再編部分が未刊。

■ 解説書 ■

江頭憲治郎＝門口正人編集代表
『会社法体系　1〜4』（青林書院・2008年）
会社法全体について、会社法務・訴訟実務などで問題となる論点を網羅的に解説している。2008年刊行のため若干古いが、執筆者には裁判官、弁護士などの実務家も多く、実務上の解釈指針を知るうえで参考となる。

相澤哲＝葉玉匡美＝郡谷大輔編
『論点解説　新・会社法——千問の道標』（商事法務・2006年）
会社法施行後まもない時期に刊行されたものだが、立法担当者が会社法の各論点について解釈指針を示しており、現在でも実務上の参考になる。

東京地方裁判所商事研究会編
『類型別会社訴訟Ⅰ・Ⅱ〔第3版〕』（判例タイムズ社・2011年）
裁判官、裁判所書記官による実務書。会社訴訟という視点の書籍だが、様々な訴訟類型で問題となる会社法上の論点についてもQ＆A形式でコンパクトに解説されており、非常に参考になる。ただし現在は入手困難。

■ 実務書 ■

東京八丁堀法律事務所ほか
『新版　会社法実務スケジュール』（新日本法規・2016年）
会社法務における様々な事項（株主総会、募集株式の発行、組織再編など）について、そのスケジュールが表形式で示されている。各手続についても簡易な解説が付されているため、スケジュール策定の際などに便利。

中村直人
『役員のための株主総会運営法〔第3版〕』（商事法務・2018年）
株主総会の運営に関する実務書は多くあるが、本書は株主総会の運営において留意すべき点が、答弁の例なども示しながら平易かつコンパクトにまとめられており、弁護士が会社に助言する際にも参考になる。

山田和彦＝倉橋雄作＝中島正裕
『取締役会付議事項の実務〔第2版〕』（商事法務・2016年）
取締役会への付議事項に関する解説に加えて、どのような事項を取締役会に付議すべきかについては実務的な視点からQ＆A形式で記載されている。

大阪株式懇談会編
『会社法実務問答集Ⅱ』（商事法務・2018年）
大阪株式懇談会の「会報」に掲載された「法規問答集」を取りまとめたもの。ほかの解説書、実務書にはあまり言及がないような極めて実務的な論点がまとめられている。

■ 法 令 集 ■

中央経済社編
『「会社法」法令集〔第11版〕』（中央経済社・2015年）
会社法の法令集。会社法だけではなく、会社法施行規則や会社計算規則なども掲載されている。会社法の各条文末尾には関係する他の条文や規則などが記載されているため使いやすい。

第 **1** 章

会社の組織・役員人事

第1章 ● 会社の組織・役員人事

1…取締役を減員する（機関設計の変更）

> **Case**
> 　X株式会社は、Aがオーナーで代表取締役を務めているが、会社設立時に協力してもらった友人・知人などと合わせて5名の取締役が選任されている。しかし、実際の経営は、Aが1人で行っていて、取締役のうち2名は会議にもほとんど出席していない。X社では、取締役の任期は5年と定められており、近々、取締役全員が任期満了を迎えるため、Aとしては、会議にもほとんど出席しなくなっている2名は再任せず、取締役を3名にしようと考えている。また、いずれは取締役1名だけの会社にするプランもある。

ノボル：X社は、私の学生時代の友人であるAがオーナーで社長をしているのですが、今は取締役が5名いる会社です。いずれは取締役1名の会社にしたいようなのですが、まずは3名に減員したいという相談を受けました。

兄　弁：2名は解任するのかな。

ノボル：いえ、解任ではなく、ちょうど任期満了になるので、今度の株主総会で再任しないという扱いですから、特に問題はないと考えています。

兄　弁：X社は取締役会設置会社なんだよね。

ノボル：おそらくそうだと思います。

兄　弁：定款や登記は確認していないの？

ノボル：取締役による会議を行っていると聞いていたので、取締役会設置会社だと思います。

兄　弁：おそらくそうなんだろうけど、その会議が法的な意味での取締役会とは限らないから一応確認しておいたほうがいいよ。取締役会設置会社だと

して、3名のみを再任することを株主総会の議案とすることについて、A以外の取締役には異論はないのかな。

ノボル：ほかの取締役の意向は聞いていませんでした。たしかに、株主総会の招集については取締役会の権限ですね。

姉 弁：それに、取締役を減員するなら定款は見ておかないと。

ノボル：ただ、取締役会設置会社だとしても最低の3名はクリアしているので大丈夫だと思います。

姉 弁：株式会社の定款では、取締役の員数の上限や下限が定められているのが一般的よ。たとえば定款で「取締役は5名以上とする」と規定されていたら、定款に定める員数を欠くことになってしまうよね。

ノボル：うっかりしていました…。急いで確認するようにします。

姉 弁：あと、将来は取締役を1名にしたいということだけど、その場合の問題点を整理して、いろいろな選択肢を検討したほうがいいわね。

ノボル：はい。定款変更も必要になりますので、ほかの選択肢も含めて検討したいと思います。

姉 弁：ところで、将来っていつ頃を予定してるの？ もし、近い時期に機関設計の変更を予定しているなら、取締役の任期が5年のままで大丈夫かしら。

ノボル：…その点は考えていませんでした。Aに意向を確認してみます。定款でどのように定められているかの確認も必要ですね。

Check List

□現在の機関設計はどのようになっているか（取締役会設置会社か）［→ **1・2**］
□定款で取締役の員数はどのように定められているか［→ **3**］
□取締役の減員について社内の賛成が得られる状況か［→ **4**］
□取締役の任期満了を待つことは可能か［→ **5**］
□取締役1名のみの会社に生じうる不都合を検討したか［→ **6**］
□様々な機関設計を検討したか［→ **2**］

[解説]

1 会社の機関設計の確認

会社法では、株式会社について定款自治が広く認められている。たとえば、非公開会社では取締役会の設置は義務づけられず（会327①）、旧有限会社で認められていたような監査役をおかない会社形態も可能になるなど、様々な機関設計が認められている。中小規模の会社では、経営の効率化という観点などから取締役会の廃止や取締役の減員など、よりスリムな機関設計にしたいというニーズや、事業規模の拡大などに伴い監査役会の設置などにより監査機能を充実させたいというニーズなどが考えられ、対応する弁護士には、様々な機関設計におけるメリット・デメリットを整理して助言をすることが求められる。

こうした問題に対応する前提として、当該会社の機関設計がどのようになっているかを把握しなければならないが、中小規模の会社では、たとえば取締役会設置会社であるのに取締役会が開催されている実態がないといったケースも少なくなく、機関設計を定款や登記事項証明書によって客観的に確認することが必要である。なお、取締役会設置会社、監査役設置会社、監査役会設置会社については、その旨が登記事項とされており（会911③⑮⑰⑱）、会計監査人設置会社であるときはその旨および会計監査人の氏名または名称、会計参与設置会社であるときはその旨ならびに会計参与の氏名または名称および計算書類などを備え置く場所が登記事項とされているので（会911③⑯⑲）、これらの事項は登記事項証明書を見れば確認が可能である。

2 様々な機関設計

非公開会社で、かつ大会社ではない場合の機関設計には、**図表1**のような選択肢がある。なお、大会社とは、最終事業年度にかかる貸借対照表に①資本金として計上した額が5億円以上であるか、②負債の部に計上した額の合計額が200億円以上である会社をいう（会2⑹）。

▼図表1　機関設計のバリエーション

取締役会を設置しない	株主総会＋取締役
	株主総会＋取締役＋監査役
	株主総会＋取締役＋会計参与
	株主総会＋取締役＋監査役＋会計参与
	株主総会＋取締役＋監査役＋会計監査人
	株主総会＋取締役＋監査役＋会計監査人＋会計参与
取締役会を設置する	株主総会＋取締役会＋監査役
	株主総会＋取締役会＋監査役＋会計参与
	株主総会＋取締役会＋監査役＋会計監査人
	株主総会＋取締役会＋監査役＋会計監査人＋会計参与
	株主総会＋取締役会＋監査役会
	株主総会＋取締役会＋監査役会＋会計参与
	株主総会＋取締役会＋監査役会＋会計監査人
	株主総会＋取締役会＋監査役会＋会計監査人＋会計参与
	株主総会＋取締役会＋会計参与
指名委員会等や監査等委員会を設置する	株主総会＋取締役会＋指名委員会等＋会計監査人
	株主総会＋取締役会＋指名委員会等＋会計監査人＋会計参与
	株主総会＋取締役会＋監査等委員会＋会計監査人
	株主総会＋取締役会＋監査等委員会＋会計監査人＋会計参与

　このように機関設計の選択肢は多岐にわたるが、どのような機関設計が適しているかは、会社の規模、株主構成その他の当該会社の状況、事業内容などの事情を踏まえて検討する必要がある。たとえば、機動的な経営を行うために機関設計をシンプルにしたいということであれば取締役会を設置しないことを検討することになるし、経営判断を慎重にしたい、取締役の業務執行に対する監督機能を充実させたいということであれば、取締役会を設置したうえで、監査機能をどこまで充実させるかを検討することになる。

3　取締役の員数の定め方

　会社法では、取締役を1名以上おかなければならないとされており（会326①）、取締役会設置会社では3名以上とされている（会331⑤）。
　しかし、多くの会社では、取締役の員数については定款で「○名以上」「○名以内」などと下限や上限を定めている場合が多い。したがって、員数の増員や減員にあたっては、必ず定款を確認し、定款に定める下限を下回る（上限を上回る）ような減員や増員をする場合には定款変更が必要になる。なお、定款変更については、株主総会の特別決議（会309②）によらなければならない。

4　取締役の員数を減員するのに必要な手続

　取締役は、株主総会を招集する場合には、株主総会の日時・場所、株主総会の目的である事項などを定めなければならないとされている（会298①）。また、取締役会設置会社では、これらは取締役会決議によらなければならないとされている（同④）。
　株主総会を招集・開催した場合には、当該株主総会で任期途中の取締役を解任するか、任期満了を迎えた取締役を再任をしないことにより、取締役を減員する。定款の変更が必要な場合は、株主総会の特別決議に基づき変更する。

5　取締役の任期

　指名委員会等設置会社や監査等委員会設置会社を除き、取締役の任期は2年以内（正確には「選任後2年以内に終了する事業年度のうち最終のものに関する定時株主総会の終結の時まで」。会332①）とされている。なお、定款または株主総会で短縮することは可能である。
　また、非公開会社では、定款で10年以内まで（正確には「選任後10年以内に終了する事業年度のうち最終のものに関する定時株主総会の終結の時まで」。会332②）伸張することができるとされている。
　このように、取締役の任期については、定款で短縮したり、非公開

会社については伸張したりすることができるとされているため、取締役の任期についても定款の定めを確認することは必須である。

6 取締役が1名の会社における留意点
　取締役を1名にした場合には、迅速な意思決定が可能となり、役員報酬などのコストも抑えることができるが、複数の取締役の協議により慎重に業務執行を行う必要はないか、会社の規模等に照らして1名の取締役ですべての経営判断を適正に行うことが可能か、会社との関係でも対外的な関係でも取締役1名がすべての経営責任を負うという形態が適切かといった点に留意する必要がある。

　また、取締役を1名にした場合、取締役に事故があると会社の運営に重大な支障が生じるなどのリスクもある。

7 取締役会非設置会社における業務執行等
(1)監査機関の設置　取締役会非設置会社では、監査役などの監督機関の設置は義務づけられていない（会327②）。また、監査役会を設置することはできず（同①(2)）、監査役をおかないと会計監査人も設置することはできない（同③）。

(2)株主総会の権限　取締役会非設置会社では、株主総会は、法定の事項のほかに会社に関する一切の事項について決議することができるとされており（会295①）、法定の事項および定款で定めた事項に限り決議することができるとされている（同②）取締役会設置会社とは、株主総会の権限が大きく異なる。なお、取締役会非設置会社では、取締役の競業取引や利益相反取引の承認（会356①・365①）、譲渡制限株式に関する事項の決定（会139①・140⑤・204②）については、株主総会の権限とされている。

　このように、取締役会を設置しないという選択をした場合には、株主総会の権限が強くなるということに留意する必要がある。

(3)業務執行の決定方法等　また、取締役会設置会社では、取締役の

中から代表取締役が選定され（会362③）、業務執行にあたるが（会363①）、取締役会非設置会社では、各取締役が業務を執行するとされている（会348①）。

　もっともこの場合であっても、複数の取締役がいる場合には、定款に別段の定めがある場合を除き、業務執行の決定は取締役の過半数によるものとされているから（会348②）、そのような決定が行われる場が設けられることになることが多いと思われる。なお、それが一種の会議体であったとしても、会社法が定める「取締役会」とは法的には異なるものであるから、たとえば、取締役会の招集に関する規律（会366）などには服さないことになる。

【 *Answer* 】

　会社の機関設計を変更しようとする場合、前提として、現在どのような機関設計が選択されているのかを登記事項や定款によって確認しておく。

　Case では、Ａは、Ｘ社の取締役をひとまず3名に減員しようとしている。取締役会設置会社における取締役の下限は会社法では3名であるが、定款で取締役の員数について上限や下限を定めていることが一般的であるので、減員が定款に反しないか（定款変更の必要はないか）についても確認する必要がある。また、Ａがそのような意向を有しているとしても、株主総会の招集やその目的事項は取締役会で決定することになるから（会298①④）、次の株主総会では3名のみを再任するという方針について、取締役の過半数の賛同を得ておくことも必要になる。

　なお、Ｘ社では、いずれは取締役1名にしたいとのことであるが、そのための手続だけではなく、取締役1名という機関設計とした場合の問題点についても整理しておかなければならない。

　取締役1名とする機関設計の変更を近日中に行いたいという意向なのであれば、今回、取締役を3名選任するにあたり、その任期を従来の5年よりも短く定めておかなくてよいかも検討すべきであろう。任期中に取締役を1名にするとなれば、2名について辞任してもらうか解任することとなるが、それがスムーズに実行できるとは限らないためである。なお、取締

役の任期についても定款でどのように定められているかを確認しなければならないことは言うまでもない。

◀コラム▶「有限会社」がなくなる日は来るか？

　たとえば「有限会社弘文堂」など、「有限会社」の冠のついた会社はいまだ見かけることがあります。これらの会社は有限会社のようであって有限会社ではありません。特例有限会社という特殊な株式会社です。会社法が制定されたとき有限会社法は廃止され、その当時の有限会社は、株式会社の冠に変更するための登記費用等の負担を軽減されました。会社法の立法者は有限会社と名乗る会社をなくすように誘導したのです。それでも有限会社の冠の愛着を捨てなかった会社は少なからずあり、これらは特例有限会社となりました。
　会社法の制定で特例有限会社はもはや有限会社ではなくなったので、その出資持分は株式、出資者は株主、その総会は社員総会ではなく株主総会となります。旧有限会社は特例有限会社でいることで、機関設計の不自由等のデメリットもありますが、取締役の任期制限がない、決算の公告義務がない等のメリットもあります。特例有限会社でいることを選択した会社は、こうしたメリットを享受しようと考えたしたたかな経営者たちの会社だったのかもしれません。
　会社法の制定は有限会社と株式会社を統合し、取締役会や監査役を設置しない、取締役の員数を法定しない等の有限会社の規律を株式会社にも適用するようにしました。もともと1940年に有限会社法が施行された際、立法者は小規模の閉鎖的な会社を株式会社ではなく有限会社にしようと考えたようです。しかし、立法者の目論見ははずれ、小規模の閉鎖的な株式会社が増えてしまいました。そのツケを有限会社法制定から60年以上経過した平成の時代に会社法の制定という形で払った、という見方もできるかもしれません。
　さて、今度は会社法の立法者の目論見のとおり、やがて有限会社の冠をつけた会社はわが国からなくなる日が来るのでしょうか。それもなんとなく寂しい気がします。　　　　　　　　　　　（市川　充）

第1章 ● 会社の組織・役員人事

2 … 取締役の解任

Case
　X株式会社は、飲食事業と不動産事業を営んでいて、取締役としては、創業者の社長、不動産事業を担当している長男、飲食事業を担当している次男の合計3名がいる。なお、取締役会は設置されていない。また、株式は発行済み総数の過半数を社長が保有しており、長男と次男の議決権割合はそれぞれ10%である。
　X社では、最近になって飲食事業の業績が著しく悪化しているところ、専務である長男は、その原因は次男の能力不足によるものとして、次男を取締役から解任すべきと考えているが、創業者である社長は態度を決めかねている。

・・・

ノボル：X社で、社長の次男を取締役から解任するかどうかで揉めているらしくて、対応について社長から相談を受けました。社長が保有している株式だけで、議決権割合は過半数に達するので、社長が決断すれば手続的には解任は可能だと思うのですが、損害賠償請求を受ける可能性がどのくらいあるかと聞かれて、どう助言すべきか迷っています。

姉　弁：解任に正当な理由があるかの判断が難しいということ？

ノボル：能力不足ということなので、著しい不適任ということなら正当な理由が認められるとは思うのですが。

姉　弁：損害賠償請求されたときにそれを立証することができるかということが問題だよね。抽象的に、著しい不適任は正当な理由に該当する、なんていうことを考えていても意味ないわよ。

ノボル：立証、ですか・・・。

姉　弁：要するに、その次男が取締役として著しく能力を欠いている、著しく不適任だということを示す事実がどのくらいあって、それを立証できる材料がどのくらいあるか、弁護士ならそういう観点で考えないと。

ノボル：・・・なるほど、よくわかりました。

姉　弁：ところで、そもそも取締役が３名しかいないのに、１名を解任して問題ないの？

ノボル：そこは確認しています。X社は取締役会設置会社ではないので、２名になっても問題はありません。

姉　弁：会社の定款は確認した？

ノボル：いいえ。

姉　弁：定款で取締役の員数の下限が定められている場合もあるわよ。

ノボル：あ、そうでした。定款はすぐに確認しないとダメですね。

姉　弁：解任しないで任期満了を待つということは考えられないのかな。

ノボル：僕はそのほうがいいんじゃないかと思います。社長は判断に迷っているようですけど、仮に取締役を続けさせられないという結論に至ったとしても、解任よりは任期満了を待つほうが損害賠償請求を受けるリスクもないのでいいと思ってます。

兄　弁：社長がそういう判断をしたとして、長男がどうしても任期満了までこのまま放置できないと考えたら？

ノボル：株式は過半数を社長が握っているので、長男としては我慢するほかないと思います。

兄　弁：たしかに普通はそうだろうけど、長男は株式を 10％ 持ってるんでしょ。それなら次男を取締役から解任するための株主総会の招集を請求できるよね。

ノボル：そんなことになったら、いよいよ紛争が泥沼化しそうですし、長男の意向はよく確認しておいたほうがいいですね。

兄　弁：もし株主総会の招集までいったら、そこに出された解任議案をどうするか悩ましいしね。否決されても、状況によっては、解任の訴えだってありうるし。まあ、今のところは能力不足を問題視しているみたいだから、

　　　　可能性は低いけどね。
ノボル：そこまで考えますかねえ…。
兄　弁：可能性は低くても、問題点を洗い出して、優先順位をつけて検討するのが弁護士の仕事だろ。
ノボル：はい…。すみませんでした…。

Check List
- □ 株主構成を確認したか［→ **1**］
- □ 解任の理由はどのようなものか。正当な理由があるといえるか［→ **1・3**］
- □ 会社の機関設計や定款はどのようになっているか［→ **2**］
- □ 解任した場合の損害賠償請求額を検討したか［→ **4**］
- □ 解任を考えている取締役の任期はいつまでか［→ **4**］
- □ 解任の訴えが提起される可能性はないか［→ **5**］

[解説]

1　取締役を解任する手続

　取締役は、いつでも株主総会決議により解任されうる（会339①・341）。すなわち、議決権を行使できる株主の過半数が賛成すれば取締役を解任できることになるから、**Case** では、社長である父親が賛成すれば解任が可能である。

　解任については、その事由は問わないが、解任された者は、その解任について正当な理由がある場合を除き、会社に対して損害賠償を請求することができる（会339②）。なお、取締役が解任議案を提出する場合には、株主総会参考書類に解任の理由を記載しなければならないとされている（会規78(2)）。

2 取締役の解任によって員数を欠くことにならないか

(1)法令・定款所定の員数の確認 Case の X 社は取締役が 3 名であるから、もし同社が取締役会設置会社であれば、1 名を解任すると取締役が法定の員数を欠くことになる（会 331 ⑤）。また、取締役設置会社ではないとしても、定款によって取締役の員数の下限が定められているケースもあるので、この点の確認は不可欠である。

(2)取締役に欠員が生じた場合 取締役が法令・定款に定める員数を欠いてしまった場合、会社は遅滞なく後任の取締役を選任する必要があり、これを怠った場合には過料の制裁がある（会 976 ㉒）。また、新たに選任された取締役が就任するまでの間（または一時取締役（会 346 ②）が選任され就任するまでの間）は、前任者が引き続き取締役としての権利を有し、義務を負うとされており（同①）、この場合の前任者は「権利義務取締役」などと呼ばれる。中小規模の会社などにおいて、取締役が辞任を望み、これが受け入れられたものの、これによって法令・定款所定の員数を欠いた状態となり、それにもかかわらず会社が後任を選任しないというようなケースで、辞任した取締役が対応に苦慮する場合が少なくない（第 3 章 **13** 参照）。

なお、これは前任者が任期満了または辞任により退任した場合に限られ、Case のような事例で解任された取締役については該当しない。これは、解任事由や欠格事由があった者が引き続き取締役として職務を遂行することは適当ではないためである。

3 解任について「正当な理由」があるといえるか

取締役を解任するにあたって最も注意すべき点は、解任された取締役からの損害賠償請求のリスクである。会社法は、「その解任について正当な理由がある場合を除き」損害賠償請求ができると規定しており（会 339 ②）、この「正当な理由」の有無が論点となる。

何をもって「正当な理由」といえるかについては、会社法 339 条 2 項の法的性質をどのように捉えるか（法定責任説が判例・通説）という

問題とも相まって様々な考え方があるが、職務執行上の不正行為や法令・定款に違反する行為があった場合や心身の故障などにより客観的に職務遂行に支障をきたすような状態になった場合については正当な理由があるとする点は、ほとんど争いがない（コンメ(7) 535頁、参考判例①・②）。また、多くの見解は、職務遂行への著しい不適任や能力の著しい欠如も正当な理由にあたると解している（コンメ(7) 536頁、参考判例③）。この「正当な理由」の意義は、会社・株主の利益と当該役員の利益との調和の観点から決せられるべきものと考えるのが一般的であり、これを前提として、「正当な理由」の内容について「会社において、当該役員に役員としての職務執行を委ねることができないと判断することもやむを得ない客観的な事情があること」をいうとした近時の裁判例がある（参考判例④）。

　ところで、実務上は、「正当な理由」をどのように解釈するかという点だけではなく、その有無をどのように主張立証していくかという点に意を用いる必要がある。

　たとえば、会社が取締役の解任議案を株主総会に提案することを考える際には、当該取締役から損害賠償請求されたときに、どのような事実をもって解任に正当な理由があることを主張するのか、当該事実をどのように立証するのかという観点からの検討が重要である。特に、**Case** のような「能力不足」などを理由とする場合には、不正行為や法令・定款違反等に比べてその立証には難しい面があることが多いと思われるので注意が必要である。

　なお、裁判実務上は、正当な理由があることが会社側の抗弁として整理されているから（類型別Ⅰ27頁）、会社側に主張立証責任があることになる。

4　解任された取締役に対する損害賠償の範囲

　取締役を解任するかどうかの判断に際しては、損害賠償請求が認められた場合にその額がどの程度のものになるかも考慮すべきであろう。

賠償されるべき損害の範囲は、解任された取締役が任期満了までおよび任期満了時に得られたであろう報酬等と解するのが一般的である。これは、任期を満了していれば得られたであろう賞与や退職慰労金も含まれるという趣旨である。したがって、非公開会社において、定款の定めによって取締役の任期を伸張している場合（最長 10 年。会 332 ②）には、賠償額が高額になる可能性がある。
　ある者が取締役として不適任であるという場合、当該取締役の残りの任期がわずかであれば、わざわざ解任という方法をとらず任期満了を待つという選択肢もありうる。他方、当該取締役の残りの任期が長い場合には、任期満了を待たずに解任する必要性は高まるが、その場合には損害賠償請求が認められた場合のリスクが大きくなるという問題が生じることになる。

5　解任の訴えについて

　Case では、社長 A の次男である取締役について解任を主張している長男は、発行済み株式総数の 10% を保有しているから、会社としての決定を待たず、取締役解任を目的とする株主総会を自ら招集することが可能である（会 297 ①②）。
　もし、その際の解任理由として、職務執行における不正の行為や法令または定款に違反する重大な事実を挙げていた場合は、それが否決されると、当該株主総会の日から 30 日以内に取締役の解任の訴えを提起することが可能となる（会 854）。
　職務執行における不正の行為とは、会社財産を私的に費消した場合などがその典型例で、同族会社における支配権をめぐる争いの中ではしばしば主張されるところであるから、このような事態に発展することも念頭において対応を検討する必要がある。

▶ 参考判例
①東京地判平成 26・12・18 判時 2253 号 64 頁　取締役会の招集等をせずに記

者会見を行い、人事に関する秘密事項を会社に無断で公表したことが善管注意義務に違反するとして取締役を解任した事案において、解任された取締役の任期に対する期待を保護する必要は乏しいから、解任について正当な理由があると認めた。
②**最判昭和57・1・21判時1037号129頁** 持病が悪化し療養に専念するため、全所有株式を譲渡し代表取締役の地位を退いた取締役を臨時株主総会において解任することが正当な理由を欠くとはいえないとした。
③**東京高判昭和58・4・28判時1081号130頁** 監査役が税務処理上の過誤を犯した事案において、解任には正当な理由があると認めた。
④**東京地判平成29・1・26金判1514号43頁** 会社法339条2項の「正当な理由」の内容は、会社・株主の利益と解任の対象である役員の利益との調和の観点から決せられるべきものとしたうえで、具体的には、会社において、当該役員に役員としての職務執行を委ねることができないと判断することもやむをえない客観的な事情があることをいうとした。なお、この裁判例では、問題となった各行為は「正当な理由」に該当するとはいえないとしつつ、これらを総合すると代表取締役としての適格性に疑問を生じさせうるとしている（結論としては「正当な理由」はないとした）。

【 *Answer* 】

　取締役の解任にかかる株主総会の決議要件は、選任と同じ普通決議であり、解任自体は、いつでも事由の如何を問わず行うことが可能である。しかし、解任について正当な理由がない場合には、解任された取締役は損害賠償請求が可能であり、特に定款によって任期を伸張している非公開会社においては、残任期が長いこともありうることから、そのリスクについても慎重に判断したうえで、解任すべきか否かを判断すべきである。「正当な理由」の有無は事案ごとに判断するほかないが、主観的な評価として「能力不足」というだけでは正当な理由があると認められない可能性が高く、近時の裁判例を踏まえると、たとえば取締役であれば当然に果たすべき職務をまったく果たしていないなど、役員として職務執行を委ねられないと判断することが合理的であるといえる客観的事情があるかという観点から検討する必要がある。

　なお、解任する取締役に代わる後任を選任しない場合には、取締役の員数が法令・定款に定める数を欠くことにならないかの確認が必須である。

　また、同族会社における支配権争いが絡むようなケースでは、取締役解任の訴えという事態にまで発展する可能性も考えておく必要があろう。

3…取締役会決議

> **Case**
> 　X株式会社は、これまで不動産の賃貸や管理などを主たる事業としながら、介護事業も展開していた。今般、介護事業の強化を図るために、経営トップの強い意向により社内に介護事業本部を新たに設置して、事業本部長を選任することになった。
> 　事業展開との関係で、至急、事業本部を立ち上げる必要があるが、取締役会は1週間後に開催されることとなっており、議題を記載した招集通知はすでに発送済みで、この件については記載がない。

ノボル：X社の経営トップの判断で、介護事業本部を立ち上げることになったそうです。総務部長からの相談で、取締役会決議は来週に迫っていて、すでに社外監査役などにも招集通知を発送してしまっているので、できれば取締役会決議を経ずに進めたいとのことなのですが、重要な事項ですし、取締役会決議は経ておいたほうがいいと思うんです。

兄　弁：その次の取締役会まで待てないの？

ノボル：来月は取締役会の予定がなく、その次となると2か月以上先になってしまうそうで、そこまでは待てないみたいなんですよね。そうは言っても、新たに事業本部を設置して本部長を選任するということですから、会社法の規定に照らしても取締役会決議を経ないわけにはいかないと思うんです。

兄　弁：重要事項なんだから、拙速に進めないほうがいい気もするけどねえ。

ノボル：急遽、介護事業の関係で大きな案件が進みそうで、それまでに体制を整えたいらしいんですよ。

兄　弁：X社の取締役会に関する内規は確認したの？　何を取締役会決議事項にするかについては、取締役会規則とか取締役会規程のような内規で定めているのが一般的だから、総務部長もそれを踏まえて相談してきているんだと思うよ。

ノボル：…会社法の解釈だけを考えていました。至急、取締役会規則を確認します。

姉　弁：取締役会決議を経ることにしたとしても、もう招集通知は発送済みなのよね。

ノボル：そうなんです。総務部としては、議題を追加して招集通知を出し直すというのは前例がないのであまりやりたくないそうです。そもそも取締役会が来週なので、期限の問題もありますし。

姉　弁：招集通知の期限はいつまでなの？　普通は、法定の期限より定款で短縮していると思うけど。

ノボル：いま定款を確認してもらっているところなのですが、総務部長の記憶では、会議の開催日の5日前までとなっているようなので、それなら今すぐ対応すれば間に合います。

兄　弁：改めて招集通知を送らない場合には、どう対応するかは考えているのかな。

ノボル：招集通知の議題には、一応「その他」という記載があるようなのですが、それに含まれるとみるか…。

兄　弁：それはさすがに厳しいと思うよ。取締役会当日に取締役と監査役の同意を得られるようなら、取締役と監査役の同意を得て議題にするという方法をとったらどうかな。

ノボル：…なるほど。あえて議題とすることに反対する人はいないと思うので、その方法ならいけそうです。全員が出席する予定か、確認します。

> **Check List**
> □ 会社法上の取締役会の権限を確認したか〔→ **1**〕
> □ 会社法が定める「支配人その他の重要な使用人の選任及び解任」に該当するか〔→ **1(1)**〕
> □ 会社法が定める「支店その他の重要な組織の設置、変更及び廃止」に該当するか〔→ **1(2)**〕
> □ 取締役会の権限について定めた会社の内規を確認したか〔→ **2**〕
> □ 取締役会の招集はどのように行うか〔→ **4**〕
> □ 取締役会に関する定款の規定を確認したか〔→ **4**〕
> □ 議題を特定して招集した取締役会での審議対象は何か〔→ **5**〕
> □ 招集手続の省略が可能か〔→ **7**〕

［解説］

1　取締役会の役割と権限

　取締役会設置会社においては、取締役会は、経営の中核をなす組織として、経営幹部の意思決定の合理性を確保し、経営を監視・監督するという重要な役割を担っている。会社法上も、重要な財産の処分等、多額の借財、支配人その他の重要な使用人の選任・解任、支店その他の重要な組織の設置・変更・廃止、募集社債の重要事項、内部統制システムの構築に関する事項、その他の重要な業務執行の決定を取締役に委任することはできないとされている（会362④）。

(1)「支配人その他の重要な使用人の選任及び解任」の意義　Caseでは、新たに事業本部長が選任されることとなっている。会社法362条4項3号が規定する「その他の重要な使用人」とは、支配人に準ずる重要性を有する使用人を意味するが、その重要性は具体的事案に応じて判断されることとなる。

Caseにおける「事業本部長」が重要な使用人に該当するか否かも、付与される権限などに応じて判断することとなるが、一般的には重要な使用人に該当することが多いと思われる。

(2)「支店その他の重要な組織の設置、変更及び廃止」の意義　新たな組織を設置することが会社法362条4項4号で規定されている「その他の重要な組織の設置」に該当するかについても、支店と同様に重要性を有する会社の内部組織といえるかについて、具体的事案に応じて判断されるが、Caseのような「事業本部」は、重要な組織に該当する可能性が高い。

2　取締役会規則などの内規について

どの範囲の業務執行が取締役会の権限に属するかについては、会社の規模等も踏まえた個別具体的な判断によることとなる（参考判例①）。たとえば、同じ1億円の借入れであっても、会社の規模によって、これが「多額の借財」（会362④(2)）にあたるかどうかは異なる。この点、多くの会社では、取締役会規則などの内規を設けて、取締役会の権限を規定していることが多い。したがって、取締役会決議の要否について検討するにあたっては、そうした内規の確認が不可欠である。

3　取締役会決議を欠く行為の効力

本来、取締役会決議を要すべき業務執行について取締役会決議を欠いていた場合の効力については、取締役会決議が要求される趣旨と取引の安全の保護との比較衡量によって決せられる問題である。この点については、いくつかの考え方があるが、判例は、取締役会決議を経ることなく第三者との間に法律行為がなされた場合、第三者が善意である限り、その行為の効力は否定されないとしている（参考判例②）。これによれば、軽過失があるにとどまる相手方が保護されないこととなるが、相手方の主観的要件として実質的には善意で重大な過失がないことを要求しているとも解することができる判例もある（参考判例

③)。

また当該行為の無効を主張できるのも原則として会社に限るとするのが判例である（参考判例④）。

4　取締役会の招集

　取締役会は、各取締役が招集するものであるが、定款または取締役会で招集権者を定めたときは、これによることとなる（会366①）。実務上は、定款等で取締役会の招集方法を定めていることがむしろ一般的であるから、この点の確認が不可欠である。

　また、取締役会の招集は、取締役会の日の1週間前まで（ただし、定款でこれを下回る期間を定めた場合はその期間）に各取締役および各監査役に対して通知を発しなければならないとされている（会368①）。「1週間前まで」という期間については、通知の発出日の翌日から起算して取締役会の日までに丸1週間あることを要する。この点についても、多くの会社でこれより短い期間を定款で定めていることが多く、留意が必要である。

　通知の方法に制限はないが、通常は書面や電磁的方法（電子メールなど）によることが多い。

　なお、実務上は、取締役会（定例会）の年間スケジュールがあらかじめ定められ、招集手続などもこれに沿って準備されていることが多い。

5　取締役会の目的事項を特定して招集している場合

　Caseでは、招集通知に記載していない議題を取締役会で取り上げることができるかという点が問題となっている。

　定款等で、取締役会の目的事項（議題）を特定して招集通知を発しなければならない旨を定めている例もあるところ、そのような場合であっても招集通知に記載のない事項を議題とすることができるとする裁判例があるが（参考判例⑤）、これに反対する見解も有力である。す

なわち、通知された議題を確認したうえで欠席した取締役がいた場合、取締役会当日に議題を追加することはその取締役に対する不意打ちとなり、意見陳述や議決権行使の機会を与えなかったことになるという批判がありうる。

　したがって、実務上は、招集通知に記載していない議題を取締役会で取り上げることについては慎重であるべきで、取締役および監査役全員の出席を得たうえで、議題として取り上げることに同意を取り付けるといった対応が必要である。

　なお、**Case** のように、取締役会の議題として「その他」という項目が記載されていることも少なくないが、これは、雑多な案件が加わる可能性があるという程度の意味に解するべきであって、新たな事業部門の設置や事業本部長の選任といった重要な案件もここに含まれるとするのは無理があろう。

6　取締役会の目的事項を特定せず招集している場合

　取締役会の招集通知において、目的事項（議題）が特定されていないことがある。こうした場合には、招集権者が任意に議題を提案することが可能となる。

7　招集手続の省略等

　取締役および監査役全員の同意があるときは、取締役会の招集手続を省略することが可能である（会368②）。この同意は、原則として個々の取締役会ごとに得なければならず、たとえば日時を何ら特定せず取締役会について招集通知を不要とする旨の同意を得ても、そのような同意は効力を有さない。

　また、招集手続が必要であるのにそれがまったく発せられない場合や、招集に必要な期間を充足せずに招集通知が発せられた場合など、招集手続に瑕疵がある場合は、取締役会決議の無効事由となるので注意が必要である。このような場合であっても、全取締役、監査役が出

席して開催に同意したような場合は、適法に取締役会を開催することが可能である。

なお、定款に定めがあり、監査役から異議が出されていなければ、取締役全員が書面等で同意の意思表示をしたときに取締役会の決議があったものとみなすこともできる（いわゆる書面決議。会370）。緊急の場合には書面決議も有用な手段であるが、あくまでも例外的な措置と位置づけられるものである。

8　手続違反があった場合の取締役の責任

取締役会の招集手続等は、株主総会に比べて簡易なものであるが、手続違反の結果、取締役の業務執行の効力が否定されたような場合などは、取締役の責任が問題となる。したがって、こうした観点からも、取締役会の開催にあたっては、法令、定款、会社の内規を遵守することが重要である。

▶ 参 考 判 例

①最判平成6・1・20民集48巻1号1頁　「重要な財産の処分」について、当該財産の価額、その会社の総資産に占める割合、当該財産の保有目的、処分行為の態様およびその会社における従前の取扱い等の事情を総合的に考慮して決するべきとした。

②最判昭和40・9・22民集19巻6号1656頁　株式会社の代表取締役が、取締役会の決議を経てすることを要する対外的な個々的取引行為を決議を経ないでした場合でも、当該取引行為は、相手方において決議を経ていないことを知りまたは知ることができたときでない限り有効であるとした。いわゆる心裡留保説に立つものと解されている。

③最判平成12・10・20金法1602号49頁　「取締役会の決議が必要な場合であるのにこれがないことを知っていたかまたは取締役会の決議が必要であることを容易に知り得べき場合にあったことを認めるに足りない」として保証行為を有効とした原審を是認した。

④最判平成21・4・17民集63巻4号535頁　株式会社の代表取締役が取締役会の決議を経ないで重要な業務執行に該当する取引をした場合、取締役会の決議を経ていないことを理由とする同取引の無効は、原則として会社のみが主張することができ、会社以外の者は、当該会社の取締役会がその無効を主張する旨の決議をしているなどの特段の事情がない限り、これを主張することはできないとした。

⑤名古屋高判平成 12・1・19 金判 1087 号 18 頁　定款に基づき定められた取締役会規程に取締役会の招集通知は会議の目的事項を記載した書面をもってなすべき旨が規定されていても、取締役会において招集通知に記載されていない事項につき審議・決議することを禁じていると解することはできないとした。なお、名古屋地判平成 9・6・18 金判 1027 号 21 頁も参照。

【 *Answer* 】

　新たに事業本部を設置して事業本部長を選任するという場合には、取締役会設置会社においては取締役会決議を要すると解されるのが通常である。なお、取締役会決議の要否や招集手続などは、定款や取締役会規則などの内規で詳細が定められていることが一般的であり、助言にあたってはそれらの規定の確認が不可欠である。

　また、取締役会の招集通知を発出した後に重要な議題を追加する必要が生じた場合には、取締役、監査役全員の出席を得たうえで、事情を説明して議題として取り上げることについて同意を得るといった対応が必要であろう。

4 … 顧問弁護士を監査役に選任する

Case
　X株式会社では、次の定時株主総会で、A弁護士を社外監査役に選任したいと考えている。A弁護士は、長年にわたりX社の顧問弁護士を務めており、現在もX社の訴訟代理人となっている訴訟が係属中である。
　なお、X社としては、A弁護士が監査役に就任した後も、A弁護士に訴訟代理人として訴訟対応を委ねたいと考えている。

・・・

ノボル：先日、A先生と一緒にX社の相談に対応したら、A先生に社外監査役になってほしいという依頼がありました。A先生は、X社から信頼されているんですねえ。A先生から、社外監査役に就任することについてどう思うかと質問されたんですが、X社との関係もより強くなるでしょうし、就任していただいたほうがいいですよね。

兄　弁：そういうことを聞きたいわけじゃないと思うよ。A先生が社外監査役に就任することに法的に問題がないかという意味の質問じゃないの？

ノボル：え…。法的な問題点、ですか？

兄　弁：まあ、A先生が自分でも考えていると思うけどね。

姉　弁：A先生としては、ノボル君に問題点を考えて勉強してもらおうという意図なんじゃないかな。頑張ってね。

兄　弁：X社は、A先生と法律顧問契約を締結しているんだよ。A先生が顧問になって30年以上になるんじゃないかな。

ノボル：顧問契約があるからといって社外監査役としての要件を欠くことはないから、そのことは問題ないですよね。監査役における兼任禁止とも関係しませんし。

兄　弁：そういうことじゃなくて、社外監査役に求められる職責との関係でどうなのか、考えを聞きたいんじゃないの？

姉　弁：今うちの事務所でやっているＸ社の訴訟はどうするって？　Ａ先生は代理人から外れるのかしら。

ノボル：Ｘ社としては、このままの体制で訴訟に対応してもらいたいとのことでした。Ａ先生が社外監査役に就任したあとに新たに訴訟が起きた場合も、やっぱりＡ先生には代理人として加わってほしいそうです。

兄　弁：だったら、その点も含めて検討しろってことじゃない？

ノボル：なるほど。わかりました。

姉　弁：もし、Ａ先生が社外監査役になったら、ますます忙しくなるだろうから、その分、ノボル君が仕事しないとね。

ノボル：先輩方を頼りにしています・・・。

Check List
□監査役の兼任禁止に抵触しないか［→ **1**］
□社外監査役の要件を確認したか［→ **2**］
□監査役としての業務内容を確認したか［→ **3**］
□監査役が会社の訴訟代理人となることは可能か［→ **4**］

［ 解 説 ］

1　監査役の兼任禁止との関係

　会社法では、監査役は、会社の取締役、使用人、会計参与または子会社の取締役、執行役、使用人、会計参与を兼任することが禁止されている（会335②・333②・③(1)）。もし、監査役が取締役を兼任していた場合、取締役として行った業務執行を自らが監査するということになり、監査の実効性が確保できない。そこで、業務や会計を監査す

る機関である監査役について公正な職務の執行を確保するために、取締役等との兼任が禁止されている。

会社と法律顧問契約を締結している顧問弁護士については、形式的には兼任禁止の対象とはなっていないものの、会社法335条2項に抵触するか否かについては、顧問弁護士は業務執行機関の手足として業務執行に関与するものであるから、会社との間では使用人に準ずる関係を有するとしてこれを肯定する見解や、顧問弁護士は会社から指揮命令を受ける立場にはないことなどからこれを否定する見解などがある。また、会社法制定前ではあるが、法務省は「会社の顧問弁護士である者をその会社の監査役に選任する場合には、監査役就任の承諾を得る際に、顧問契約を解除しておくのが相当である」との見解を示していた。

この点、その職務の実態が業務執行機関に対し継続的従属性を有するか否かにより実質的に判断すべきであるとの見解（江頭524頁注1）に立ったうえで、もっぱら一社の法律事務を処理する専属的な顧問の場合は、会社の指揮命令に服しているのが通例であろうから、上記の「使用人」に該当するが、独自に法律事務所に属して会社の法律顧問以外の法律事務も行っている場合は、会社からの諮問に応じて法律上の意見を述べることが職務の中心であろうから「使用人」には該当しないとする見解が有力である（日弁連 全体理事会「『監査役と顧問弁護士を兼任することの可否』について」商事法務1002号（1984年）6頁など）。

また、顧問弁護士は、会社の業務自体を行うものではなく、業務執行機関に対し継続的従属的関係にある使用人の地位につくものでもないことから、特段の事情がない限り、監査役への選任が会社法に違反するものではないとする裁判例がある（参考判例①）。しかし、ここでも「業務執行機関の指揮命令を受けるべき立場におかれるに至った場合やこれに準じてその会社に専属すべき拘束を受けている場合などの特段の事情のない限り」との限定が付されていることには留意が必要である。顧問弁護士の監査役への就任を検討するにあたっては、監査

役としての職責を果たせるような実質が確保されているかといったコーポレートガバナンス確保の観点からの検討が必要であろう。

2 社外監査役の要件

監査役会設置会社では、監査役の半数以上が社外監査役でなければならないとされている（会335③）こととの関係で、弁護士が監査役への就任を求められる機会は増加している。

社外監査役は、次の①〜⑤の要件のすべてをみたす者でなければならない（会2⒃）。顧問弁護士であること自体は社外監査役となることを妨げないが、要件は複雑であり十分な確認が必要である。とりわけ、当該弁護士と会社との関係が深く、親会社や子会社で何らかの役職についている（ついていた）場合などは注意を要する。

①その就任前10年間、その会社または子会社の取締役・会計参与・執行役・使用人であったことがないこと
②その就任前10年内のいずれかの時に、その会社または子会社の監査役であったことがある者については、当該監査役への就任前10年間、その会社または子会社の取締役・会計参与・執行役・使用人であったことがないこと
③その会社の自然人である親会社等（会社の経営を支配している者として法務省令で定めるもの）または親会社等の取締役・監査役・執行役・使用人でないこと
④その会社の親会社等の子会社等（いわゆる兄弟会社）の業務執行取締役等ではないこと
⑤その会社の取締役もしくは支配人その他の重要な使用人または自然人である親会社等の配偶者または二親等内の親族でないこと

3 常勤か非常勤か

監査役会設置会社では、監査役の中から常勤の監査役を選定しなければならないとされている（会390②(2)・③）ため、**Case**のように監査役への就任を打診された場合には、その業務内容（常勤か非常勤か）を念のため確認しておく必要がある。

常勤監査役とは、ほかには常勤の仕事がなく、会社の営業時間中は原則としてその会社の監査役の職務に専念する者であると解されており、顧問弁護士を務めながら監査役に就任するという場合、常勤監査役となることは事実上不可能であることが多いであろう。

4 監査役が会社の訴訟代理人となることについて

弁護士の資格を有する監査役が特定の訴訟事件について会社から委任を受けて、その訴訟代理人となることが会社法335条2項に違反しないかという問題もある。これについて、多数の見解は、弁護士の職務の独立性から、会社の訴訟代理人となることは監査役の公正な職務執行を妨げるものではないなどとして、会社法に違反しないとしており、判例も同様である（参考判例②）。

しかし、この点についても、1において述べたのと同様、コーポレートガバナンスの観点から、訴訟代理人となることの適否を実質的に判断するという視点は必要であろう。

▶ 参考判例

①**大阪高判昭和61・10・24金法1158号33頁**　顧問弁護士は、会社の業務自体を行うものではなく、もとより業務執行機関に対し継続的従属的関係にある使用人の地位につくものでもないから、顧問弁護士が会社の組織機構の一員となり業務執行機関の指揮命令を受けるべき立場におかれるに至った場合やこれに準じてその会社に専属すべき拘束を受けている場合などの特段の事情のない限り、直ちに商法276条（現在の会社法335条に相当する）に違反するということはできないとした。

②**最判昭和61・2・18民集40巻1号32頁**　商法276条（現在の会社法335条に相当する）の規定について、弁護士の資格を有する監査役が特定の訴訟事件につき会社から委任を受けてその訴訟代理人となることまでを禁止するものではないとした。

【 *Answer* 】
　顧問弁護士が当該会社の監査役に就任すること自体は、会社法に直ちに違反するものではないが、顧問弁護士の職務の実態などに照らして、当該会社に対して専属的・従属的関係にあると評価しうる場合は、就任することを避けるべきである。
　また、監査役である弁護士が、当該会社から特定の事件について委任を受け訴訟代理人となることも会社法上禁止されるものではないが、監査役としての公正な職務執行の妨げになるような事情がある場合には、訴訟代理人となることは避けるべきであろう。

第1章 ● 会社の組織・役員人事

5 … 取締役の報酬

Case

　X株式会社の代表取締役A（X社の大株主でもある）は、新規事業を始めるにあたり、その分野のトップランナーであるY株式会社の営業部長Bを引き抜くこととし、Bに対してX社取締役のポストと高額の報酬を提示して勧誘した。その結果、BよりX社に移ることにつき内諾を得た。

　その後、Aは臨時株主総会を開催してBの取締役選任とBに対する報酬額につき総会決議を得て、Bは、X社の取締役に就任した。

　しかし、Bが取締役に就任して新規事業を担当するようになってからも、Aが期待したほどには新規事業の売上は伸びなかった。AはBに失望し、Bに現在支払っている報酬は、高額すぎてBの働きに見合わないため、4割程度カットしたいと考えている。

ノボル：Bの報酬額、すごいですね。うらやましいなぁ…。

兄　弁：Y社から引き抜いたんだから、それくらい出す必要があるだろ。とはいえ、ほかの取締役の報酬額と比べてもずば抜けて高いのに、よく決議が通ったな。定款には特に報酬の定めはなかったんだろうか。

ノボル：X社の定款を確認しましたが、株主総会で定めると書いてあるだけでした。

兄　弁：その場合、報酬の減額も株主総会で決めればいいのかな？

ノボル：今の報酬額は株主総会の決議で決めたものなので、もう一回、株主総会の決議をして減額すればいいんじゃないでしょうか。

兄　弁：Bが同意しなくても、一方的に減額できるのか？
ノボル：うーん、それもBがかわいそうですよね。Bとしては、それだけの報酬をもらえると思ってX社に来たのに。
兄　弁：キミ、弁護士なんだから、「かわいそう」とかじゃなくて、もっと法的に分析してみろよ…。取締役と会社の関係は法的には何なの？
ノボル：委任です。
兄　弁：うん。報酬額の合意は委任契約の一内容だろ。
ノボル：はい。…あ、そうか！　報酬の減額は契約内容の変更になるから、契約の両当事者の合意が必要ですね。

Check List
- □ 定款において取締役の報酬額の定めがあるか〔→ 1(1)〕
- □ 株主総会決議で取締役の報酬額が決定されているか〔→ 1(2)〕
- □ 不確定報酬または非金銭報酬である場合、株主総会において相当な理由を説明したか〔→ 1(3)〕
- □ 取締役会において具体的な支給額を決定したか〔→ 1(4)〕
- □ 報酬の減額について取締役の同意を得たか〔→ 2(1)〕
- □ 取締役就任時に報酬減額を予測しうる事情があったか〔→ 2(1)〕
- □ 取締役が当該事情を認識していたか〔→ 2(1)〕

[解説]

1　取締役の報酬の決定手続

　取締役の報酬については、会社の経営状態や当該取締役と会社との関係によっては無償の場合もないわけではないが、有償であることが一般的であり、会社から取締役に対し報酬が支払われている。では、会社が取締役に対して報酬を支払う場合、どのような手続を踏む必要

があるか。

(1)株主総会の決議 株式会社と取締役との法的関係は委任であり（会330）、通常は、両者の間で報酬に関する何らかの合意がなされる。

この点、会社側が報酬合意に関して意思決定する場合、当該事項は会社の業務執行に属するから、本来は取締役会にて決定すべき事項とも思われる。しかし、取締役会にて決定すると、自ら不当に高額の報酬を定めてしまう「お手盛り」の危険があるため、会社法361条1項は、定款において報酬の額等を定めていない限り、株主総会の決議によって定めると規定している（参考判例①）。

そして、実務上、定款において報酬の具体的金額等を定めることは稀であり、「取締役の報酬、賞与その他の職務執行の対価として当会社から受ける財産上の利益については、株主総会の決議によって定める。」などと定款に定めておき、株主総会の決議に委ねることが多い。そのため、通常は、取締役に報酬を支払うにあたっては、株主総会の決議を得ることになる。

(2)株主総会の決議によって定める事項 取締役の報酬については、株主総会の決議によって、以下の各事項を定める必要がある（会361①）。

①報酬等のうち額が確定しているもの（確定報酬）については、その額
②報酬等のうち額が確定していないもの（不確定額報酬）については、その具体的な算定方法
③報酬等のうち金銭でないもの（非金銭報酬）については、その具体的な内容

実務上、株主総会における報酬決議の大半は、①の類型である。もっとも、わが国では各役員の個別の報酬額を明らかにすることは望まない風潮が強く、また、お手盛り防止の観点からは、必ずしも個人別の支給額まで決定する必要はないことから、各取締役の個別の報酬額

を定めなくても、取締役全員の報酬総額の上限を定めれば足りると考えられている。そのため、実務では、株主総会決議において取締役全員の報酬総額の上限額のみを定め、その具体的な配分に関しては取締役会に委ねる取扱いをすることが多い。なお、報酬総額の上限額の定め方としては、年額で定める例や月額で定める例がある。

また、②の不確定額報酬の「具体的な算定方法」や、③の非金銭報酬の「具体的な内容」は、お手盛り防止の観点から、取締役の恣意を許さない程度に定める必要がある。

なお、会社法361条1項1号から3号は、三者択一の関係ではないので注意が必要である。すなわち、③の非金銭報酬の場合、「具体的な内容」（会361①(3)）だけ定めればよいのではなく、それに加えて、額に関する事項、つまり、額が確定しているものは「その額」（同(1)）を、額が確定していないものは（その額の）「具体的な算定方法」（同(2)）をも定めなければならない。

(3) 株主総会において開示する事項　株主総会の報酬枠の改定議案を提出する場合、株主総会参考書類には、議案の内容、提案理由のほか、①額等の算定基準、②改定理由、および③複数の取締役の報酬の総額を内容とする場合は当該内容にかかる取締役の員数を記載する必要がある（会規82①(1)～(3)）。

また、不確定額報酬（会361①(2)）や非金銭報酬（同(3)）に関する議案を提出した取締役は、株主総会において、その算定方法や内容を相当とする理由を説明しなければならない（同(4)）。

なお、③に関し、各取締役の個別の報酬額について株主から質問が出された場合に、取締役に説明義務（会314）があるかどうかが問題となるが、上記のとおり、報酬の総額が示されていれば、株主はお手盛り防止の観点から賛否を合理的に決することができるから、説明義務はなく、個別の報酬額を開示する必要はないと考えられる。

(4) 取締役会における具体的な支給額の決定　株主総会において取締役全員の報酬総額を定めた場合、その枠内における各取締役への具体

的な報酬配分は、業務執行の決定権限を有する取締役会において決定する。

　もっとも、報酬配分の決定は取締役会の専決事項ではないから、取締役会は、その決議によって、さらに特定の取締役等（通常は代表取締役であろう）にこれを再一任することも可能である（参考判例②）。

　なお、各取締役の報酬の具体的金額を定める取締役会の決議において、支給対象である取締役は特別利害関係人（会369②）として議決に加わることができないのではないかという議論がある。この点、裁判例は、「取締役全体の一般的事項を議するものであって、ある特定の取締役のみに関する事項を議決する場合にみられるような利害が対立するものではないから、決議の公正を害するものとすることはできない」として、特別利害関係に立たないと判断している（東京地判昭和44・6・16金判175号16頁）。

（5）株主総会の決議がない場合　株主総会による報酬決議がない場合、会社は、取締役に対して報酬を支払うことはできない。万一、報酬決議がないにもかかわらず取締役に報酬を支払ったときは、当該支払いは無効であるから、取締役は受領した報酬を会社に返還する義務がある。

　また、株主総会の決議で定めた報酬限度額を超えて取締役会が各取締役の報酬額を決定した場合には、当該決定のうち超過分は無効である。この場合、各取締役の報酬額は、特段の事情がない限り、取締役会が決定した報酬総額の報酬限度額に対する比率に従って減額される（福岡高判昭和55・1・31判タ419号145頁）。

2　取締役の報酬の減額

　代表取締役から、特定の取締役の報酬について、能力不足等を理由に減額したいという相談を受けることは実務上珍しくない。前述**1**の手続を経て取締役の報酬を決定した後に、そのような減額をされてもやむをえないと思われるような事情が生じた場合に、会社が一方的

に取締役の報酬を減額することは可能だろうか。

(1) 会社による一方的な変更の可否 定款または株主総会の決議（株主総会において取締役報酬の総額を定め、取締役会において各取締役に対する配分を決議した場合を含む）によって取締役の報酬額が具体的に定められたときは、その報酬額は、会社と取締役との間の委任契約の内容となる。

そのため、会社と取締役は、当該委任契約が終了するまでの間、その内容に拘束されるから、会社側が一方的に報酬額を変更する決定を行ったとしても、当該取締役の同意を得ない限り、その決定は無効である。役員の職務内容に著しい変更があった場合でも同じである（参考判例②・③）。

もっとも、取締役と会社との間の委任契約に、一定の事由が発生した場合に報酬が減額される旨の定めがある場合には、会社が当該定めに従って報酬を減額することは可能である。また、こうした内容が会社の内部規則等に定められており、当該規則等を承知したうえで取締役に就任した場合も、一定の場合には報酬を減額することが委任契約の内容になっているといえるから、同様に考えられる。

結局、通常の契約内容変更の有効性を検討する場合と同じように、当該取締役にとって報酬の減額が予測可能なものであり、それについて取締役就任の際に、たとえば将来の報酬減額の可能性に関するやりとりがあったなど、同意があったと推認できるような事情があるかどうかが重要になる。

(2) 取締役会による報酬減額の決定 会社に何らかの不祥事が発生し、取締役の監督責任が問われるような事態となったときなどに、会社側が取締役の報酬の減額を公表する例がまま見受けられる。

しかし、上記のとおり、報酬額の変更は契約内容の変更にあたるから、原則として各取締役の同意を要し、会社が一方的に減額することはできない。したがって、取締役会において取締役の報酬の減額を決定するためには、各対象者が取締役会に出席し、減額に賛成する必要

がある。

▶ 参 考 判 例
①**最判昭和60・3・26判時1159号150頁** 商法269条（現在の会社法361条に相当する）の趣旨は、取締役の報酬額について、取締役ないし取締役会によるいわゆるお手盛りの弊害を防止する点にあるから、株主総会の決議で取締役全員の報酬の総額を定め、その具体的な配分は取締役の決定に委ねることができ、株主総会の決議で各取締役の報酬額を個別に定めることまでは必要ないとした。
②**最判昭和31・10・5集民23号409頁** 取締役会の決議によって社長に報酬の配分が一任され、社長が当該決議の趣旨に従って決定することは商法265条（現在の会社法356条に相当する）に違反しないとした。また、取締役会の一任決議に従い、社長が自己の報酬額を決定した後においては、社長の同意がない限り、取締役会といえども、その報酬額を変更することはできないとした。
③**最判平成4・12・18民集46巻9号3006頁** 株式会社において、定款または株主総会の決議（株主総会において取締役報酬の総額を定め、取締役会において各取締役に対する配分を決議した場合を含む）によって取締役の報酬額が具体的に定められた場合には、その報酬額は、会社と取締役間の契約内容となり、契約当事者である会社と取締役の双方を拘束するから、その後株主総会が当該取締役の報酬につきこれを無報酬とする旨の決議をしたとしても、当該取締役は、これに同意しない限り、報酬の請求権を失うものではないとした。

【 *Answer* 】

　X社の株主総会においてBの報酬額につき決定がなされ、その内容を承諾してBが取締役に就任した以上、報酬を月額○○万円とすることはX社とBとの間の委任契約の内容になっているから、たとえ減額につき株主総会決議をしたとしても、X社は一方的にBの報酬を減額することはできない。

　そのため、Aとしては、Bの報酬を何としても減額したいと考えるのであれば、Bとの間で協議を行い、Bが実績を上げていないことを指摘するなどして、減額につき理解を求め、Bの同意を得る必要がある。

◀ コラム ▶ 取締役を処分できるか

　会社の営業部門で不祥事があり、営業部長以下の従業員が処分を受けたという場合に、部門を所管する取締役を処分することは可能でしょうか。

　取締役として不適任であれば辞任を求める、解任する、再任しないといった対応をとればよいとも考えられますが、任を解くほどのことではないという場合、部長以下の従業員は懲戒処分を受けても、その上司である取締役は何のお咎めもなしとせざるをえないのでしょうか。会社と委任関係に立つ取締役と、会社と雇用関係に立つ従業員とは法的立場が異なると言ってしまえばそれまでですが、「部下」だけが処分を受け、「上司」は何の処分も受けないというのは、一般的な感覚としてはいかにもバランスを失しているように見えますね。

　実務では、代表取締役による厳重注意など「事実上の」処分をする、当該取締役による報酬の自主返納という形をとるなどの対応がとられることもありますが、役員を対象とする「役員規程」などの内規をおき、その中に取締役に対する（懲戒）処分に関する規定を設けておけば、それに基づいた処分が可能になります。もちろん「役員規程」の対象となる取締役らにその内容を周知しておく必要があることは言うまでもありません。

　本文中にもあるように、そのような根拠がないにもかかわらず、会社が一方的に取締役の報酬を減額することはできませんので注意してください。一度定められた報酬は、会社と取締役との委任契約の内容となるため、株主総会決議によっても取締役の同意なく減額することは認められないと考えられています（参考判例③参照）。

　　　　　　　　　　　　　　　　　　　　　　　　　（安藤知史）

第1章 ● 会社の組織・役員人事

6…役員の退職慰労金

Case
　Ｘ株式会社では、コスト削減の一環として取締役の員数を1名削減することにし、取締役Ａに退任してもらうことを考えている。Ａも会社の経営状態を理解しており、退任はやむをえないものと考えているが、今後の生活のこともあるので相応の退職慰労金を支給してもらいたいと主張している。しかし、Ｘ社の経営状態は厳しく、Ａが納得するような額の退職慰労金を支給することは難しい状況にある。

・・・

ノボル：退職慰労金を支給するには、株主総会決議か定款によって金額を定める必要があるので、会社として適正と考える退職慰労金の額を算定して、株主総会決議を得ればよいと考えています。

兄　弁：ただ、株主総会で具体的な退職慰労金の額を明らかにすることには抵抗があるんじゃないかな。

ノボル：その場合には、具体的な支給額は取締役会決議に一任するという方法が考えられますね。

姉　弁：取締役会決議への一任は無条件に認められるものではないけど、その点は確認してる？　そもそも、Ｘ社に退職慰労金の支給に関する内規はあるの？

ノボル：その点は確認しておきます。もし、内規があるということであれば、判例が示している要件をみたせば具体的な支給額は取締役会決議に一任することも考えられますよね。

姉　弁：そうね。ところで、Ａは使用人としての地位は有していないのかしら。もし、使用人兼務取締役ということであれば、使用人の職務に対する退

職慰労金と区別できるかどうかという問題も出てくるけど。
ノボル：使用人としての地位はないと聞いています。
兄　弁：ＡとＸ社との契約では、退職慰労金について何か定められているのかな。
ノボル：契約内容までは聞いてません。でも、具体的な金額が定められているということはないと思います。
兄　弁：それはそうだろうけど、ＡとＸ社との間の契約で退職慰労金の支給が定められていたとしたら、それにもかかわらず退職慰労金を支給しない場合には損害賠償請求の問題になりかねないから、契約内容は確認しておく必要があるよ。
ノボル：なるほど…。そのあたりは不勉強でした。判例や文献も確認しておきます。
姉　弁：会社では、Ａが納得する額の退職慰労金を支給することは難しいと考えていて、Ａとの間に問題が起きないかを心配してるんじゃない？ Ａから退職慰労金の支払いや損害賠償を請求されないかといった理論的な問題を整理して説明してあげたほうがいいと思うよ。
ノボル：そのとおりですね。問題点を整理しておきます！

Check List

☐ 退職慰労金支給の決定方法を確認したか［→ **1**］
☐ 退任する取締役は使用人兼務取締役か［→ **2**］
☐ 退職慰労金規程などの内規や慣行は確認したか［→ **3**］
☐ 退職慰労金支給を取締役会等に一任することが可能か［→ **4**］
☐ 会社と取締役との間に退職慰労金について何らかの合意はないか［→ **5**］

[解 説]

1 退職慰労金支給の決定方法

　会社法では「取締役の報酬、賞与その他の職務執行の対価として株式会社から受ける財産上の利益」については、定款に定めるか株主総会決議によることとされている（会361①）。

　取締役に対する退職慰労金は、報酬の後払い的な性格と在職中の特別の功労に報いるという性格とがあることなどから、会社法361条1項の適用がないという考え方もあるが、退職慰労金も報酬等に含まれると考え、功労金としての性質を有する部分も含めて会社法361条の適用を受けるとすると解するのが一般的であり、実務上もそのように運用されている。

　実務上、退職慰労金の額が定款で定められている会社は極めて少なく、退職慰労金については株主総会決議によらなければならないのが通常である。

2 使用人兼務取締役か否か

　退任取締役が使用人としての地位も有している場合、使用人として受け取る退職金については会社法361条は適用されない。

　そのため、使用人に対する退職慰労金について就業規則等で支給基準が具体的に定められており、取締役として受け取る退職慰労金とは明確に区別できる場合には、後者についてのみ会社法361条に従って金額を決定すべきということになる。したがって、どのような手続で退職慰労金を支給するかを検討するにあたっては、退任取締役が使用人を兼務していたか否かを確認することが必要になる。なお、両者が明確に区別できない場合については、その全額について商法旧269条（現在の会社法361条に相当する）の適用があるとする裁判例（参考判例①）がある。

3 退職慰労金規程などの内規や慣行について

退任取締役に対する退職慰労金の支給にあたっては、支給基準等を定めた退職慰労金規程などの内規や退職慰労金の支給に関する慣行の有無とその内容を確認することが重要である。後述するように、株主総会において退職慰労金の支給について取締役会等への一任を決議するためには、退任取締役への退職慰労金について一定の基準が内規や慣行によって確立している必要があるためである。

また、そうした内規や慣行があるにもかかわらず、取締役会が退任取締役に対する退職慰労金の支給を株主総会に諮らないという場合において、当該内規や慣行が退任取締役との間の任用契約の内容をなしているようなときには、退任取締役に対する損害賠償の問題が生じる可能性もある（後述 5 参照）。

さらに、退任取締役に対して支給した退職慰労金が一般的な水準に比して著しく高額である場合などは、損金算入が認められない（会社側の問題）、退職所得とされずに給与所得や配当所得とされて多額の所得税が課税される（受け取る側の問題。なお、この場合は派生的に正しく源泉徴収されていなかったという問題も生じる）といった税務上の問題が生じる場合もある。その際に退職慰労金の額が恣意的なものではなく退職慰労金規程に基づくものであるか否かは、課税上の 1 つの判断基準になりうる。

4 退職慰労金支給額の決定を取締役会等に一任する場合

(1) 取締役会等に一任するための要件　実務上、退任取締役の退職慰労金を株主総会で具体的に定めることが憚られることは多いが、会社法 361 条は、お手盛りによる弊害から株主を保護するための規定であると考えられており、退職慰労金の額の決定を無条件に取締役会等に一任することは認められない。株主総会決議をもって明示的または黙示的に支給に関する基準を示し、具体的な金額、支給の時期・方法などはその基準によって定めるべきとして、その決定を取締役会等に

委ねることは許されるとするのが判例である（参考判例②・③）。

　ただし、この場合であっても、退任取締役に対する退職慰労金の支給に関して、取締役のお手盛りを防止しうる程度に具体的で明確な一定の基準が内規や慣行によって確立していて、その基準が株主に知られているか、容易に知りうる状態にあることが必要である。

　この点、会社法施行規則82条2項は、退職慰労金の額の決定を一定の基準に従い取締役などに一任する内容の議案については、各株主が当該「一定の基準」を知ることができるようにするための適切な措置を講じている場合（たとえば支給基準が記載された書面が備え置かれて株主の閲覧に供されているなど）を除き、株主参考書類に、当該一定の基準の内容を記載しなければならないとしている。

　なお、実務上は、株主総会において「当社所定の基準に従い、相当額の範囲内で退職慰労金を贈呈することとし、その具体的金額・時期・方法等は取締役会に一任する。」といった内容で決議されることが多いと思われる。

(2) 取締役会がさらに代表取締役に一任することは可能か　株主総会決議によって退職慰労金の支給額決定について一任を受けた取締役会が、さらに代表取締役に決定を一任することが許されるかという問題もある。金額の決定に裁量の余地がない再委任については適法と解されているが（参考判例③）、裁量の余地がある場合における再委任については許されないという見解もある。しかし、会社法361条の趣旨は株主の利益を保護するところにあると考えれば、具体的な金額は「一定の基準」に従って定めるとされている以上、代表取締役への再委任も可能と考えられる。

5　会社と取締役との契約等について

(1)契約等に違反した場合の問題点　上述のとおり、退任取締役への退職慰労金の支給は、株主総会決議または定款によって定めるものであるが、会社と取締役との間の任用契約において、退職慰労金を支給

する旨が定められている場合があるので注意を要する。

　そのような合意がある場合には、退任取締役が抽象的な退職慰労金請求権を有していると考えることができ、それにもかかわらず合理的な期間を超えて会社の取締役が退任取締役への退職慰労金支給を株主総会に付議せず放置したような場合には、取締役について善管注意義務違反、忠実義務違反の問題が生じる可能性があり、会社が退任取締役に対して損害賠償義務を負うことがありうる（会350）。

　ただし、株主総会は、会社の内規や慣行に拘束されることなく退職慰労金の額を定めることが可能であるから（後述6参照）、退任取締役に対する退職慰労金の支給を株主総会に付議しなかったことが違法である場合にも、当該違法行為と退任取締役が主張する損害との間の因果関係を立証しなければならないという問題は残ることになる。

（2）会社が退任取締役に対して債務不履行責任を負うか　会社と取締役との間の任用契約における合意に反して、退職慰労金が支給されない場合に、会社が債務不履行に基づく損害賠償義務を負うかという問題もある。

　退任取締役の退職慰労金請求権は、株主総会決議によって初めて具体的な請求権になると考えられていることから、抽象的な請求権しかない段階で債務不履行責任を追及することは困難ではないかと解されるが、この点については見解に対立がある。

（3）代表取締役が支給を約束していた場合　過去に株主総会が開催されたことがなく、代表取締役が株主総会決議事項についても事実上決定していたような会社では、代表取締役による退職慰労金支給の約束をもって、実質的には株主総会決議があったのと同視し、退任取締役への退職慰労金支給を肯定する裁判例もみられる（参考判例④）。したがって、いわゆるオーナー企業のような会社の場合には、代表取締役と退任取締役との間にどのようなやりとりがあったか、どのような約束が交わされていたかといった点にも留意する必要がある。

6　退職慰労金の不支給・減額

　株主総会は、退任取締役に対する退職慰労金の支給やその額について、会社の内規や慣行には拘束されずに判断することが可能とされている。

　したがって、内規や慣行に反して、退職慰労金贈呈議案を否決したり、低廉な金額を支給する旨の決議をしたりすることも可能であるが、そのような決議がなされた場合には、当該退任取締役が株主総会決議が濫用的であるとしてその効力を争ったり、取締役の責任を追及したりすることが理論的には考えられる。

7　退任取締役の不祥事が発覚したような場合

　退任取締役に対する退職慰労金支給を決定する前に、たとえば退職慰労金規程で「不支給事由」として定める事由が発覚した場合や、そうした事由が定められていない場合でも刑事罰を受けるような不祥事が発覚したようなときには、取締役会が退職慰労金贈呈議案を株主総会に付議しないという取扱いには合理的理由があるといえる。

　他方で、株主総会において支給すべき退職慰労金の具体的金額を決定した後に不祥事が発覚したような場合には、退任取締役は具体的請求権として退職慰労金請求権を有している状態にあるから、これを一方的に奪うことはできないと考えられる。

　このような場合は、たとえば会社の退任取締役に対する損害賠償請求権と相殺するなどの対応を検討することになろう。

▶ 参 考 判 例
①**京都地判昭和 44・1・16 判タ 232 号 164 頁**　使用人を兼ねていた取締役に退職慰労金を支給する場合、使用人としての退職金の部分が退職金規程等に基づき明確に区別できるときを除き、商法 269 条（現在の会社法 361 条に相当する）の立法趣旨から考えて、退職慰労金全額について同条の適用があると解するのが相当とした。
②**最判昭和 44・10・28 判時 577 号 92 頁**　株式会社の役員であった者に対する退職慰労金につき、株主総会の決議により、金額などの決定をすべて無条件に取締役

会に一任することは許されないが、株主総会の決議において、明示的もしくは黙示的に、その支給に関する基準を示し、具体的な金額、支払期日、支払方法などは当該基準によって定めるべきものとして、その決定を取締役会に任せることは差し支えないとした。

③**最判昭和 58・2・22 判時 1076 号 140 頁**　退任役員の退職慰労金算定に関する内規を承認したことが取締役会議事録に記載されている、株主はこの議事録によって内規の存在を知ることができた、会社では株主の請求があれば会社が内規および従来の慣例の内容を説明することとされていたという場合に、退職慰労金の金額は、従来の基準に従い、諸般の事情を勘案のうえで相当額の範囲内とし、具体的金額、贈呈時期および方法の決定を取締役会に一任する旨の株主総会決議をなすことは商法 269 条（現在の会社法 361 条に相当する）に違反するものではないとした。

また、上記の場合に、取締役会において、金額の決定を取締役会長および取締役社長に一任する旨の決議をすることが商法 269 条（現在の会社法 361 条に相当する）および株主総会決議の趣旨に反するものではないとした。

④**大阪高判平成 1・12・21 判タ 715 号 226 頁**　退職慰労金等の性質を有する生命保険金が会社に支払われ、これが死亡した取締役の配偶者に支給されたという事案において、定款にその旨の規定がなく株主総会の決議もないが、会社が小規模な閉鎖的同族会社であり、従来取締役会も株主総会も開かれたことがなく、上記金員の支払いについては実質上の株主（代表取締役および取締役でもある）が承諾していたような場合、商法 269 条（現在の会社法 361 条に相当する）の趣旨からすれば、実質的な株主全員の承諾を得たことにより、その目的とする弊害は防止しうるのであるから、株主総会の決議があったものとして扱うのが相当であるとした。

【 *Answer* 】

　退任取締役に対する退職慰労金については、定款に定めがなければ、株主総会決議によって定めることとなるが、具体的な金額の決定については株主総会ではなく取締役会などに一任することも少なくない。

　そこで、あらかじめ会社における内規や慣行の有無やその内容、退任取締役にかかる任用契約、退任取締役と代表取締役との間の約束の有無やその内容などを十分確認しておくことが重要である。

　仮に内規や慣行で算出される金額よりも少ない額しか支給しないという場合には、退任取締役との間で法的な問題が生じる可能性があるというリスクも踏まえた判断が必要となる。

第1章 ● 会社の組織・役員人事

7…会計帳簿等閲覧請求への対応

> **Case**
> 　X株式会社の株式は譲渡制限株式であるところ、株主AよりX社に対し、株式の一部をBに譲渡することについて、譲渡承認請求があった。X社がこれを承認したところ、Aは、株式をBに譲渡するにあたって、その株式価値を算定して譲渡価格を決定したいとして、直近の月次試算表の閲覧謄写を請求してきた。
> 　X社がこれを拒否したところ、Aより、会計帳簿等閲覧請求の仮処分を申し立てられた。

・・・

姉　弁：どうしてX社は試算表をAに渡したくないの？

ノボル：今期は前期に比べて売上がかなり落ちているそうで、試算表を出して、そのことがわかってしまうと、何か責任追及されるんじゃないかと警戒しているみたいです。

姉　弁：でも、どっちにしても来年6月の定時株主総会のときに、今期の報告で計算書類を開示するでしょう。

ノボル：まだ下半期が残っているので、これから頑張れば上半期の売上減を取り戻せるはずと社長が話していました。社長の狙いどおりいけば、今期も前期とほぼ同じくらいの売上を維持できるので、現時点の試算表は表に出したくないんじゃないでしょうか。

姉　弁：そんな狙いどおりにうまくいくのか疑問だけど、まあいいや。Aの閲覧謄写請求は、何か拒絶できる理由はある？

ノボル：株式の譲渡価格を算定する目的での閲覧謄写請求については、認める最高裁判例が出ているので、拒絶は難しいかと思います。

姉　弁：ずいぶんあっさりしてるわね…。もっと粘りなさいよ。ほかの拒絶理由は検討した？

ノボル：検討しましたけど、会社法433条2項の拒絶理由には、どれも該当しないと思います。

姉　弁：433条2項の拒絶理由以外に、何か争えるところはないの？ Ｘ社はもう応じるしかない？

ノボル：うーん…。もうちょっと考えてみます。

Check List

□ 閲覧謄写請求をする株主は100分の3以上の持株比率を有しているか［→1(1)］
□ 閲覧謄写請求の理由が明示されているか［→2(1)］
□ 閲覧謄写の対象は「会計帳簿又はこれに関する資料」に含まれるか［→2(2)］
□ 会社法433条2項各号のいずれかに該当する事情があるか［→2(3)］
□ 閲覧謄写の対象が特定されているか［→3(4)］
□ 閲覧謄写の対象となる会計帳簿等と請求理由との間に関連性があるか［→3(4)］
□ （仮処分の場合）保全の必要性があるか［→3(5)］

［解説］

1　会計帳簿の閲覧謄写請求の位置づけ

　会計帳簿の閲覧謄写請求と似たものとして、計算書類の閲覧・謄本交付請求がある。両者は、いずれも会社法の「計算等」の章（第2編第5章）において規定されているものであるが、請求の主体や要件等

が異なるので、混同しないよう注意する必要がある。

(1) 会計帳簿閲覧謄写請求の内容　株式会社は、法務省令で定めるところにより、適時に、正確な会計帳簿を作成しなければならず（会432①）、その会計帳簿およびその事業に関する重要な資料を、会計帳簿の閉鎖の時から10年間、保存する義務を負っている（同②）。

　そして、総株主の議決権の100分の3以上の議決権を有する株主、または発行済株式の100分の3以上の数の株式を有する株主は、株式会社の営業時間内はいつでも、株式会社に対し、①会計帳簿またはこれに関する資料（以下「会計帳簿等」という）が書面をもって作成されているときは、当該書面の閲覧または謄写を、②会計帳簿等が電磁的記録をもって作成されているときは、当該電磁的記録に記録された事項を法務省令で定める方法により表示したものの閲覧または謄写を請求することができる（会433①）。この請求権は、検査役選任請求権（会358①）と並んで、株主が会社の業務・財産状況を調査し、取締役等の行為を監督是正するにあたって、重要な役割を果たすものである。

　なお、100分の3という持株比率の要件については、会社が定款においてこれを下回る割合を定めることも可能であり、その場合は、定款で定めた割合となる。

(2) 計算書類等の閲覧・謄本交付請求との違い　計算書類等の閲覧・謄本交付請求（会442③）については、請求の対象が、計算書類（各事業年度にかかる計算書類。貸借対照表、損益計算書、株主資本等変動計算書、個別注記表の4つである。会435、会計規59①）および事業報告ならびにこれらの附属明細書に限られており、また、計算書類および事業報告は、株主から閲覧等を請求しなくても、取締役が定時株主総会において提出することが予定されている（会438）。

　したがって、株主が、これらの書類以外で、会社の経理や計算に関する書類を入手したい場合に、会計帳簿等の閲覧謄写請求を行うことになる。

なお、言い換えれば、会計帳簿等の閲覧謄写請求の対象となる書類は、会社にとって通常は外部への開示を予定していないものであり、株主に提供した場合、営業秘密の漏えい等につながるおそれがある。そのため、請求権が認められる株主について持株比率の要件が定められ（会433①）、また、請求に対する拒絶事由が定められている（同②）。

2 閲覧謄写請求を拒否できる場合

上記のとおり、会計帳簿等は、会社にとって通常は外部への開示を予定していないものであり、株主に提供した場合、営業秘密の漏えい等会社の利益が損なわれることが懸念される。では、会社は、どのような場合に株主の会計帳簿等の閲覧謄写請求を拒否できるだろうか。

(1) 請求理由の明示 株主は、会計帳簿等の閲覧謄写を請求する場合、その請求の理由を明らかにしてしなければならない（会433①柱書）。つまり、会社は、請求の理由が明示されていない場合、それを根拠に請求を拒否しうる（ただ、この場合でも株主は理由を補充すればよいので、確定的に拒否できるわけではない）。

実務では、請求理由が抽象的にしか示されないケースが多く、どの程度具体的に示す必要があるかが問題となる。

この点、請求理由の明示が求められる趣旨は、会社において理由と関連性のある会計帳簿等の範囲を知り、また、拒絶事由の存否を判断するために必要であること、加えて、営業秘密の漏えいや不当利用等の危険が大きい一般的調査が行われることを防止することにある。そのため、株主は、このような趣旨に沿って、会社がその理由をみて関連性のある会計帳簿等を特定でき、拒絶事由の存否を判断できる程度に具体的な理由を明示する必要があると考えられている（参考判例①）。

(2) 会計帳簿等の範囲 会社法433条1項は、閲覧謄写請求の対象を「会計帳簿又はこれに関する資料」と定めている。そこで、どこまでがこの「会計帳簿又はこれに関する資料」に含まれるか問題となる。

この点、旧商法下では（商法旧293条の6第1項が現在の会社法433条1項に対応）、会社の経理の状況を示す一切の帳簿等と広く解する非限定説と、会計帳簿およびその補完資料等に限定する限定説との争いがあった。会社法下においても見解は対立しているが、実務上は、いずれの説に立つ場合でも閲覧謄写の対象はあまり異ならないと考えられている。

　ただ、会社としては、たとえば法人税確定申告書のように、経理に関するものであっても、会計帳簿を実質的に補充する資料ではない（むしろ計算書類や会計帳簿を材料にして作成される）ものについては、そもそも閲覧謄写の対象となる「会計帳簿又はこれに関する資料」に該当しないとして争うことができるであろう。

(3) 法定の拒絶事由　会社は、次に掲げる会社法433条2項各号のいずれかに該当する場合、閲覧謄写請求を拒絶することができる。

①閲覧謄写請求を行う株主が、その権利の確保または行使に関する調査以外の目的で請求を行ったとき（会433②(1)）
　→たとえば、株主が、株主たる資格と離れて、売買契約上の権利や労働契約上の権利の行使のため請求する場合（参考判例②）

②閲覧謄写請求を行う株主が、当該株式会社の業務の遂行を妨げ、株主の共同の利益を害する目的で請求を行ったとき（会433②(2)）
　→たとえば、株主が、会社代表者に対して個人的な恨みを抱き、会社の業務を滞らせるために請求する場合

③閲覧謄写請求を行う株主が、当該株式会社の業務と実質的に競争関係にある事業を営み、またはこれに従事するものであるとき（会433②(3)）

④閲覧謄写請求を行う株主が、会計帳簿等の閲覧謄写によって知りえた事実を利益を得て第三者に通報するため請求したとき（会433②(4)）

⑤閲覧謄写請求を行う株主が、過去2年以内において、会計帳簿等の閲覧謄写によって知りえた事実を利益を得て第三者に通報したことがある者であるとき（会433②(5)）

　上記①と②は一般的原則を示したものであり、③～⑤はそれを具体化したものと考えられる。これらの拒絶事由は制限列挙であり、会社が、定款の定めによって新たな拒絶事由を追加することはできない。
(4)代理人による請求であることを理由とした拒否　閲覧謄写請求は、株主本人に限らず、代理人によってもなすことが可能であり、会社は代理人による請求であることを理由に請求を拒否することはできない。
　もっとも、代理人について会社法433条2項3号から5号の拒絶事由が認められる場合には、会社に生じうる危険は、株主自身に拒絶事由が認められる場合と異ならないから、会社は請求を拒絶することができる。

3　会計帳簿閲覧謄写請求訴訟（仮処分）

　株主は、会社が任意に閲覧謄写請求に応じない場合、会社を被告として、会計帳簿等閲覧謄写請求訴訟（仮処分）を提起することができる。
(1)訴訟外における事前の閲覧謄写請求の要否　会社に対し訴訟提起に先立って閲覧謄写を請求し、拒否されたことは、訴訟提起の要件ではない。よって、株主は、会社が拒否することがあらかじめわかっているような場合には、訴訟外で会社に閲覧謄写請求をすることなく、直ちに訴訟を提起することも可能である。
(2)複数の株主による閲覧謄写請求の可否　株主1人では100分の3という持株比率の要件をみたさない場合であっても、複数の株主が集まり、その合計の持株比率が要件をみたす場合は、共同して請求することができると考えられている。
(3)新株発行による持株比率の低下　会社が訴訟提起後に新株を発行

し、その結果、原告である株主の持株比率が100分の3を下回った場合に、会社は株主が原告適格を失った旨の主張をすることができるか。

　このような場合、持株比率の低下の原因は会社にあるので、株主は原告適格は失わないというのが通説である。しかし、この通説に対して、経営上の必要から適法に新株発行が行われ、その結果原告の持株比率が低下した場合にまで、少数株主権としての帳簿閲覧謄写請求権を認めることには疑問があるから、持株比率の要件をみたさなくなったのであれば原告適格は原則として失われると解すべきであり、例外的に会社が帳簿閲覧請求権を失わせる目的で新株発行を行った等の事情がある場合には原告適格喪失の抗弁を信義則違反ないし権利濫用により制限すれば足りるという見解も出されている（類型別Ⅱ661頁）。

（4）対象となる会計帳簿等の特定　会社法433条1項後段が、閲覧謄写請求をする場合に理由を明示するよう求めていることからすれば、同条はあらゆる会計帳簿等の閲覧謄写請求を認めるものではなく、請求理由と関連性のある範囲の会計帳簿等に限って閲覧謄写請求を認めるものと考えられる。

　そのため、株主は、必然的に、閲覧謄写請求の対象となる会計帳簿等を特定し、その会計帳簿等と請求理由との間に関連性があることを主張立証する必要がある。

　もっとも、株主が、会社内部で作成される会計帳簿等について、その名称を具体的かつ正確に特定することは困難であるから、「○○関係について元帳を補充するため作成している帳簿」等、ある程度概括的な内容でもやむをえないと考えられる。

　なお、会社法433条1項は、現存する会計帳簿等の閲覧謄写請求を認めているにすぎないと解されているので、会社が、閲覧謄写請求の対象について、その存在を否認した場合には、株主においてその存在を立証する必要がある。

（5）仮処分における保全の必要性　会計帳簿閲覧謄写請求訴訟は判決

が出るまでに一定の時間を要する。そこで、訴訟ではなく仮処分の申請をして閲覧謄写を求めることがある。裁判所が仮処分命令を出すには、当該仮処分命令によって保全する必要性があることが必要となる（民保13①）。

　この点、会計帳簿等閲覧謄写仮処分の場合、当該仮処分が認められると、閲覧謄写がなされて、株主は目的を達することができる一方で、会社としては、万一その後の本案訴訟において当該株主の閲覧謄写請求権が否定されたときは、結果的に本来閲覧謄写をさせる必要がない者に会計情報の詳細や企業秘密等を開示してしまったこととなり、不測の損害を被るおそれがある。

　このような事態を招くことがないよう、会計帳簿等閲覧謄写仮処分の場合の保全の必要性については、会計帳簿閲覧請求にかかる権利関係が確定しないために生ずる株主の損害と、仮処分により会社が被るおそれのある損害とを比較衡量し、会社の被るおそれのある損害を考慮しても、なお株主の損害を避けるため緊急の必要がある場合に限って認められるものと解されている（参考判例③）。

▶参考判例

①**最判平成2・11・8判時1372号131頁**　株主が会計帳簿閲覧請求のため会社に提出した書面に「貴社が予定されている新株の発行その他会社財産が適正妥当に運用されているかどうかにつき、商法293条の6の規定に基づき、貴社の会計帳簿及び書類の閲覧謄写をいたしたい。」と記載されていた場合に、当該閲覧請求は、請求の理由を具体的に記載してされたものとはいえないとした。

②**最判平成16・7・1民集58巻5号1214頁**　株式譲渡につき定款で制限を設けている株式会社において、その有する株式をほかに譲渡しようとする株主が、株式等の適正な価格を算定する目的でした会計帳簿等の閲覧謄写請求は、特段の事情が存しない限り、株主等の権利の確保または行使に関して調査をするために行われたものであって、会社法433条2項1号所定の拒絶事由に該当しないとした。

③**東京地決平成19・6・15金判1270号40頁（楽天対TBS会計帳簿等閲覧謄写却下決定）**　会計帳簿等は会社の計算書類等の記載事項の基礎となる資料であって、計算書類等と一体となって、会社の経営、経理の実態を示すものであり、その中には会社の企業秘密も含まれているから、仮処分により閲覧謄写が認められた後に、本案

訴訟において債権者に閲覧請求権がないことが確定したときには、結果的に無権利者に企業秘密等を開示したこととなるうえ、閲覧謄写がなかった状態に戻すことができず、会社に不測の損害を被らせるおそれがあるため、閲覧請求権にかかる権利関係が確定しないために生ずる債権者（株主）の損害と、仮処分により会社が被るおそれのある損害とを比較衡量し、会社の被るおそれのある損害を考慮しても、なお債権者（株主）の損害を避けるため緊急の必要がある場合に限って、仮処分が認められることが相当であるとした。

【 *Answer* 】

　Aが閲覧謄写を請求する月次試算表は、「会計帳簿又はこれに関する資料」に含まれると考えられる。また、株式価値の算定のためという請求理由が明示されており、会社の直近の資産状態を示す月次試算表をかかる算定資料に使用することは合理的であるから、請求理由と請求対象との間に関連性も認められる。会社法433条2項所定の拒絶理由には該当せず、そのほかに請求を拒否できるような事情も見当たらない。

　したがって、X社は、Aの閲覧謄写請求に応じざるをえない。

　ただ、閲覧謄写の対象となる直近の月次試算表について、たとえばX社において月次の試算表は作成していないなどの事情があれば、その範囲で拒否することは可能である。

第2章 株主総会に関する問題

第2章 ● 株主総会に関する問題

8 … 株主総会を開催するための手続

Case

　Aはゲーム会社に勤務しゲーム開発に従事していたが、独立することを決意し、自ら300万円を出資して自分の会社X株式会社を設立した。

　X社によるゲーム開発は順調に進み、新たにサーバー等の設備投資を行うために資金調達が必要となった。そこで、Aは、X社のチームリーダーであるBおよびCにX社への出資を持ちかけ、それぞれ100万円ずつ出資してもらった。そこで、Aは、BとCにもX社の取締役に就任してもらい（現在の取締役はAのみ）、また、取締役が3名になるので新たに取締役会をおきたいと考えている。

　もっとも、Aは、今まで株主が自分1人であったため株主総会など開催したことがなく、どのように進めればよいのか見当がつかない。Aとしては、なるべく簡単に手続をすませたいと考えている。

・・・

ノボル：Aと電話で話した際に、とりあえず、招集通知を作成して、株主全員に発送する必要があることを説明しました。そうしたら、Aから、招集通知の書式は決まっているのかと質問されたので、特に決まった書式はないことも説明しました。

姉　弁：まだ取締役会を設置していないなら、必ずしも書面で招集通知を作成しなくてもいいんじゃない？

ノボル：あれっ、そうでしたっけ…。

姉　弁：それに、X社の株主はA、B、Cの3名だけなんでしょ？ Aはなるべく

簡単に手続をすませたいと言っているんだし、3名しかいないのなら、全員から同意を得ることも難しくないだろうから、書面決議で進めたら？

ノボル：書面決議・・・。たしかにそんなこと定めた条文がありましたね。招集通知を総会の日の2週間前までに発送、というのがまず頭に浮かんできちゃいました。

姉　弁：Aの会社は非公開会社だから、株主総会の招集通知を出すとしたって、2週間前ではなく、1週間前まででしょう。

ノボル：そ、そうでしたっけ・・・。

姉　弁：ちょっと・・・しっかりしてよ。しかも、定款でもっと短い期間を定めているかもしれないわよ。会社の定款も確認しないと。

ノボル：会社の登記事項証明書は、相談時に持ってきてもらうようAにお願いしました。ただ定款のことは言わなかったので、あとでAに連絡します。

姉　弁：定款で、総会の招集手続や決議の方法について会社法とは違う内容を定めている場合があるから、定款も必ず確認するようにしたほうがいいわよ。

ノボル：はい、すみません・・・。X社の定款も確認したうえで、改めて手続を案内するようにします。

Check List

☐ 取締役会は設置されているか［→ **1**］
☐ 公開会社か［→ **1(3)**］
☐ 定款において招集手続につき会社法と異なる内容を定めているか［→ **2**］
☐ 手続の簡略化につき株主の同意が得られる見込みがあるか［→ **3**］

[解 説]

1 取締役会設置会社か否かによる招集手続の違い

　株主総会の招集手続は、会社の機関設計がどのようになっているか、具体的には取締役会設置会社か否かによって、以下のとおり異なる。そこで、まず定款または登記事項証明書によって、当該会社が取締役会を設置しているか否かを確認する必要がある。

(1)招集の決定　株主総会は、少数株主による招集請求の場合（会297④）を除き、取締役が招集する（会296③）。

　取締役会非設置会社において株主総会を招集する場合、取締役は、株主総会の日時、場所、総会の目的事項等の事項を決定する必要がある（会298①）。なお、取締役が複数いるときは、過半数の取締役により決定する（会348①②）。

　取締役会設置会社の場合は、取締役会の決議によって、株主総会の日時、場所、総会の目的事項等の事項を決定し（会298④）、取締役会の招集決議に基づいて取締役が株主総会を招集する。

(2)招集通知　取締役会設置会社の場合は、招集通知は書面でしなければならない（会299②）。この招集通知には、日時、場所、総会の目的事項等を記載する必要がある（会299④）。加えて、開催する総会が定時株主総会である場合には、招集通知の際、株主に対して取締役会で承認された計算書類および事業報告を提供しなければならない（会437）。

　これに対し、取締役会非設置会社では、書面投票や電子投票を定めない限り、書面による必要はないため、口頭や電話等による通知も可能である。これは、取締役会をおいていないような小規模の会社では、一般的に株主数が少なく、会社と株主との連絡が容易であることによる。

　また、取締役会非設置会社では、書面により定時株主総会の招集の通知を行う場合も、総会の目的事項を記載しなくてもよい。取締役会

設置会社では株主総会で決議できる事項が定められているのに対して（会295②）、取締役会非設置会社の場合は株主総会の権限に制約がなく（同①）、あらかじめ通知した目的事項以外の事項も決議することが可能であり（会309⑤）、目的事項を通知する意味が乏しいからである。計算書類や事業報告を添付する必要もない。したがって、会社が、株主総会の日時や場所のみ記載した招集通知を発送し、総会当日に、株主にとって不意打ちとなるような議案を諮ることも可能である。

(3) 招集通知の発出時期　招集通知の発出時期は、公開会社の場合は株主総会の2週間前までであるが、書面・電子投票制度を採用していない非公開会社の場合は1週間前までで足りる。さらに、非公開会社のうち取締役会をおかない会社の場合は、1週間を下回る期間を定款で定めることによって、期間をより短縮することが可能である（会299①）。

　このように取締役会を設置しているか否かによって、株主総会の招集手続はかなり異なってくるため、小規模の会社においては、柔軟な対応が可能であることを重視して取締役会を設置しないことも、選択肢の1つである。

2　定款による定め

　会社法は、会社が、株主総会の招集手続や決議方法について、会社法とは異なる定めを定款におくことを認めている。実務上も、定款において会社法と異なる内容を定めていることは珍しくないため、定款を確認することが重要である。

(1) 招集通知の発出時期の短縮　取締役会をおかない会社の場合は、定款において、招集通知の発出時期につき、たとえば「3日」など1週間を下回る期間を定めることができる。これにより、招集から株主総会までの期間を短縮し、機動的に株主総会を開催することが可能となる。

(2) 普通決議の定足数の引き下げ　株主総会の普通決議は、原則とし

て、議決権を行使することができる株主の議決権の過半数を有する株主が出席し（定足数）、出席した株主の議決権の過半数をもって行う（可決要件）。

もっとも、会社は定款においてこれと異なる内容を定めることができる（会309①）。そのため、通常は、定款で「株主総会の決議は、法令又は定款に別段の定めがある場合を除き、出席した議決権を行使することができる株主の議決権の過半数をもって行う。」などと定め、普通決議の定足数の要件を排除する会社が多い。ただし、役員の選任・解任の決議については、定足数を3分の1未満に引き下げることはできない（会341）。

(3) 特別決議の定足数の引き下げ等 株主総会の特別決議は、原則として、議決権を行使することができる株主の議決権の過半数を有する株主が出席し（定足数）、出席した株主の議決権の3分の2以上の多数をもって行う（可決要件）。

会社は、定款においてこれと異なる定足数を定めることができるが、定足数を3分の1未満に引き下げることはできない（会309②）。また、定款において可決要件につき3分の2を上回る割合を定めることも可能であるし、このような可決要件に加えて、さらに一定数以上の株主の賛成を要する旨その他の要件を付加することもできる（会309②）。

実務上は、特別決議がしやすいよう、定足数のみ軽減し、可決要件は加重しないか、加重するとしても、組織変更等の特定の決議についてのみ加重することが多い。

3　手続の簡略化

株主の同意が得られる場合、招集手続や株主総会の開催自体を省略することが可能である。小規模の会社の場合、株主数が少なく、また、会社と株主との関係が近いことから、会社が株主の同意を得ることは通常それほど困難ではないので、これらの方法をとることによって手

続の簡略化を図ることができる。

(1) 招集手続の省略　書面・電子投票制度を採用しない会社においては、株主の全員の同意がある場合、招集手続を省略することができる（会300）。

(2) 全員出席総会　招集手続を経ていない場合でも、株主全員が出席して総会を開催することに同意した場合は、全員出席総会として、その株主総会の決議の効力が認められる（参考判例①）。

(3) 書面決議　株主総会の決議は、書面決議によることもでき、取締役または株主が、株主総会の目的である事項についての提案をした場合に、その提案について株主全員が書面または電磁的記録によって同意の意思表示をしたときは、その提案を可決する旨の株主総会決議があったものとみなされる（会319①）。この場合、株主総会の開催自体を省略することができる。

　また、報告事項についても、取締役が株主全員に対して報告事項を通知し、総会に報告しないことにつき株主全員が書面または電磁的記録により同意した場合には、その事項の株主総会への報告があったものとみなされる（会320）。

　なお、これらの場合でも、株主総会の議事録は作成しなければならないので（会規72④）、注意が必要である。

▶ 参考判例

①**最判昭和46・6・24民集25巻4号596号**　いわゆる一人会社の場合に、その1人の株主が出席すればそれで株主総会は成立し、招集手続を要しないとした。

【 *Answer* 】

　Aはできるだけ株主総会の手続を簡略化したいと考えており、また、今回の議案の内容についてはBおよびCも特に異議なく賛成することが想定される。

　したがって、Aとしては、株主総会の招集を決定したうえで、株主全員（A・B・C）に対し、B・Cの取締役への選任と定款変更（取締役会の設

置）について提案書を送付し、株主全員から同意書を返送してもらい、書面決議を得ることが簡便である。

　または、BおよびCはX社のチームリーダーであり、A・B・Cの株主全員が集まることは容易であるから、特に招集手続を経なくても、全員の都合が合ったときに、その場で全員出席総会を開催することが可能である。

第2章 ● 株主総会に関する問題

9…取締役の説明義務

Case

ベンチャー企業であるX株式会社は今月末に株主総会を開催し、取締役全員の報酬総額の枠を拡大する議案を提出する予定である。

総会開催日の1週間前に株主からX社に対し質問状が届いた。その質問状には、①個々の取締役の報酬額、②雑誌が最近発表したベンチャー社長長者番付にX社の社長が入っていたが、そこに掲載された社長の個人資産の内容の真偽、③わが国における貧富の差に対する考え方について、総会に出席して質問をする予定であるので、ご説明いただきたいと書かれていた。

X社としては、いずれの質問に対しても説明を拒否したいと考えている。

・・・

ノボル：質問状を送ってきた株主は、今回報酬枠を拡大する議案が出ているけれども社長は報酬をもらいすぎなんじゃないかと疑っているんでしょうね。

姉 弁：たしかに長者番付に名前が出たんじゃ目立つよね。でも、答えたくないというX社の気持ちもわかるわね…。

ノボル：X社の気持ちはわかりますけど、取締役には会社法上、説明義務がありますからねぇ。

姉 弁：説明義務はあるけど、説明しなくてもよい場合もあるでしょう。今回の質問はそれにはあたらないの？

ノボル：(六法で条文を確認して) 説明しなくてもよい場合としては、まず、株主総会の目的である事項に関しない質問…。今回は総会の目的が取締役の報酬枠の拡大だから、それが相当かどうかという意味で①～③のどれ

も一応関係しそうですね。でも、③の質問はあまりに一般的な内容で報酬の話と直接関係しないので、切れるかな。

姉　弁：でも、法的な説明義務はないとしても、答え方によってはかなり感じ悪い印象を与えてしまうかもしれないから、気を付けないと。

ノボル：そうですね、ただでさえ長者番付に載ってやっかみ受けてる可能性がありますから、下手すると炎上しますね！

姉　弁：総会当日は事務局席に入るんだから、事前に説明義務のところはよく勉強しておきなさいよ。

Check List
- □ 株主総会の目的事項に関連した質問か [→ **1(2)**]
- □ 株主の共同の利益を著しく害する質問に該当しないか [→ **1(2)**]
- □ 説明のために調査が必要となる質問に該当しないか [→ **1(2)**]
- □ 他人の権利を侵害することとなる質問に該当しないか [→ **1(2)**]
- □ 繰り返し説明を求める質問に該当しないか [→ **1(2)**]
- □ その他説明を拒否する正当な事由がないか [→ **1(2)**]
- □ 取締役は説明義務を尽くしたか [→ **2・3**]

[解説]

1　説明義務

　会社法314条は、取締役等が、株主総会において、株主から特定の事項について説明を求められた場合には、当該事項について必要な説明をしなければならないと定めている。この説明義務の対象となる事項については、たとえ会社が説明を拒否したいと考えたとしても、説明をしなくてはならない。後述のとおり、取締役の説明義務違反は株主総会の決議取消事由となるので、株主総会の運営やその指導にあ

たり最も気を遣う点である。そこで、株主から説明を求められている事項が、説明義務の対象となるか否かをまず検討すべきである。

(1)説明義務の趣旨 取締役等の説明義務は、株主総会の場における実質的かつ公正な議論を確保するという観点から、昭和56年商法改正で導入されたものである。したがって、取締役等の説明義務は、株主総会の議題ないし議案に対する審議のため、ひいては株主が議決権行使の判断を行うために、その範囲内で認められる。なお、ここでいう議題には、決議事項のみならず報告事項も含まれていると考えられている。

(2)説明しなくてもよい場合 会社法上、株主から特定の事項について説明を求められた場合であっても、説明しなくてもよい場合が以下の①～⑥のとおり定められている（会314ただし書、会規71）。これは、前述**(1)**の趣旨から外れるような株主側の不当な質問権の行使は、株主総会の公正かつ円滑な運営を損なうため、正当な質問権の行使の限界を明確にして、その濫用を防止するものである。

①株主総会の目的である事項に関しないものである場合（会314）
　【例】政治的問題や社会的問題等に関する質問
②その説明をすることにより株主の共同の利益を著しく害する場合（会314）
　【例】生産コストやノウハウなど企業秘密に関わる質問
③株主が説明を求めた事項について説明をするために調査をすることが必要である場合（ただし、当該株主が株主総会の日より相当の期間前に当該事項を会社に対して通知した場合、当該事項について説明をするために必要な調査が著しく容易である場合を除く）（会314、会規71(1)）
　【例】会計帳簿を細かく確認しなければ回答できない質問
④株主が説明を求めた事項について説明をすることにより会社その他の者（当該株主を除く）の権利を侵害することとなる場合（会314、会規71(2)）

【例】他人のプライバシーを侵害する質問
　　⑤株主が当該株主総会において実質的に同一の事項について繰り返して説明を求める場合（会314、会規71(3)）
　　⑥その他、株主が説明を求めた事項について説明をしないことにつき正当な理由がある場合（会314、会規71(4)）
　　　【例】インサイダー情報に関する質問

(3) 実務上の対応　取締役が、説明義務を負っていない事項について、任意に説明を行うことは基本的に問題がない（ただし、インサイダー情報等、説明してはならない事項もある）。特に、最近の「開かれた総会」を目指す風潮の中では、取締役が株主より質問を受けた事項について説明義務を負わないと考えたとしても、杓子定規に一切の説明を拒むことは望ましくない。実務上も、会社の業務等に支障のない範囲で説明し、株主との対話を重視する姿勢を示す会社が多いと思われる。
　そもそも説明義務の有無の判断は微妙で難しい場合が多く、弁護士が株主総会時に会社側の事務局席に入っていたとしても、株主より当日なされた質問に対して、その場で瞬時に説明義務があるかないかを判断することは困難である。したがって、基本的には、質問に対し説明を拒絶するよりも、説明を行う方向で進めたほうが、説明義務違反のリスクを低減することができ、安全であると指摘されている。

2　説明の程度

　取締役が、株主から説明を求められた事項について説明義務を負う場合（会314）、どのような内容を、どの程度説明すれば説明義務を尽くしたといえるか、会社法では特に明確に定められていないため問題となる。

(1) 報告事項について　報告事項（事業報告、計算書類等）については、その内容すべてが株主の質問の対象となりうるため、必然的に説明義務も広範囲に及ぶことになるが、その内容を理解するのに必要な情報

を説明すればよいと考えられている。

この点、事業報告および計算書類の各附属明細書には、事業報告または計算書類の内容を補足する重要な事項が表示されているから（会規128①、会計規117）、それら附属明細書の記載事項を一応の目安とすることができる（参考判例②）。

(2) 決議事項について　決議事項に関しては、合理的な平均的株主が、株主総会の目的事項を理解し決議事項について賛否を決して議決権を行使するにあたり、合理的な判断をするのに客観的に必要な範囲で説明を行えばよいと考えられている（参考判例①・②）。

この点、株主総会参考書類は、書面投票制度・電子投票制度（会298①(3)(4)）のもとで、総会当日には出席できない株主に対して、そこに記載されている事項を読めば、一応議案についての賛否を決することができることを念頭に記載事項が定められているから、当該記載事項を一応の目安とすることができる（参考判例②）。

なお、説明義務の有無は個別の議案ごとに判断される。

3　個別の議案に関する説明義務

実際の株主総会では、株主から出される質問は、会社の経営政策や配当方針等、株価や株主還元と関係する質問が比較的多い。これらの事項については、通常、会社側としても説明すること自体に特に支障はないため、説明義務の有無はあまり問題とならない。

一方、以下の取締役選任議案（**1**）や取締役報酬議案（**2**）などは、たとえば各取締役の具体的な実績や報酬額等、会社側が回答しにくい事項についても質問が出されることが想定され、実務上、説明義務の有無やその範囲が問題となりやすい。

(1) 取締役選任議案　取締役選任議案では、株主総会参考書類に候補者の氏名、生年月日、略歴、その有する会社の株式の数（公開会社）などを記載しなければならず（会規74以下）、一応の目安としては、その内容を補足・敷衍する範囲で説明義務があると考えられる。もっ

とも、株主はその賛否を決するにあたって、当該取締役候補者の経営能力等に対する総合的な評価を行うから、必然的にその質問内容は広範囲に及ぶこととなり、説明義務の範囲も自ずと広くなる。

　取締役の再任議案の場合は、当該取締役の業績や経営能力等を明らかにする趣旨で、従前の職務執行状況を概括的には説明する必要があると考えられる（参考判例②・③）。

（2）取締役報酬議案　取締役報酬議案については、株主総会参考書類に報酬額算定の基準または変更の理由等を記載しなければならない（会規 82 以下）。報酬額の算定の基準としては、報酬が月額か年額か、その支給方法などのほか、退職慰労金や賞与支給の予定の有無、使用人兼務取締役に対する使用人としての給与支給の有無などが記載される。また、取締役全員の報酬の総額を定める場合（実務上この類型が大半を占める）は、取締役の員数も参考書類に記載しなければならない。

　したがって、一応の目安として、これらの記載事項が説明義務の範囲と考えられる。

　この点、株主から、個々の取締役の報酬額について質問が出される場合がある。しかし、取締役の報酬が株主総会の決議事項とされているのは（会 361）取締役によるお手盛り防止のためであり、会社が取締役全員に対して支払う報酬の総額に上限が設けられれば足りるから、個々の取締役の報酬額は議案の賛否の合理的判断に必要不可欠な情報ではない。したがって、個別の報酬額について説明義務は生じない。

　また、株主から、使用人兼務取締役について、使用人分給与の額に関し質問が出される場合がある。しかし、原則として使用人分給与は総会決議の対象にならないので（最判昭和 60・3・26 判時 1159 号 150 頁）、一般の使用人の給与体系によって支給されることなどは説明したほうがよいとしても、個別の支給額についての説明義務はない。

4 説明義務違反があった場合

　仮に取締役に説明義務違反があったと認められた場合に、会社は、以下のとおり、総会決議の取消しおよび過料というペナルティを受けるおそれがある。特に前者の総会決議の取消しについては、たとえば取締役選任決議が取り消された場合に当該取締役が加わっていた取締役会の決定の効力をどのように考えるかなど、会社の事業運営に与える影響は甚大であり、また、レピュテーションリスクも大きい。したがって、説明義務違反を問われないような株主総会の運営を心がける必要がある。

(1) 総会決議の取消し　取締役の説明義務は会社法上の義務であるから、株主総会決議事項について説明義務違反があった場合、当該決議の方法に法令違反があったことになり、決議が取り消される可能性がある（会831①(1)）。なお、その場合でも、違反事実が重大でなく、かつ決議に影響を及ぼさないときには裁量棄却（会831②。第2章 **10-3** 参照）の余地はある。

(2) 過料　説明義務違反があった場合、それが報告事項に関するものか決議事項に関するものかを問わず、100万円以下の過料の制裁を受ける可能性がある（会976(9)）。

▶ 参 考 判 例

①**福岡地判平成3・5・14判時1392号126頁（九州電力株主総会決議取消請求事件）**　株主総会の権限は、決議により会社の意思を決することであり、取締役等の説明義務は、株主総会における決議事項につき、株主が賛否を決するために合理的な判断をなすために必要な資料を提供するところにあるから、取締役等の説明義務は、合理的な平均的株主が、株主総会の目的事項を理解し決議事項について賛否を決して議決権を行使するにあたり、合理的な判断をするのに客観的に必要な範囲において認められるとした。

②**広島高松江支判平成8・9・27資料版商事法務155号48頁（日本交通事件）**　取締役などの説明義務は、合理的な平均株主が、会議の目的事項を理解し賛否を決して議決権を行使するにあたり、合理的な判断をするのに客観的に必要な事項について、そのために必要な範囲において認められるものであり、質問事項が議題の合理的な判断に必要な事項であるかどうか、取締役が議題の合理的な判断に必要な程度に説明を

したかどうかの判断は、質問した株主や説明した取締役などの主観を基礎にしてはならず、合理的な平均的株主の立場を基準に客観的に判断されるべきであるとした。

　また、説明義務の範囲は、商法が一般的に開示を要求している事項を一応の基準と考えることができ、貸借対照表、損益計算書、営業報告書および附属明細書の記載事項や大会社の招集通知に添付すべき参考書類の記載事項が一般的な開示事項にあたると解されるから、これらの書面に記載されるべき事項が説明義務の範囲を画するものと考えられるとした。

③東京地判平成16・5・13金判1198号18頁（東京スタイル株主総会決議取消請求事件）　取締役の再任議案に関し、株主総会参考書類の記載事項を敷衍して、候補者の業績、従来の職務執行の状況など、平均的な株主が議決権行使の前提としての合理的な理解および判断を行うために必要な事項を説明すべきであるとした。

【 *Answer* 】

　株主の質問①については、取締役全員の報酬の総額の上限を示していれば、個別の報酬額について説明義務は生じない。

　株主の質問②については、取締役の報酬はその職務執行に対する対価であるから、職務内容や実績等との関係で賛否が判断されるべきであって、個人の保有資産の内容は賛否の合理的判断に必要な情報ではない。また、この質問の内容は、X社社長のプライバシーに関わる事項でもある。したがって、説明義務は生じない。

　株主の質問③については、社会的な問題に関する質問であり、今回の株主総会の目的である事項に関しないといえるから、説明義務は生じない。

　以上のとおり、株主の①～③いずれの質問についても、説明義務は生じないので、X社取締役が説明を拒否することは法的には問題がない。もっとも、説明を拒否する場合でも、その理由を簡単にでも述べたほうが、株主に与える印象は良いと思われる。

第2章 ● 株主総会に関する問題

10…株主総会の瑕疵

Case

　X株式会社は、Aの一族が先祖代々承継してきた不動産を管理するために設立された株式会社であり、現在はAが代表取締役を務めている。株主は、A、Aの両親、Aの叔父B、Aの叔母C、計5名である（各株主の持株比率はAおよびその両親が合計50%、BおよびCが各25%である）。

　これまで、BとCはX社の経営にあまり関心を有しておらず、Aの両親にX社を任せる旨を明言していた。Aの両親は、昨年、AをX社の取締役にして代表権を与え、経営の第一線から身を引いた。Aは、経営上重要と思われる事項については、両親に一応相談して了解を得ながら決めていたが、BおよびCには特に知らせず、また、株主総会を開催することもなく、X社を経営していた。

　しかし、数年後、Aの祖父が死亡し、相続が発生したことをきっかけに、Aの両親とBおよびCとの関係が悪化した。BおよびCは、株主総会を経ずしてなされたこれまでのX社の決定は無効であり、Aを代表取締役として認めない旨主張したいと考えている。

・・・

ノボル：B・Cとしては、X社が、BとCに知らせずにAさんを取締役に選任したことについて、明らかに招集手続上の瑕疵があったと主張できますよね。

姉　弁：そうね。株主の一部に対して招集通知がなされていないのだから、招集手続に法令違反があったということを主張できるわね。

ノボル：そうすると、会社法831条1項1号の「招集の手続が法令に違反」したときに該当しますから、決議取消原因になります。

姉 弁：B・Cとしてはほかに、株主総会決議の不存在を主張できる可能性はない？ 株主5名中2名が株主総会の開催を知らなかったんでしょ。そもそも株主総会があったといえないんじゃない？。

ノボル：あ、そもそも決議が存在しないということですか。うーん…でも、AとAの両親は話し合って決めていたようなので、その話し合いが一応株主総会と評価できるような気がします。それに、役員就任登記がなされている以上、その登記の申請にあたって株主総会議事録を提出しているはずですから、一応株主総会と評価できる対象はあると考えていいのではないでしょうか。

姉 弁：でも、決議取消しの訴えは3か月以内に起こさないとダメでしょう。もう数年間経っている以上、B・Cとしては決議の不存在を主張するしかないんじゃないの？

ノボル：あっ、たしかにそうですね…。株主に招集通知がなされなかった場合で、決議が不存在であると認めた裁判例がないか、調べてみます。

姉 弁：うん。あと、もし過去の株式の承継や相続について、当事者間で認識にズレがあって、B・Cの株式数に関しても争いになるようだと、主張立証もかなり大変になりそうね…。

Check List

- □ 決議に至る手続に瑕疵があるのか ［→ 1(1)］
- □ 決議または決議と評価可能な会議の実体があったか ［→ 1(2)］
- □ 決議内容に瑕疵があるのか ［→ 1(3)］
- □ 原告適格を有するか ［→ 2(1)(2)］
- □ 株主が原告となる場合に株主名簿に記載があるか ［→ 2(3)］
- □ 株主総会決議の日から3か月が経過しているか ［→ 3(1)］
- □ 決議取消しを争う場合、裁量棄却の要件にあたるか ［→ 3(2)］

□ 株主総会議事録を入手しているか［→ 4］
□ 担保提供が命じられる可能性があるか［→ 5］

［解説］

1 株主総会決議の瑕疵

　株主総会決議の成立手続や内容に、法令違反や定款違反など何らかの問題があることを、一般的に株主総会決議の瑕疵という。

　瑕疵があることを理由として当該総会決議の効力を争う場合、その方法として、株主総会決議取消しの訴え（会 831 ①）、株主総会決議不存在確認の訴え（会 830 ①）、株主総会決議無効確認の訴え（同②）がある。

　なお、いずれの訴訟類型においても、請求認容の確定判決は、第三者に対してもその効力（対世効）を有する（会 838）。

(1) 決議取消しの訴え　決議に至る手続に瑕疵があった場合、すなわち、法令違反があったとき、定款違反があったとき、著しく不公正であったときは、いずれも決議取消事由となる。また、決議の内容が定款に違反するとき、および特別の利害関係を有する者が議決権を行使したことによって著しく不当な内容となったときも、決議取消事由となる。たとえば、決議に至る手続の法令違反としては、招集通知の発送が法定の時期に後れたなど、招集手続に瑕疵があった場合が考えられる。

　なお、決議取消しの訴えは、裁判所により取消事由が認められて初めて新たな法律関係が形成される（決議取消しの効果が生じる）形成訴訟である。

(2) 決議不存在確認の訴え　決議それ自体が存在しない場合や、決議と評価できるだけの会議の実体がなかった場合は、決議不存在事由となる。たとえば、物理的に決議が存在していないのに、決議があった

かのような議事録が作成され、登記がなされた場合がこれに該当する。

（3）決議無効確認の訴え　決議の内容が法令に違反するときは決議無効事由となり、当該決議は当然に無効となる。たとえば、欠格事由のある者を取締役に選任した場合、分配可能額の規制に違反する配当決議をした場合などがこれにあたる。

（4）実務上多い訴訟類型　上記のとおり、決議の瑕疵が、決議取消事由、決議不存在事由または決議無効事由のいずれに該当するのかによって、争う際にとるべき訴訟類型が異なる。もっとも、それらの区別が困難な場合も多く、たとえば、一部の株主に対する招集通知の漏れは、その程度によって、決議取消事由にも決議不存在事由にもなりうる。

　実務上は、招集手続の瑕疵や議決権行使の瑕疵が問題となって、決議取消しの訴えまたは決議不存在確認の訴えが起こされることが多い。この場合、決議取消しの訴えは提訴期間が限定されているため（3(1)で後述）、この提訴期間を過ぎてしまっているときに決議不存在確認の訴えが起こされることが多い。なお、上場会社の場合は、内容に法令違反のある決議がなされたり決議の不存在という事態が生じる可能性は極めて低いから、決議取消しの訴えが起こされることが一般的である。

2　各訴訟類型における原告適格

　決議取消しの訴え、決議不存在確認の訴えまたは決議無効確認の訴えにおいて、どのような者に原告適格が認められるか。

（1）決議取消しの訴えの場合　決議取消しの訴えを提起できるのは、株主、取締役（または清算人）、監査役設置会社の監査役、委員会設置会社の執行役である（会831①）。なお、取締役（または清算人）は、代表権のある取締役（または清算人）に限られず、すべての取締役（または清算人）を意味すると解されている。

　また、決議の取消しにより取締役、監査役または清算人となる者も

原告適格を有する。決議の取消しにより株主となる者についても、原告適格を肯定するのが相当であると解されている（参考判例①）。

(2) 決議不存在確認および決議無効確認の訴えの場合　決議不存在確認の訴えおよび決議無効確認の訴えは、確認の訴えの一種であるから、何人であっても、確認の利益が存する限り、訴えを提起することができると解されている。

そして、株主、取締役、監査役設置会社の監査役、委員会設置会社の執行役等については、原則として確認の利益があるといえるから、原告適格が認められる。

(3) 株主が原告となる場合　わが国の株式会社は、株主が親族のみで構成されているような、いわゆる小規模閉鎖会社が圧倒的多数を占めている。そのような会社においては、当事者間での明確な認識や話し合いがないままに、契約書等の書類も作成せずに株式の譲渡が行われ、その後当事者間の関係が悪化した場合に、誰が株主であるか、どれくらいの株式数を有するかにつき争われることも珍しくない。

この点、株主は、株主名簿に記載されていなければ、会社に対して株主であることを対抗できないから（会130）、原則として、株主名簿に記載されていない株主は原告適格を有しない。もっとも、名義書換未了の場合であっても、会社から株式の譲受人を株主として認めることは可能であるから（最判昭和30・10・20民集9巻11号1657頁）、原告は、会社から株主への通知や、会社の税務申告書における同族会社の判定に関する明細書などによって、会社が原告を株主として認めていることを主張することが考えられる。

なお、株券発行会社の場合、株式の譲渡は、株券を交付しなければその効力を生じないから（会128①）、株券の交付なく株式を譲り受けた者は、原則として原告適格を有しない。もし株券の発行前に株式の譲渡がなされたときは（同②）、譲受人は、まずは譲渡人に対し、株券発行を会社に請求するよう求め、その結果譲渡人より株券の交付を受けられれば、各訴訟を提起しうることになる。

3　決議取消しの訴えに関する固有の問題

決議取消しの訴えについては、決議不存在確認の訴えや決議無効確認の訴えにはない、以下のような固有の問題がある。

(1)提訴期間　決議取消しの訴えは、決議の日から3か月以内に提起する必要がある（会831①）。これは、いつまでも提起できるとすれば、会社の事務を渋滞させ、その秩序を乱すおそれがあることによる。

前述したとおり、株主総会の決議の効力を争う場合、実務上、株主総会決議取消しの訴えが起こされることが多い。そこで、弁護士としては、総会決議の瑕疵について相談を受けたら、まず上記の提訴期間を経過していないか確認すべきである。

決議不存在確認の訴えや決議無効確認の訴えについては、その決議の瑕疵が重大であることから、決議取消しの訴えと異なり、提訴期間は定められていない。

(2)裁量棄却　決議取消しの訴えにおいて、決議取消事由が存在しても、それが招集手続または決議方法の法令・定款違反という手続上の瑕疵にすぎない場合には、裁判所はその違反する事実が重大でなく、かつ、決議に影響を及ぼさないと認めるときは、請求を棄却することができる（会831②、参考判例②）。

これは、手続上の瑕疵の場合、新たに手続をやり直して決議すれば同じ決議になるようなときにまで、決議を取り消す必要がないとの理由による。

もっとも、もし瑕疵が重大であれば、それが決議の結果に影響を及ぼさないと認められるときであっても、裁判所は決議取消しの請求を認容すべきであって、これを棄却することはできないと考えられている（最判昭和46・3・18民集25巻2号183頁）。

4　株主総会議事録の入手

決議取消しの訴え等を提起する場合、株主総会議事録は当該決議に関する基本的な書証となるので（類型別Ⅰ390頁）、以下のように入手

する。

(1)株主の閲覧・謄写請求権　会社は、株主総会の議事について議事録を作成しなければならず（会318①）、また、株主総会の日から10年間本店に議事録を、5年間支店に議事録の写しを備え置かなければならない（会318②③）。

そして、株主は、会社の営業時間内はいつでも、議事録の閲覧・謄写請求をすることができる（会318④）。

したがって、株主が決議の瑕疵を主張する場合に、当該決議がなされた株主総会の議事録をまだ入手していないときは、まず会社に対して株主総会議事録の閲覧・謄写を請求すべきである（なお、たとえば取締役の選任等、当該決議に基づく登記がなされていて、会社の登記事項証明書によっても決議内容を証明できる場合もある）。

株主による株主総会議事録の閲覧謄写請求については、取締役会議事録の閲覧謄写請求（会371②）と異なり、「その権利を行使するため必要がある」ことは特に要求されていない（会318④）。もっとも、株主としての地位に基づく正当な理由によることが必要である（参考判例③）。

(2)会社が閲覧謄写を拒絶した場合　株主による株主総会議事録の閲覧謄写請求については、「営業時間内」ということ以外は、何ら制限がなされていない（会318④）。したがって、会社は、株主から請求を受けた場合は、原則として応じる必要がある。実務上も、株主総会については、株主は出席すれば議事の内容を知ることができ、いわば議事の内容は公開が予定されているので、会社が請求を拒絶する例は少ないと思われる。

仮に会社が請求を拒み、株主より閲覧謄写請求訴訟を起こされた場合、会社は、その請求が正当な理由によらないことを、会社側において主張立証しなければならない。たとえば、株主の閲覧謄写請求の目的が会社の営業妨害にあることを主張立証することが考えられる。

なお、会社が正当な理由なく閲覧謄写請求を拒んだ場合は、過料の

制裁を受けることがある（会 976(4)）。

5 担保提供命令

　株主が決議取消しの訴え、決議不存在確認の訴えおよび決議無効確認の訴えを提起した場合、被告である会社の申立てにより、裁判所から相当の担保を提供するよう命じられる可能性があるため（会836）、株主側に立つ弁護士は留意する必要がある。

　この担保提供の趣旨は、決議取消しの訴え等が会社に対する不法行為となる場合に備えて、会社の損害賠償請求権を確保し、決議取消し等の訴えの濫用を防止することにあると考えられている。

　会社は、申立てにあたり、当該株主の訴えの提起が悪意によるものであることを疎明しなければならない（会836③）。ここでいう「悪意」とは、いわゆる総会屋や会社荒らしのように、会社を困惑させる意図、すなわち嫌がらせの目的のみをもって訴えを提起することをいうとされる。

　裁判所より担保提供命令が出されたにもかかわらず、当該株主が担保を立てない場合、会社は応訴を拒むことができる（民訴81・75④）。

　なお、担保の額については、決議取消請求訴訟の提起により会社に生じる損害を354万1000円（公告費用、弁護士費用、雑費の合計額）と認定したうえで、担保の金額をそれと同額とした裁判例がある（東京地決平成5・3・24判時1473号135頁）。

▶ 参考判例

①**東京高判平成22・7・7判時2095号128頁**　株主総会決議（普通株式を全部取得条項付種類株式に転換する定款変更および同株式の取得）により株主の地位を奪われた株主は、当該決議が取り消されない限り、株主としての地位を有しないことになるが、これは取消訴訟を形成訴訟として構成したという法技術の結果にすぎず、決議が取り消されれば株主の地位を回復する可能性を有しているから、会社法831条1項の関係では株主として扱ってよいとして、当該決議の取消訴訟の原告適格を有するとした。

②**最判昭和55・6・16判タ423号82頁**　株主総会の招集通知において法定の招集期間に不足する瑕疵があったとしても、株主総会の議事の経過その他の事情に照らして、当該瑕疵が決議の結果に影響を及ぼすものとは認められないとして、決議取消請求を棄却した。

③**東京地判昭和49・10・1判時772号91頁**　株主による株主総会議事録および取締役会議事録の閲覧謄写請求について、当該株主は自身の関与している東南アジア留学生の援助活動に対する賛助金を会社から獲得する目的で会社代表者に執拗に面会を求め、これを拒絶されたことから、会社代表者に直接面会することを求める方法の一環として請求したものであり、株主に認められた閲覧謄写請求権の目的を逸脱し、権利の濫用に該当するとして、請求を棄却した。

【 *Answer* 】

　Caseでは、各株主の持株比率は、Aおよびその両親が合計50％、BおよびCは各25％であった。とすれば、Aの取締役選任の際、議決権を有する総株主の半分について、招集通知がなされず、出席がなかったことになるから、AとAの両親による話し合いは株主総会として評価することはできず、決議不存在事由になる可能性が高い。

　この場合、決議不存在確認の訴えについては提訴期間が限定されていないため、Aの取締役選任から数年経っていても、BおよびCは訴訟提起が可能である。

　X社側の主張としては、たとえばAの両親が、Aの取締役選任についてBおよびCに事前に話し、黙示の承諾を得ていた（議決権の行使につき委任を受けていた）等の反論が考えられる。

第 **3** 章

役員の責任について

第3章 ● 役員の責任について

11…取締役に対する任務懈怠責任の追及

Case
　X株式会社は不動産賃貸業を営む同族会社である。X社を長年経営していたAが数年前に死亡し、その後はAの長男であるYがX社の代表取締役となって、同社の経営にあたっていた。Yは、X社の代表取締役に就任した後、同社の資金で多額の株式投資を行ったところ、それが大失敗に終わり、同社に多額の損失を生じさせた。Aの次男（Yの弟）でありX社の株主でもあったBは、同社の株式の過半数を有していた母Cと相談し、Yにはこれ以上X社を任せられないとして、臨時株主総会においてYを取締役から解任し、Bが新たに同社の代表取締役となった。Bが代表取締役就任後に調べたところ、Yは、BやCがX社の経営をYに任せて関心を払っていなかったのをよいことに、放漫な経営をしていた実態が明らかになった。Bは、Yに対して、株式投資の失敗を含め、X社の取締役在任中の問題行動の責任追及と同社に生じた損害の回復を求めたいと考えている。

・・・

ノボル：ボスが先代からの付き合いのあるX社から先日電話で相談があり、今度、Bに事務所に来てもらって詳しく話を聴くことになりました。Yに対しては、会社法423条1項に基づく取締役の損害賠償責任、あるいは不法行為責任を追及することになりそうです。

姉　弁：基本的にはその方針で検討することになりそうね。もっとも、CがX社の過半数の株式を有しているようだから、CがYへの法的責任の追及まで考えているのかどうか、その意向を見極めておくことも必要ね。

ノボル：そうですね。よし、Ｃの意思を確認したら、さっそく、Ｙに対して請求します。

兄　弁：ところで、Ｙに対してはいくら請求するんだい？

ノボル：あれ、えーと…。そこまで考えていませんでした。

兄　弁：おいおい…。あと、Ｙの問題行動を明らかにするための基礎的な資料として、会社の決算書や経理帳簿類、通帳等があると思うけど、それらはＢの側で押さえてあるのかな。Ｙが解任に納得していないとすれば、それらの引渡しを拒むことも考えられるからね。以前、似たような兄弟間の争いで、決算書や帳簿類等が渡されなくて、その入手方法の検討から始めないといけなくて苦労させられたことがあったなあ。

ノボル：ありがとうございます。会社だから資料は全部手許にあるような気がしていましたが、たしかにそうですね。今度確認してみます。電話で少し話を聴いただけでもＢがＹの問題行為と考えていることはたくさんありそうで、うまく整理できるか少し不安です…。

姉　弁：同族会社の紛争は、会社法の問題であると同時に親族間のトラブルの問題であることも多いから、感情的な対立から相談内容が多岐にわたることも少なくないのよ。取締役の任務懈怠とは法令・定款違反行為をいうとされているけれど、その態様や内容は様々だから、競業避止義務違反、利益相反取引、経営責任の問題、監視・監督義務違反等、ある程度類型化して考えると整理しやすいかもしれないわね。

兄　弁：相談のケースでは、株式投資の失敗については、いわゆる経営判断の原則との関係の検討が必要になりそうだね。

ノボル：ありがとうございます。アドバイスを参考に考えてみたいと思います。

Check List

- □ 会社の基礎的資料は確保されているか〔→1〕
- □ 取締役に任務懈怠が認められるか〔→2(3)、3〕
- □ 任務懈怠につき故意または過失が認められるか〔→2(4)〕

□会社の損害および因果関係が認められるか〔→2(5)〕
□責任の一部免除および責任額の限定があるか〔→2(6)〕

[解説]

1　会社の基礎的資料は確保されているか

　取締役に対する責任の追及を検討する前提として、客観的な資料に基づいて、誰に対し、いかなる行為につき、何を請求するのか、具体的に特定しなければならない。そのためには、まずは、会社の株主構成、役員構成、財務、経理内容等を的確に把握する必要がある。

　ところが、**Case**のように経営陣の交代後に旧取締役に対する責任追及を行おうという場合には、それらの会社の資料を旧経営陣が所持しており、現経営陣の手許には十分な資料が確保できていないということがある。まずは、会社の基礎的な資料がどの程度手許に確保できているかを確認し、十分な資料を現経営陣が所持していないときにはその入手方法を検討する必要がある。

　確認すべき基礎的な資料としては、定款、株主総会や取締役会の議事録（議事に関する配布資料、説明資料を含む）、税務申告書、決算報告書、勘定科目内訳書、経理帳簿、預貯金通帳、稟議書、重要な契約書等が考えられる。

　これらの書類や動産は本来会社の所有物であるから、旧経営者が所持したままのものがあれば、その引渡しを求めるべきである。また、会社から外部に提出している書類であれば、それらの提出先から内容を確認することも考えられる。たとえば、税務申告書や決算書等は、会社の税務申告を代理した税理士から控えを入手できることがある。定款については、設立時の原始定款であれば、その認証を行った公証役場（多くは本店所在地を管轄する公証役場）で閲覧や謄本請求をしたり、法務局において設立登記申請の添付書類を閲覧して内容を確認す

ることが考えられる（ただし、公証役場での保存期間は20年間、法務局の附属書類の保存期間は5年間である）。金融機関との間の取引の履歴は当該金融機関から取引履歴等の開示を受けて確認することができる。

2　取締役の任務懈怠責任

取締役がその任務を怠って会社に損害が生じた場合、会社としては、当該取締役に対し、会社法423条1項に基づく損害賠償責任を追及することが考えられる。その要件等の概要は、次のとおりである。

(1)責任の性質等　会社は、取締役等の役員がその任務を怠ったときは、当該取締役等に対し、これによって生じた損害の賠償を請求することができる（会423①）。

この取締役の任務懈怠責任は、取締役の会社に対する債務不履行責任ではあるが、法によってその内容が加重された特殊な責任であるとされている。会社法423条1項の損害賠償債務は、取締役と会社との間の商行為たる委任契約上の債務が単にその態様を変じたものではないことから、その消滅時効期間については、商法522条ではなく民法167条1項により、権利を行使できるときから10年となる（商法旧266条1項5号の損害賠償債務につき判断した参考判例①）。

(2)責任の主体　取締役が任務を怠ったときの責任であるから、その責任を負う主体は、任務懈怠の行為が行われた当時、行為者が取締役の地位にあったことが必要である。ただし、任務懈怠行為は在任中に行われたものであれば足り、その行為に起因する損害が退任後に発生した場合でも会社法423条1項の責任は生じる。

(3)任務懈怠　取締役が会社に対し会社法423条1項の責任を負うのは、「その任務を怠ったとき」（任務懈怠）であり、この任務懈怠とは、取締役が法令または定款に違反する行為をしたことである。

取締役が、自ら法令、定款違反行為をした場合がこれにあたることはもちろんであるが、取締役会を構成する取締役が代表取締役の違法な業務執行を看過した場合（監視義務違反）も任務懈怠に含まれる。

任務懈怠のあったことは請求者側で立証する必要があるが、会社法は、取締役の利益相反取引（会356①(2)(3)）について、当該取引で会社に損害が生じたときは取締役の任務懈怠を推定する旨の立証責任に関する特則を設けている（会423③④）。

(4) 故意または過失　前述のとおり、取締役の任務懈怠責任の法的性質は債務不履行責任であり、取締役の故意または過失が要件となる。したがって、法令または定款違反行為をしたとして取締役に会社法423条1項の責任が生じるためには、その行為が法令・定款違反であることについての故意、またはその行為が法令・定款に違反するとの認識を欠いたことについて過失があることを要する（参考判例②）。ただし、その例外として、取締役が自己のためにした利益相反取引（会社法356条1項2号の取引のうち自己のためにしたもの）については、当該取引をした取締役の責任は「当該取締役……の責めに帰することができない事由によるものであることをもって免れることができない」、すなわち無過失責任とされている（会428①）。

通常は、任務懈怠があれば故意または過失も認められるから、実際には、任務懈怠について故意・過失が否定されるようなケース（参考判例②は過失を否定した事例）は限られている。

(5) 賠償すべき損害の範囲および因果関係等　取締役は、その任務懈怠と相当因果関係がある会社の損害について会社に賠償する必要がある。

損害の発生や任務懈怠と損害との間に相当因果関係があることは請求者側で立証しなければならない。この点に関し、会社法は、取締役が取締役会の承認を得ずに行った競業取引（会356①(1)）につき、当該取引によって取締役が得た利益の額を損害の額と推定する旨の立証責任に関する特則を設けている（会423②）。

なお、複数の取締役に任務懈怠が認められる場合に、特定の取締役に対してのみ責任追及がなされ、任務懈怠の認められる他の取締役に対しては責任が追及されていないような場合がある。このようなケ

スにおいて、過失相殺の類推適用やその法理の趣旨によって、賠償額の減額ができるかどうかについては、これを肯定するもの（参考判例③）と否定するものとに見解が分かれている（類型別Ⅰ218頁）。

(6) 責任の一部免除および責任額の限定　会社法423条1項の取締役の損害賠償責任は、総株主の同意がなければ会社はこれを免除することができないのが原則である（会424）が、取締役がその任務懈怠につき善意・無重過失であったときは、株主総会の特別決議や定款の定めに基づく取締役会の決定により損害賠償責任の一部を免除したり（会425・426）、あるいは、取締役が負う賠償額の上限を定款の定めに基づき締結された責任限定契約（業務執行取締役以外の取締役に限る）の責任限度額の範囲内に限定することができる（会427）。

ただし、取締役が自己のためにした利益相反取引（会356①(2)の取引のうち自己のためにしたもの）については、これらの責任の一部免除や責任額の限定が認められないことに注意が必要である（会428②）。

免除ないし限定できる額の範囲については、一定の制限がある。株主総会の特別決議等によって免除することができる上限は、取締役が負担する損害賠償債務額から最低責任限度額を差し引いた金額である。最低責任限度額は、代表取締役は年間報酬の6年分、業務執行取締役は同4年分、その他の取締役は同2年分と定められている（会425①(1)）。

また、責任限定契約における責任限度額は、①定款で定めた額の範囲内であらかじめ会社が定めた額と、②上記の最低責任限度額とのいずれか高いほうの額となる（会427①）。

(7) 株主代表訴訟　取締役に任務懈怠が認められる場合、本来、会社自身が当該取締役に対する責任追及をすべきである。ところが、**Case**のような場面とは異なり、責任を追及されるべき取締役と他の取締役との間の人的関係等の事情から、会社が取締役に対して積極的な責任追及を行わない場合がある。会社法は、このような場合に備え、個々の株主が会社のために、役員等の責任を追及する株主代表訴訟の

制度を設けている（会847）。

　株主代表訴訟は、公開会社においては6か月前から引き続き株式を保有する株主が（譲渡制限会社ではこのような継続保有の要件はない）、会社に対し書面等により役員等の責任を追及する訴えの提起を請求（提訴請求）し、提訴請求から60日以内に会社が責任追及の訴えをしなかったときには、会社のために責任追及の訴えを提起することができる（会847①〜③）。なお、会社に回復することができない損害が生じるおそれがある場合には、提訴請求を経ずに直ちに訴えを提起することができる（同⑤）。

　提訴請求は、被告となるべき役員等の氏名、請求の趣旨および請求を特定するのに必要な事実を記載し（会規217）、提訴請求の受領権限を有する名宛人に提出する必要がある。提訴請求の名宛人は、取締役に対する責任追及の訴えの場合には、監査役会設置会社では監査役、監査役会非設置会社でも監査役設置会社であれば監査役となる。ただし、譲渡制限会社で定款により監査役の権限が会計監査に限定されているときは、代表取締役または取締役が提訴請求の受領権限を有すると解される。

3　任務懈怠の類型

　取締役の任務懈怠には様々な種類があるが、代表的な責任原因のパターンとして、①法令違反、②定款違反、③経営判断の誤り、④監視・監督義務違反が挙げられる。なお、競業取引や利益相反取引が実務上よく問題となるが、それらの問題点については、第3章**12**参照。

(1)法令違反　会社法423条1項の任務懈怠とは、法令または定款に違反することであるところ、ここでいう「法令」には、①取締役の受任者としての一般的義務である善管注意義務（会330、民644）・忠実義務（会355）、②これらの義務を具体化する形で取締役を名宛人とする個別規定、③会社法その他の法令中の会社を名宛人とし、会社がその業務を行うに際して遵守すべきすべての規定が含まれる。

法令違反としてよく問題となるケースとして、取締役が、株主総会または取締役会の決議を経て行うことを要するとされる行為を、決議を経ることなく行ったような場合がある。このような場合、当該行為が有効になるか否かにかかわらず、取締役の行為は法令違反行為として会社に対する任務懈怠を構成し、会社法423条1項の責任を基礎づけることになる。法令違反行為については、後述の経営判断の適否が問題となる場合とは異なり、取締役には法令を遵守するかどうかの裁量は認められないから、経営判断の原則のように取締役の裁量を理由として義務違反が否定されることはない。

　株主総会の決議事項として会社法が定めるものとして、たとえば次のものがある。

【株主総会の決議事項】
①自己株式の取得（会156）
②事業の全部または重要な一部の譲渡等（会467①各号）
③取締役の報酬決定（会361①）

　取締役会の決定ないし承認事項として会社法が定めるものとして、たとえば次のものがある。

【取締役会の承認事項】
①重要な財産の処分および譲受（会362④(1)）
②多額の借財（会362④(2)）
③支配人その他の重要な使用人の選任および解任（会362④(3)）
④支店その他の重要な組織の設置、変更および廃止（会362④(4)）
⑤取締役による競業取引（会356①(1)）
⑥取締役による利益相反取引（会356①(2)(3)）

(2)定款違反　定款違反は、取締役の任務懈怠を構成する。なお、定款違反には、定款の目的の範囲を超えた行為も含まれるが、定款の目的の範囲内の行為には、定款に記載された目的だけでなく、その目的

遂行に直接または間接に必要と認められる行為も広く含まれる。

(3) 経営判断の誤り　取締役に善管注意義務違反があったとして責任追及がされる事案の中には、取締役が行った経営判断の適否が問題となるケースがある。このような経営判断の適否が争いとなる事案では、いわゆる経営判断の原則が問題となる。

　企業経営は利益を生むことであり、そのためにはリスクをとることが不可欠である。仮に取締役がリスクをとったことについて常に結果責任を負うとすると取締役は萎縮してしまい、思い切った経営ができなくなり、それではかえって株主の利益を害することになりかねない。

　そこで、裁判例においては、経営判断の適否の争いについては、「判断の過程・内容が取締役として著しく不合理なものであったか否か、すなわち、当該判断をするために当時の状況に照らして合理的な情報収集・分析、検討がなされたか否か、これらを前提とする判断の推論過程及び内容が明らかに不合理なものであったか否かが問われなければならない」ということが、ほぼ確定した判断基準となっているとされる（類型別Ⅰ239頁、参考判例④）。経営判断の適否の問題については、結果責任ではなく、判断のプロセスが問われるのである。

　経営判断の原則は、新規事業、関連会社の救済、資産運用等の場面でこれらが失敗したときに問題となると考えられている。

(4) 監視・監督義務違反　取締役の善管注意義務違反は、他の取締役・使用人に対する監視・監督義務違反という不作為の形で問題となることもある。

　取締役は、代表取締役の業務執行一般につき、これを監視し、必要があれば、取締役会を自ら招集し、あるいは招集することを求め、取締役会を通じて業務執行が適正に行われるようにする職責がある（参考判例⑤）。

　もっとも、代表取締役の業務執行のすべてを監視、監督することは事実上不可能であるから、代表取締役の任務違反行為のすべてについて、取締役が監視義務違反として責任を問われることは妥当ではない。

そこで、取締役会に上程されなかった事項（非上程事項）については、代表取締役の業務活動の内容を知りまたは知ることが可能であるなどの特段の事情があるのにこれを看過したときに限って監視義務違反を認める裁判例が多い。

▶ 参考判例

①**最判平成20・1・28民集62巻1号128頁** 商法旧266条1項5号に基づく取締役の会社に対する損害賠償責任は、取締役がその任務を懈怠して会社に損害を被らせることによって生ずる債務不履行責任であるが、法によってその内容が加重された特殊な責任であるとして、損害賠償請求権の消滅時効期間は民法167条1項により10年であるとした。

②**最判平成12・7・7日民集54巻6号1767頁** 証券会社の代表取締役が決定した損失補てんにつき、それが独占禁止法に違反するとの認識を有しなかったことにはやむをえない事情があり、その認識を欠いたことに過失があったとはいえないとして、元代表取締役らの商法旧266条1項5号に基づく損害賠償責任を否定した。

③**東京地判平成2・9・28判時1386号141頁** 代表取締役が、女子社員の定年退職手続を行わず引き続き雇用したため、当該女子社員の退職時に本来支払うべき退職金よりも多額の退職金を支払うこととなり、会社から責任追及された事例で、損害の発生に他の取締役の責任や会社の組織上の欠陥が認められるとして、過失相殺の法理を類推して4割減額するのが相当であるとした。

④**最判平成22・7・15金判1347号12頁** 事業再編計画の一環としてA社がB社の株式を任意の合意に基づき買い取る場合の買取価格の決定について、A社の取締役らの判断は取締役の判断として著しく不合理なものということはできないとして、善管注意義務違反を否定した。

⑤**最判昭和48・5・22民集27巻5号655頁** 株式会社の取締役は、会社に対し、代表取締役が行う業務執行につきこれを監視し、必要があれば取締役会を自ら招集し、あるいは招集することを求め、取締役会を通じてその業務執行が適正に行われるようにする職責があるとした。

【 *Answer* 】

Caseでは、X社はYに対し会社法423条1項に基づき、Yの任務懈怠行為により会社に生じた損害の賠償を請求することが考えられる。株式投資の失敗につきYに任務懈怠が認められるかどうかについては、そもそも不動産会社であるX社における株式投資が定款に定める目的の範囲外の行為ではないか、という点が問題となりうるが、営利事業を目的とする会社

がその余裕資金を運用して利益を獲得して会社の財務内容の向上を目指すことは、会社の目的遂行のために必要かつ有用な行為であり、事業会社においても一般に付帯業務として予定されているといえる（類型別Ⅰ 214頁）。したがって、株式投資につき、会社の目的の範囲外の行為であるとして、直ちに定款に違反した任務懈怠行為であったと断定することは困難である。

　取締役としての善管注意義務との関係を検討すると、取締役は、会社に対し、会社の資力および規模に応じて会社を存亡の危機に陥れないように経営を行うべき善管注意義務を負うから、投資や投機行為によって会社に回復が困難ないし不可能なほどの損失を出す危険性があり、かつ、その危険性が予見可能である場合には、その投資・投機行為の実施を避止すべき善管注意義務を負うといえる。Yの行った株式投資について善管注意義務が認められるかどうかについては、経営判断の原則が適用されるかとも関連する。この場合、その投資の目的は何か、投資資金が余裕資金か借入金か、運用対象の株式の内容等について正確な情報を収集していたか、会社の資金需要との関係で株式投資を行う必要性があったか、資金運用方法として他の選択肢との比較やリスクヘッジの方策等を十分に検討したものであったかどうか等の観点から検討されることになろう。

第3章 ● 役員の責任について

12 他の会社の代表取締役を兼務する場合の問題点（競業取引・利益相反取引）

Case
　関東を基盤としてパンの製造販売を行うX株式会社（取締役会設置会社）の代表取締役を務めるAは、個人として、関西地方でパンや菓子の製造を営むY株式会社を買収して、その経営に乗り出そうと考えている。X社は、関西地方への進出を企図して市場調査を行ったことがあるが、いまだその進出が具体的に決まったというわけではなく、関西地方では事業をしていない。また、Aは、将来、Y社製の菓子をX社に卸して、パンとともに小売販売することも考えている。Aは、Y社の代表取締役を兼務してもよいか、また、Y社の代表取締役に就任したときに注意しなければならないことは何か、心配している。

・・・

ノボル：高校時代の友人の伯父さんのAから顧問契約含みでの法律相談がありました。X社と競合するY社を買収する点は競業取引規制に抵触しないか、将来Y社がX社と取引した場合に利益相反取引の規制との関係が問題となりそうです。これらはロースクールでも勉強した会社法の典型的な論点ですから、教科書を読み直して復習もばっちりです！ Y社を買収したりその代表取締役に就任すること自体はできますが、Y社にX社との競業取引にあたる営業行為をさせるのであれば、取締役会の承認を得る必要があるし、Aが代表者となって、将来X社とY社が取引したとすれば利益相反取引にあたりますから、取締役会の承認が必要ですね。

姉　弁：張り切ってるわね。たしかに会社法との関係ではそれらの規制との関係が問題の中心となりそうね。もっとも教科書に書かれていることをただ

　　　　　説明するだけじゃなくて、事案の背景を含めて丁寧に事情を確認したうえで助言しないとね。たとえば本件では、Ａは個人としてＹ社を買収したいようだけど、どうしてＸ社として行わないのかしら。

ノボル：たしかにそうですね･･･。Ｘ社が関西地方への進出を企図して市場調査まで行っていたのであれば、個人ではなくてＸ社としてＹ社を買収して関西に進出してもおかしくないですよね。そういえば、友人はＡが最近Ｘ社の共同経営者と折り合いが悪いというようなことも言っていたような気がします。

姉　弁：もし内部対立が背景にあるようなら、後日紛争になることが予想されるし、ＡがＹ社をあえて個人として買収したことの意図や目的も問題とされるかもしれないわね。

兄　弁：これは事情によるかもしれないけど、Ｙ社の事業を行ううえで、Ｘ社の業務遂行の過程で知った情報や得た機会を利用してよいかどうかという問題があるかもしれないな。それから、本件では会社の業態や規模からして問題とならないと思うけど、会社法以外では、役員の兼任に関して、独占禁止法13条に、会社の役員または従業員が他の会社の役員の地位を兼ねることにより一定の取引分野における競争を実質的に制限することとなる場合には当該役員の地位を兼ねてはならない、という規定があったよね。

ノボル：そうなんですね･･･。まったく知りませんでした。先輩方、いつもありがとうございます。もし顧問契約の話がうまくいったら、日頃のお礼にパンを御馳走させてくださいね！

Check List

- □ 他の会社の事業は会社の事業と同一、同種か［→ 2(2)］
- □ 市場は競合するか［→ 2(2)］
- □ 会社と取締役の間に利益衝突が生じる可能性があるか［→ 3(2)］
- □ 自らか第三者のために会社と行う取引（直接取引）か［→ 3(1)］

- □会社が取締役以外の者との間で行う、会社と取締役の利益が相反する取引（間接取引）か〔→ 3(1)〕
- □会社との間に利益衝突を生じるおそれのない取引（定型的取引、取締役からの贈与、取締役からの無担保借入れ、会社による既存債務の履行等）か〔→ 3(2)〕
- □取締役が全株式を有する一人会社か〔→ 1〕
- □競業取引・利益相反取引の承認の手続がとられているか〔→ 4〕
- □承認手続に特別利害関係ある取締役が加わっていないか〔→ 4〕
- □善管注意義務・忠実義務違反となる事情はないか〔→ 2・3〕

［解説］

1 競業取引および利益相反取引の規制の概要

　Case のように、会社と取締役との利益が衝突する可能性がある場合、取締役の競業避止義務や利益相反取引の規制に抵触しないかどうかを検討する必要がある。

　取締役は、会社から経営を委ねられ広範な権限を与えられていることから、会社法は、取締役が会社の利益を犠牲にして自己や第三者の利益を図ることのないよう取締役の忠実義務（会355）、善管注意義務を定め、さらにこれを具体化したものとして、取締役の競業避止取引の制限や利益相反取引の規制を設けている。すなわち、取締役は、競業取引や利益相反取引をしようとする場合には、株主総会（取締役会設置会社では取締役会）において当該取引について重要な事実を開示したうえで承認を得なければならない（会356①）。

　取締役は、会社のノウハウや顧客情報等の内部情報を入手しやすい立場にある。競業取引の制限は、取締役が会社の事業場の内部情報に通じていることに鑑みて、そのような情報を利用して競争的取引が行われることにより会社の利益が損なわれることを防止しようとするも

のである。

　また、取締役が個人としてあるいは他の会社の代表者として会社と取引するような場面では、当該取締役と会社との間で利益が相反することになり、会社に不利な契約条件とされるなど会社の利益が損なわれる危険がある。利益相反取引の規制は、そのような事態を防止しようとするものである。

　これらの規制は、取締役が会社の利益を犠牲にして自己あるいは第三者の利益を追求することを防止するためのものであるから、取締役が全株式を保有するいわゆる一人会社で実質上個人経営にすぎず、会社と取締役との間で利害対立が生じないような場合には問題とならないと考えられる（利益相反取引につき参考判例①）。

　なお、競業取引規制に違反した場合であっても、取引自体は有効である。これに対し、利益相反取引の規制に違反した場合には、当該取引は当事者間では無効であり、第三者との関係では、会社は第三者の悪意を立証しなければその無効を対抗できないと解される（相対的無効。コンメ(8)87頁）。

2 競業取引規制と取締役の責任

(1)取締役の競業取引規制　取締役が、自己または第三者のために「株式会社の事業の部類に属する取引」（以下「競業取引」という）をしようとするときには、当該取引について重要な事実を開示したうえで取締役会の承認（取締役会非設置会社においては株主総会の承認）を得なければならない（会356①(1)・365①。取締役からみれば競業避止義務を負っていることになる）。

　取締役が取締役会の承認を得ずに競業取引を行った場合、法令違反行為として任務懈怠責任に基づく損害賠償責任を負う（会423①）。そして、取締役が当該競業取引によって得た利益の額は、会社の損害の額と推定される（会423②）。

　また、取締役会の承認を得たうえで競業取引をしたとしても、その

承認により善管注意義務、忠実義務が免除されたことにはならない。したがって、取締役会の承認を得ていた場合であっても、当該競業取引によって会社に損害を与えれば、取締役は、会社法423条1項の責任を負う可能性が残る（類型別Ⅰ225頁）。

（2）「会社の事業の部類に属する取引」　取締役が規制を受けることになる「会社の事業の部類に属する取引」とは、会社が事業の目的として行う取引と市場において競合し、会社と取締役との間に利益衝突が生じる可能性のある取引をいう。

「会社が事業の目的として行う取引」には、たとえば、製造業を目的とする会社にとっての原材料の購入のような会社の事業に付帯する取引も含まれるが、金銭借入れ、従業員の雇用、工場や店舗用地の取得等のその事業の維持便益のためになされる補助的行為は含まれない（コンメ(8)66頁）。ただし、後者については、競業避止義務違反とならないとしても、会社の機会の奪取の問題として、善管注意義務、忠実義務違反が問題となりうる（会社が取得しようとしている店舗用不動産を、その不動産の情報を得た取締役が個人的に取得してしまう場合など）。

実務上、「会社の事業」の範囲について判断に迷うケースがあるが、会社の事業の部類に属するかどうかは、定款記載の目的事業ではなく、会社が実際に事業の目的として行っている取引を基準として判断される（コンメ(8)67頁）。したがって、会社の定款所定の目的事業ではあっても、開業準備にまったく着手していなかったり、廃業して現に行っていない事業はこれにあたらない。しかしながら、会社が実際に行っていない事業ではあっても、すでに開業準備に着手している事業や、現に開業準備に着手してはいないが、会社の事業の種類、状態、事業方針からみて、その開始が合理的に予測される新規事業、ないし事業の開始をすることが相当程度確実になった事業、または一時的に休止中の事業は、「会社の事業」に含まれるとされる可能性があるので、注意が必要である（類型別Ⅰ226頁）。

取締役が同種の事業を行う場合であっても、地理的に市場が競合し

なければ競業取引の規制対象とはならない。もっとも、現在は市場が競合していないとしても、会社が進出を具体的に計画している地域は、会社の市場と解される（参考判例②）から、競業取引の規制を受けることになる。

(3) 他の会社の代表取締役への就任、他の会社の設立や取得　取締役が、個人として自ら会社と競合する事業を行うのではなく、別の会社を設立したり買収したりして、会社と同種の事業を営む他の会社を経営しようとするケースがある。

　取締役が、会社と同種の事業を目的とする他の会社の代表取締役に就任したとしても、就任行為自体は会社の事業の部類に属する取引ではないから、それ自体は競業取引とはならない。同様に、会社と同一の事業の部類に属する取引を目的とする会社を設立することも、取引行為ではなく競業取引とはならない。

　しかし、その後の他の会社における代表行為は、第三者のために会社の事業の部類に属する取引を行うことにつながり、競業取引となる。また、取締役が、会社の取引関係や情報等を利用して別会社を自ら取得または設立し、その結果、会社が市場を強化する機会または会社が新しい市場に進出する機会を奪うことは、競業避止義務違反の問題ではないものの、忠実義務違反行為として会社法423条1項の責任を生じる。

3　利益相反取引の規制と取締役の責任

(1) 利益相反取引の規制　取締役は、「自己又は第三者のために株式会社と取引をしようとするとき」（直接取引）または「株式会社が取締役の債務を保証することその他取締役以外の者との間において株式会社と当該取締役との利益が相反する取引をしようとするとき」（間接取引。以下、両者あわせて「利益相反取引」という）には、取締役会の承認（取締役会非設置会社においては株主総会の承認）を得なければならない（会356①(2)(3)・365①）。

直接取引は、取締役が、自らあるいは他の会社の代表者として、会社との間で売買等の取引をするような場合である。また、間接取引は、会社が取締役の債務を保証するような場合（保証契約自体は会社と債権者との間でされるが、会社の犠牲において取締役に利益が生じることになる）である。

　取締役が取締役会の承認を得ずに利益相反取引を行った場合、法令違反行為として会社法423条1項の任務懈怠責任を負う。

　また、取締役会の承認を得て利益相反取引を行った場合であっても、当該取引によって会社に損害が生じた場合は、①直接取引の場合の取引相手である取締役、②間接取引の場合の会社と利益が相反する取締役、③会社が当該取引を行うことを決定した取締役、④当該取引に関する取締役会の決議に賛成した取締役は、任務を怠ったものと推定されることになる（会社法423③。コンメ⑻90頁。なお、上記②の取締役については任務懈怠が推定されないとする見解もある）。

（2）利益相反取引に該当する取引　取締役会の承認を得る必要のある利益相反取引は、取締役の裁量によって会社に不利益が生じる可能性のある財産上の取引行為を指す。したがって取締役と会社との間の取引であっても、類型的に会社に不利益が生じない取引や会社や取締役に裁量の余地がない取引については、利益相反取引に関する規制から外れる。たとえば、会社が取締役から贈与や無利息・無担保の貸付りを受ける場合、債務を履行する場合、相殺適状にある債権・債務を相殺する場合など、抽象的にみて会社に損害が生じえない取引や、普通取引約款に従って取締役が会社と定型的な取引を行うような場合は、利益相反取引に該当しないとされる（コンメ⑻78頁）。

　また、前述のとおり、取締役が全株式を有する一人会社において、当該取締役が会社と取引する場合は、実質的には利益相反の関係を生じないから、取締役会の承認は不要である。

4　競業取引・利益相反取引の承認の手続

　競業取引・利益相反取引を行おうとする取締役は、当該取引に関する重要事実を開示し、取締役会の承認を得なければならない（会356①）。重要事実の開示は、取締役会が承認すべきか否かを判断するための資料の提供の目的で行われるものであるから、一般的には、取引の種類、目的物、数量、価格、履行期、取引の期間等が、開示すべき重要な事実にあたる。

　反復継続して行われる取引については、必ずしも個々の取引について逐一承認が与えられる必要はなく、合理的な範囲を定めてある程度包括的に行うことができる（コンメ⑻73頁、84頁）。

　承認を受けるべき者は、競業取引を行う者、直接取引の相手方である取締役、間接取引では会社を代表して取引を行おうとする取締役である。それらの取締役は、決議について特別の利害関係を有するから、議決権の行使をすることはできない（会369②）。

　なお、取締役会設置会社では、当該取引を行った取締役は、取引後遅滞なく当該取引に関する重要事実を取締役会に報告しなければならない（会365②）。

5　責任の免除および責任額の一部限定

　取締役の責任の一部免除および責任額の限定については、第3章11参照。ただし、直接取引（自己のためにしたものに限る）の相手方である取締役の責任については、責任の免除および責任額の限定が認められない（会428②）。

▶ 参考判例

①**最判昭和45・8・20民集24巻9号1305頁**　会社と取締役との間の売買契約について、会社の株式全部を取締役が所有し、実質上、個人経営そのものにすぎず、会社の利害得失は実質的には取締役の利害得失となりその間に利害相反する関係はないとして、取締役会の承認を要しないとした。

②**東京地判昭和56・3・26判時1015号27頁**　関東一円を市場としていたX

社のワンマン社長Yが関西地域に競合する別会社を発足設立して営業を拡大するにあたり、別会社の株式を自己または妻子名義で取得したうえX社の人的・物的資源を利用して営業を行ったことにつき、X社が関西地域への進出を決意し事業用地の買収等の準備行為を行っていたことなどから、YはX社の営業の部類に属する取引をしたものであると認定した。

【 Answer 】

　X社とY社とで事業区域が地域的に離れており、AがX社と同種の事業を営むY社を買収したうえで、Y社代表取締役としてパンの製造販売事業を行うことが、X社との競業取引にあたるかどうかが問題となる。同一、同種の事業であったとしても、事業区域が地域的に離れている場合には、事業の性質からして容易に競争関係を生ずるおそれがある事業でなければ、直ちに市場の競合が生じるとはいえない。もっとも、現時点で事業を行っていないとしても、会社がすでに具体的に当該地域への進出を企図ないし準備しているときや、当該地域への進出が確実か、または合理的に予測できる場合には、市場の競合が生じるといえる（類型別Ⅰ226頁）。この点に関し、会社が進出を決意し、事業用地の買収等の準備行為を行っている場合は、競業取引に該当することを認めた裁判例があるので留意する必要がある（参考判例(2)）。X社の関西地方への進出計画の具体化の程度や準備状況によっては、Y社の代表取締役として製パン業を行うことが競業取引に該当するとして、後日、会社法423条1項の損害賠償責任を問われる可能性がある。また、X社の業務遂行の過程で知った情報等を利用してY社の買収や事業を展開した場合には、X社の進出の機会が奪われたとして忠実義務違反となる可能性もあろう。

　AがX社の代表者としてX社とY社との間で取引を行う場合には、利益相反取引の規制を受けることになる。AがX社とY社の代表者取締役の地位にあって、当該取引を行う場合は、両社において取締役会の承認を得る必要がある。またAが、一方の会社の代表取締役であり、他方の会社では取締役である場合には、代表取締役の地位にある会社の取締役会の承認は必要なく、単なる取締役の地位にある会社の取締役会の承認が必要である。

第3章 ● 役員の責任について

13 … 名目的取締役の責任とその地位の解消

Case
　Aは、子どもの頃から世話になっていた叔母Bから頼まれて、数年前に、Bが経営するX株式会社の取締役として登記されることを了承した。Aは、Bから、X社の取締役としての責任は一切負わなくてよい、と言われており、X社の業務には一切関わっていない。また、役員報酬も受け取っていない。Aは、最近結婚し、妻にX社の取締役になっていることを伝えたところ、本当に何も責任を負わなくて大丈夫なのかと心配された。不安になったAは、Bに取締役を辞めさせてほしいと頼んだが、話をうやむやにされてしまい、辞任登記もしてくれない。Aは、X社の取締役から名前を外してもらうためにはどうしたらよいか、また何か自分が責任を負うことはあるのか悩んでいる。

⋯

ノボル：友人Aからの相談です。取締役から外してもらいたいのであれば、辞任届を提出すれば取締役を辞められるし、辞任後は取締役の責任も負わないよ、とアドバイスしておきました。

兄　弁：たしかに辞任は意思表示だけでできるから、会社に辞任届を提出すればいいけど、それだけで大丈夫かな。辞任後も取締役の登記が残っていると取締役としての責任を負うこともありうるから、辞任の登記をすぐにするように、明確に会社に伝えておいたほうがいいんじゃないかな。

ノボル：そういえば、そんな判例がありましたね。さっそく電話でAに補足しておきます。

姉　弁：ところで、定款では取締役の人数はどう定められているの？ 辞任しても、

　　　　取締役の人数を欠くことになるときは、権利義務取締役として責任を負うことになるし、後任者が就任するまでは退任登記もできなかったはずよ。
ノボル：しまった‥‥。そのことは全然考えてなかったです。もし取締役の人数が足りなくなる場合は、どうしたらいいんだろう‥‥。
姉　弁：後任者を選任してもらうか、それが難しいなら、定款を変更して取締役の人数自体を減らしてもらうしかなさそうね。
ノボル：どっちにしても、Ｘ社側の協力が必要ですね。Ａには簡単に辞められるから心配いらない、みたいに言っちゃったけど失敗だったなあ。取締役に欠員が生じたときに一時取締役というのがあったような気がしますが、これで対応するのは難しいでしょうか。
姉　弁：うーん、権利義務取締役が存在する場合に一時取締役の選任の必要性が認められるかなあ。それに予納金のことも考えないといけないし、実際には難しいんじゃないかしら。
ノボル：そうするとＸ社の協力がないとにっちもさっちもいかなくなりそうですね‥‥。ところで、名目的取締役であっても第三者や会社に対する責任を免れない、とロースクールで教わったのですが、実際のところどうなのでしょうか？
兄　弁：いくら業務に関わらないという前提で就任したとしても、法的には取締役なんだから、そのとおりだと思うよ。ただ、第三者から任務懈怠責任を追及されたような場合では、まったくの無報酬だったりすると、事案によっては、重過失を否定したり、任務懈怠と損害との間の因果関係を否定したりして、名目的取締役を救済する裁判例も少なくないけどね。
ノボル：Ａは無報酬だしまったくＸ社の業務にタッチしてないので、いざというときは救われる余地がある、といえそうですね。
兄　弁：ただ、名目的取締役を救済しようとする議論は、会社法の制定以前は会社の規模にかかわらず3人以上の取締役を要求していたという法制度が名目的取締役を生じさせているという問題意識が背景にあったらしいよ。
ノボル：ということは、会社法のもとでは取締役会の設置が義務づけられている

わけではないから、旧商法のもとでの議論がそのまま妥当するとは限らない、というわけですね。やはり、取締役でいたままでは責任を負うリスクが高いことを前提として、助言する必要がありますね。

Check List
- □ 取締役選任の決議はあるか [→ 2(3)❷]
- □ 取締役への就任の承諾はあるか [→ 2(3)❷]
- □ 取締役の就任登記があるか [→ 3(2)]
- □ （適法な選任手続がない場合）就任登記への承諾、あるいはその登記への加功があるか [→ 3(2)]
- □ 辞任した場合に取締役の員数を欠くことになるか [→ 4(1)]
- □ 後任者が選任されているか [→ 4(2)]
- □ 定款変更により取締役の員数を減員できないか [→ 4(2)]
- □ 名目的取締役といえるか [→ 2(1)]
- □ 報酬は受け取っているか、会社に出資しているか [→ 2(3)❶]
- □ 取締役としての職務を行っているか [→ 2(3)❶]
- □ その他名目的取締役の責任を否定する要素となる事情が認められるか [→ 2(3)]

[解説]

1 はじめに

　Case のAは、取締役としての職務執行をしないことを前提として取締役への就任を引き受けている。このような名目的取締役であるAがどのような責任を負うのかが、まず問題となる。
　また、名目的取締役としての地位を解消するためには、取締役を辞任する必要があるところ、取締役の辞任はAの意思表示のみでなし

うるが、Aが取締役を辞任して退任したにもかかわらず、退任登記がなされず登記簿上は取締役として名前が残っている場合には、法律上は取締役の地位にないものの登記簿上に取締役として名を連ねている者（登記簿上の取締役）としての責任が問題となる。なお、Aについて、そもそも適法な取締役選任手続がとられていなかったときは、同様に登記簿上の取締役の責任の問題となる。

さらに、AがX社の取締役を退任することができるかどうかという問題もある。すなわち、Aの取締役辞任により、X社の定款で定めた取締役の員数を欠くことになる場合には、Aは、新たに別の取締役が選任されるまで、取締役としての権利義務を負うことになる（会346①。このような者を「権利義務取締役」という。4で後述）。そのため、Aの辞任によりX社の取締役の員数を欠くことになるときには、このような権利義務取締役としての地位を解消するためにどのような方法をとるべきかを検討する必要がある。

2　名目的取締役の問題

(1)名目的取締役とは　CaseのAのように、適法な選任手続によって取締役に就任したものの、会社との間で、取締役としての職務を執行しなくてよいことを合意して取締役就任を承諾し、実際に取締役としての職務を何もしていない者を名目的取締役という。

このような名目的取締役が生じた背景には、平成17年会社法施行前の商法のもとでは、株式会社はその規模を問わず取締役は3人以上であることを要したため、人数合わせのため、名目的であっても取締役を揃えなければならないという事情があった。このような、もっぱら人数合わせの必要から生じていた名目的取締役については、実際に善管注意義務を果たすことを期待することは酷であるとして、その責任を軽減ないし否定する必要があるのではないか、ということが議論されていた。

この点、名目的取締役も適法な選任手続を経ている以上、法的には

「取締役」にあたり、取締役としての責任を免れないといわざるをえない。判例も、名目的取締役も法的には取締役であるから、取締役としての種々の責任を免れず、取締役会に出席して代表取締役の業務執行に対する監視義務を負い、それを怠れば損害賠償責任を負うとしている（参考判例①）。ただし、下級審の裁判例では、名目的取締役について、悪意重過失を否定したり、任務懈怠と損害との間の相当因果関係を否定して、名目的取締役を救済する例も少なくない。

　なお、現在の会社法のもとでは、公開会社でない会社であれば取締役会を設置する必要はなく（会327①）、取締役会非設置会社では取締役は1名でも足りることになった（会326①）。そのため、名目的取締役の責任を軽減するという方向の従来の議論が、会社法のもとではもはや妥当しないのではないかという指摘がされている。

（2）名目的取締役の責任　❶第三者に対する責任：　前述のとおり、名目的取締役であっても法的には「取締役」であるから、取締役の業務執行の全般についてこれを監視し、必要があれば代表取締役に対し取締役会を招集することを求め、または自らそれを招集し、取締役会を通じて業務の執行が適正に行われるようにすべき職責を有する（参考判例①）。したがって、取締役の業務執行をまったく監視せずその独断専行に任せている間に業務執行をする取締役がその任務を怠り、第三者に損害を与えた場合は、名目的取締役であるからといって責任を免れることはできず、会社法429条1項の損害賠償責任を負う。

　ただし前述のとおり、重過失や相当因果関係の認定を通じて、実質的に名目的取締役を救済する下級審裁判例も少なくない（参考判例③）。

　❷会社に対する責任：　名目的取締役は、通常、会社との間で、「職務をしなくてよい」「責任は負わなくてよい」という合意をしたうえでその地位に就いている。このような職務免除の合意や免責の合意を会社に対して主張して、責任を免れることができないか問題となる。

　しかし、取締役の会社法上の職務は強行法的に定められたものであり、対会社との関係でも職務免除の合意や免責の合意を主張してその

責任を免れることはできないと解するのが一般である（参考判例②。コンメ(9) 397 頁、類型別Ⅰ 255 頁）。

(3) 実務上の留意点 ❶名目的取締役の責任の否定に関わる事情：名目的取締役であったとしても、原則として取締役の責任を免れないが、重過失や相当因果関係の認定を通じて救済される場合がある。名目的取締役の責任を否定した裁判例において考慮されている要素として、次のような事情が挙げられている（コンメ(9) 397 頁）。

　①職務免除の合意
　②無報酬または過少な報酬、出資の欠如
　③就任期間の長短（在任期間が短期であることを責任否定の理由とするものと、就任してから長期間が経過していることを責任否定の理由とするものとがある）
　④取締役会の不開催
　⑤遠隔地居住
　⑥病気・老齢
　⑦専門的知識の欠如
　⑧事実上の影響力の欠如

❷選任手続の確認：　名目的取締役の責任が問題となる事案では、そもそも適法な取締役選任手続（選任決議および就任の承諾）がとられているかどうか疑問が生じる場合もある。適法な選任手続がとられていないときには、後述の登記簿上の取締役の責任の問題となる。選任手続が適法にされたかどうか疑義があるときには、株主総会議事録等によってその選任手続の経過を確認する必要がある。株主総会議事録は、会社に閲覧を求めるほか、法務局の取締役就任登記申請の附属書類を閲覧することでも確認できる（ただし、保存期間は5年間）。

3　登記簿上の取締役の問題

(1) 登記簿上の取締役とは　法律上は取締役の地位にないが、登記簿

上に取締役として名を連ねている者を登記簿上の取締役ということがある。このような登記簿上の取締役には、①適法な選任手続を欠いた取締役の場合と、②退任登記未了の取締役の場合、とがある。

（2）登記簿上の取締役の責任　登記簿上の取締役は、名目的取締役とは異なり、「取締役」の地位にはないから、本来、取締役としての責任を負うものではない。しかし、判例は、以下のとおり、会社法908条2項の類推適用を通じて、登記簿上の取締役に会社法429条1項の責任を負わせることを認めている。

　適法な選任手続を欠いた取締役の場合は、取締役とされた者が故意または過失により就任の登記に承諾を与えたときは、不実の登記の出現に加功したものであるから、就任登記が不実であることを善意の第三者に対抗することができない（最判昭和47・6・15民集26巻5号984頁）。

　また、退任登記が未了の取締役については、取締役を辞任した者が、積極的に対外的または内部的に取締役としての行為をあえてした場合や、登記申請権者である会社の代表者に対し、辞任登記をしないで不実の登記を残存させたことにつき明示的に承諾を与えたなどの特段の事情が存在する場合には、善意の第三者に対し、取締役でないことを対抗することができない（最判昭和62・4・16判時1248号127頁、最判昭和63・1・26金法1196号26頁）。

（3）実務上の留意点　取締役の辞任は、会社に対する意思表示のみでなしうるが（実務上は、辞任登記手続のため、辞任届を作成して提出することが多い）、取締役を辞任して退任した場合であっても、前記のとおり辞任登記をしないで不実の登記を残存させたことにつき明示的に承諾を与えたなどの特段の事情が存在するときには、なお取締役としての責任を負う可能性がある。したがって、辞任の意思表示の際、速やかに辞任登記をするよう会社代表者に求めるべきであり、会社がこれに応じないときには、取締役登記の残存を承諾したという評価を受けることがないよう、内容証明郵便等によって、辞任登記を求めるこ

とを明確に会社に通知しておくべきである。

4　権利義務取締役

(1) 権利義務取締役の責任　取締役が、その地位を辞任したとしても、法令・定款で定められた取締役の員数を欠くことになるときには、新たに選任された取締役が就任するまで、なお取締役としての権利義務を有する（会346①）。このような者を権利義務取締役という。権利義務取締役は、監視義務等の取締役としてのあらゆる義務を負い、これを怠ったときには「取締役」として第三者に対する損害賠償責任（会429①）を負う可能性がある。

　また、辞任した取締役が権利義務取締役となる場合には、取締役の退任登記をすることもできない（最判昭和43・12・24民集22巻13号3334頁）。

　名目的取締役は、人数合わせのために就任しているケースが多いから、取締役を辞任したとしても、取締役の員数を欠く事態となり、この権利義務取締役の地位にとどまってしまうことがある。

(2) 権利義務取締役の地位の解消　権利義務取締役は、新たに後任の取締役が選任されれば、その地位が解消されることになる。

　法令・定款所定の取締役の員数を欠くに至った場合、本来会社は遅滞なく後任の取締役を補充すべきであり、この選任を怠った関係者には過料の制裁が定められている（会976⑵）。しかし実際には、取締役を頼める適当な人材がいないなどとして、会社が後任者を選任しない（できない）というケースがある。このように、後任者の補充によって員数不足を解消できない場合には、会社の定款を変更して取締役の人数を減員して、員数不足を解消するという対応が考えられる。

　また、会社法346条2項は、役員を欠くか法律または定款所定の員数を欠く場合、利害関係人の申立てにより、裁判所が必要と認めるときは一時役員の職務を行うべき者を選任することができることを定めており、そのような者として一時取締役（従来の一般的な用語法に従

い「仮取締役」と呼ばれることもある。なお、Caseとは関連しないが、民事保全法56条の仮処分により選任される者は「職務代行者」と呼ばれる）が選任されたときには権利義務取締役はその地位を失うことになる。しかし、一時取締役の選任は、裁判所が「必要があると認める」ことが要件であり、権利義務取締役が存在する場合には、通常、選任の必要性が欠けるものとされている。そのため、特に選任の必要性が認められる事情（退任した役員の病気、他の役員との対立等の事情で、事実上、その地位に留任することが困難な場合。コンメ(7)581頁）がないときには、一時取締役の選任によって員数不足を解消することは困難と考えられる。

▶ 参考判例

①最判昭和55・3・18判時971号101頁　内部的事情ないし経緯によっていわゆる社外重役として名目的に就任した取締役についても代表取締役の業務執行の全般についてこれを監視する義務があるとして、社外重役として名目的に就任した取締役につき商法旧266条ノ3第1項前段所定の第三者に対する損害賠償責任を認めた。

②最判平成21・11・27判時2067号136頁　農業協同組合において、理事会が業務執行を代表理事に一任し、監事も業務執行の監査を行わない慣行が存する場合であっても、監事の職責は軽減されないとした。

③東京地判平成8・6・19判タ942号227頁　社長のワンマン経営がされていた中小企業の名目的取締役について、たとえ監督義務を尽くしても社長の業務執行を是正することは不可能であったとして、任務懈怠と第三者の損害との間の因果関係を否定した。

【 *Answer* 】

　Aが適法な選任手続を経てX社の取締役に就任しているときには、名目的取締役であったとしても、取締役としての責任を免れない。また、仮に適法な選任手続を欠く場合であっても、Aは取締役として登記されることを了承していることから、善意の第三者に対して取締役の地位にないことを主張することはできない。したがって、Aは、X社の取締役として監視義務等を負うから、その義務を怠った場合には、会社または第三者に対する損害賠償責任を負う可能性がある。

Aが取締役を辞任するためには、X社に対し辞任届を提出すればよいが、辞任により取締役の員数を欠くことになるときには、権利義務取締役としての地位が残ることとなる。権利義務取締役の地位を解消するためには、後任の取締役を選任するか、会社の定款を変更して取締役の員数を減員することが考えられる。

第3章 ● 役員の責任について

14 株主権行使に関する利益供与の禁止と取締役の責任

Case

　X株式会社は、親族や縁故のある者が株主となっていたが、相続等により株主が増え、現在の株主数は約100名となっている。近年、株主の高齢化や世代交代によってX社への関心が薄れ、年々、株主からの委任状の提出数や総会への出席者数が減少し、同社の代表取締役Aは、株主総会の定足数を確保することに頭を悩ませていた。そうしたところ、Aは、X社の株主の1人でAと折り合いの悪い弟Bが、他の株主にも呼びかけて次の定時株主総会で会社提案の役員選任議案に反対しようとする動きをしている、ということを耳にした。そこで、Aは、出席者数を確保するとともに会社提案への賛成票を確保するため、全株主に対し、「株主総会において、議決権を行使（委任状による行使を含む。）していただいた株主様には、プリペイドカード（500円分）を進呈致します。是非とも、会社提案にご賛同のうえ、議決権を行使して頂きたくお願い申し上げます。」という案内を記載した葉書を送付して、株主から委任状を集めようとしている。

・・・

ノボル：Aが考えているような案内をすれば、会社提案への賛成票を集められるし、さらに株主総会の定足数を確保することにもつながるし、まさに一石二鳥のナイスアイデアですよね。

姉　弁：会社法上の問題がないかどうか、検討したのかしら。

ノボル：総会への来場株主にこの程度の額のお土産を配る会社はたくさんあると聞きます。Aの考えているプリペイドカードの配布も、お土産と同じよ

うに考えれば大丈夫じゃないでしょうか。
姉　弁：プリペイドカードを配布することについて、会社提案に賛成することに関連づけているようにも受け止められるけど、その点はどうだろう。お土産と同じと単純にいえるのかな。
ノボル：そういわれてみれば、問題があるような気がしますね。
姉　弁：会社法 120 条 1 項は、もともとは総会屋対策として立法されたという沿革があるけれど、現在の条文では、株主の権利の行使に関して利益供与を禁止することを規定しているよね。この規定との関係を検討してみる必要があると思うよ。
ノボル：ありがとうございます！　さっそく調べてみます。

Check List
□「財産上の利益の供与」があるか［→ 3］
□利益供与は会社・子会社の計算においてされたものか［→ 4］
□利益供与は「株主の権利の行使に関し」されたものか［→ 5］
□違法性を阻却すべき事情が認められるか［→ 6］

［解説］

1　株主の権利行使に関する利益供与の禁止

　Case のように、会社が株主に対し、株主総会へ出席することや議決権を行使することと関連づけて利益の提供を行うことについては、株主の権利行使に関する利益供与の禁止規定と抵触しないかどうか問題となる。

　会社は、何人に対しても、株主の権利の行使に関し、会社またはその子会社の計算において財産上の利益を供与してはならない（会 120 ①）。この利益供与の禁止規定は、旧商法の昭和 56 年改正において新

設されたものであり、その制定のそもそもの目的は総会屋の排除や総会屋による株主総会の形骸化への歯止めにあった。

もっとも、会社法120条1項の射程範囲はそれにとどまらず、株主の権利行使に関する利益の供与を禁止している。その趣旨は、取締役は、会社の所有者である株主の信任に基づいてその運営にあたる執行機関であるところ、その取締役が、会社の負担において、株主の権利の行使に影響を及ぼす趣旨で利益供与を行うことを許容するとすれば、会社法の基本的な仕組みに反し、会社財産の浪費をもたらすおそれがあるため、これを防止するという点にあるとされている（参考判例①）。

この規定に違反して株主権行使に関して利益供与を受けた者は、会社にこれを返還しなければならない（会120③）。

また、会社法120条1項の規定に違反する利益供与の約束は公序良俗に反して無効である。さらに、利益供与に関しては、これに関与した者に対する刑事罰が規定されている（会970）。

2 利益供与に関与した取締役の責任

(1) 利益供与に関与した取締役の供与利益相当額の支払責任　株主権の行使に関して利益の供与をすることに関与した取締役は、会社に対し、連帯して、供与した利益の価額に相当する額を支払う義務を負う（会120④）。

利益供与に関与した者として責任を負うことになる取締役の範囲は法務省令で定められており、具体的には次の者である（会規21）。

　①利益の供与に関する職務を行った取締役（直接利益供与行為をした取締役）
　②利益の供与が取締役会の決議に基づいて行われたときは、当該取締役会決議に賛成した取締役および当該取締役会に当該利益供与に関する議案を提案した取締役
　③利益の供与が株主総会の決議に基づいて行われたときは、当該

株主総会に当該利益供与に関する議案を提案した取締役、議案の提案の決定に同意した取締役（取締役会設置会社の取締役を除く）、株主総会への議案の提案が取締役会の決議に基づいて行われたときは当該取締役会において当該提出に賛成した取締役および当該株主総会において当該利益の供与に関する事項について説明をした取締役

なお、直接利益供与行為をした取締役以外の取締役は、自己の無過失を立証すればその責任を免れることができるが、直接利益供与行為をした取締役は無過失責任を負う（会120④）。

(2) 会社の損害の要否　会社法120条4項の取締役の供与利益相当額の支払責任は、会社が供与した利益自体を問題とするものであり、違法な利益供与によって会社に損害が生じたことは要件ではない。したがって、取締役は、会社に損害がないとして免責を主張することはできない。

なお、会社が利益供与を受けた者から供与した利益額の一部の返還を受けた場合は、取締役の責任と当該利益供与を受けた者の返還義務とは一種の不真正連帯債務の関係にあるとして、取締役の責任は会社が返還を受けた範囲で減額されると解されている（類型別Ⅰ182頁）。

3　「財産上の利益の供与」であること

禁止される利益供与の対象は財産上の利益であり、金銭のほか、物品、債権等、サービス施設の提供や電気の供給も含まれる。

供与行為には、積極的に財産上の利益を提供する場合のほか、株主への債務の免除や意図的な債権の時効消滅なども含まれる。

また、会社の代表者が直接行う供与行為だけでなく、従業員や第三者を介して行われる供与行為も含まれる。たとえば、会社が費用を負担して、第三者に株主等に対する財産上の利益を提供させることも含まれる。

なお、利益を供与する相手方は、株主に限られない。これは、利益

供与を受ける者を株主に限定すると、総会屋がその関係者や関係会社に利益を供与させて規制を免れるおそれがあるからである。

4 「会社またはその子会社の計算」においてされること

(1)「会社またはその子会社の計算」の要件の趣旨　禁止される利益供与は、会社の名義で行われるものに限定されず、会社または子会社の計算において行われるものがこれに該当する。

　前述のとおり、利益供与の禁止の趣旨は、会社の負担において、株主の権利の行使に影響を及ぼす利益供与を許容することは、会社法の基本的な仕組みに反し、会社財産の浪費をもたらすおそれがあることから、これを禁止するという点にある。したがって、たとえ取締役が個人的に行う利益供与であったとしても、報酬等の引き上げによって当該取締役個人の負担を会社が補填するような関係にあるならば、これを禁止する必要があることから、その名義にかかわらず、会社の計算においてされる利益供与が禁止されている。また、親会社取締役が子会社取締役と通謀して、子会社の計算において利益供与がされる事案がみられたことから、平成12年の商法改正により、子会社の計算による利益供与の禁止が明文化された。

(2)取締役等の計算による利益供与　取締役や従業員が、もっぱらその個人資産を原資として行う利益供与は、会社法120条1項の禁止の対象には含まれない。もっとも、上述のとおり、形のうえでは取締役の個人資産から支出されていたとしても、その分の役員報酬を増額しているような関係が認められるなど、実質的に会社の計算によりされているものは禁止の対象となる。

　なお、会社の役員等が、経営上の不正や失策の追及を免れるため、株主総会における公正な発言や公正な議決権行使を妨げることを総会屋である株主に依頼し、これに財産上の利益を供与するような行為は会社法120条1項に違反しないとしても、株主等の権利の行使に関する贈収賄罪にあたりうる（会968）。

5 「株主の権利の行使に関し」てされたこと

(1)「株主の権利の行使に関し」てされたことの意義　会社法120条1項が禁止しているのは、会社が「株主の権利の行使に関し」て行う利益供与である。前述の利益供与禁止の趣旨から、株主の権利行使に関する利益供与を禁止する必要があるが、それを超えて会社の活動を制約する必要はない。そこで、会社法120条1項は、会社が「株主の権利の行使に関し」て行う利益供与のみを禁止の対象としている。

ここでいう「株主の権利」には、議決権、質問権や提案権、取締役会議事録等の閲覧権、代表訴訟提起権、株式買取請求権等、株主として行使するすべての権利が含まれる。

「権利の行使に関し」て、とは、権利の行使または不行使に影響を与えることであるとされ、会社に株主の権利行使に影響を与える主観的意図があることを要すると解されている（参考判例②）。ただし、相手との意思疎通は要しないし、会社が依頼することも要しない。

また、利益の提供先は株主に限られない。株主以外の者が将来株式を取得し株主権を行使しないようにするために利益供与を行うこと（いわゆる「株付け」を避けるためにする総会屋への利益供与等）も、株主の権利の行使に関してされたものとなる。

(2) 特定の株主への利益供与に関する推定規定　実務上、問題となることが多いのは、利益供与と株主の権利行使との関連性の有無である。

会社法は、この関連性について推定規定を設けており、特定の株主に対する無償の利益供与や、有償であっても反対給付が著しく少ないため無償と同視できるものは、株主の権利行使に関して利益を供与したものと推定するとしている（会120②）。これは、株主の権利行使に関してされたものである蓋然性が高い「特定の株主」に対する利益供与について関連性を推定し、立証責任を転換したものである。

なお、この推定規定が適用されるのは、利益の提供先が株主である場合に限られる。

(3) 関連性の有無が問題となる事例　株主の権利の行使に関してさ

た利益供与かどうかが問題となるものとして、次のものがある。

❶総会出席者へのお土産：　株主総会に出席した株主や書面投票用紙を返送してきた株主に対し、会社が、粗品やプリペイドカードを渡すことを慣行として行うことが少なくない。このような会社の行為については、それが社会通念上許容される範囲内のものであれば、自社製品のアピール等の目的であって株主の権利行使に関してされたものではない、あるいは、正当な目的であり違法性が阻却される等として、禁止される利益供与ではないと解することが一般である。もっとも最近は、上場企業を中心として、株主間の公平を理由にお土産の配布を取りやめる会社が増えてきている。

❷株主優待：　株主に対して、配当とは別に、その持株数等の一定の基準により自社のサービス等に関する優待券を配布することがある。この株主優待につき利益供与との関係が問題となりうるが、株主優待は株主の権利の行使に影響を与える趣旨でされるものではないとして、禁止される利益供与にはあたらないとされることが一般である（参考判例②）。

❸従業員持株制度における奨励金の支給：　従業員の財産形成や勤労意欲の増進、安定株主確保のために従業員持株会を作り、会社が従業員持株会の従業員に自社株取得の奨励金を交付することがある。このような奨励金の支給が禁止される利益供与にあたらないか議論がある。従業員持株制度については、持株会への影響力の行使を通じて経営者による会社支配につながっていた実情があるとも指摘されていたことからすれば、奨励金の支給が株主の権利の行使に関してされたものと判断されることもありえよう（参考判例③では、会社法120条2項の推定が働くとしたうえで、持株会の趣旨や会員株主に議決権行使に関する理事長への指示が認められていること等から上記推定は覆るとした）。

❹株式買取資金の第三者への供与：　株式の譲渡は株主の地位の移転であり、それ自体は株主の権利の行使ではないから、会社が株式を譲渡することの対価として利益の供与をしたとしても当然には禁止さ

れる利益供与にはあたらない。もっとも、会社からみて好ましくないと判断される株主が議決権等を行使することを回避する目的で、当該株主から株式を譲り受けるための対価を関係者に供与した事案において、当該対価の供与が当該株主の権利の行使に関し利益を供与する行為にあたると判断した裁判例がある（参考判例④）。

6　違法性が認められない場合

前述した利益供与禁止の趣旨からすれば、株主の権利の行使に関してされる財産上の利益の供与は、原則としてすべて禁止される。もっとも、上記の趣旨に照らし、当該利益が株主の権利行使に影響を及ぼすおそれのない正当な目的に基づき供与される場合であって、かつ、個々の株主に供与される額が社会通念上許容される範囲のものであり、株主全体に供与される総額も会社の財産的基礎に影響を及ぼすものでないときには、例外的に違法性を有しないものとして許容される場合（社会的儀礼の範囲内にある大株主への中元や歳暮、株主総会出席者への少額のお土産等）があると解される（参考判例①）。

▶ 参考判例

①**東京地判平成19・12・6判タ1258号69頁**　会社が、議決権行使を条件に株主1名につきQuoカード1枚（500円分）の提供を行ったことについて、会社提案に賛成する議決権行使の獲得をも目的としており、会社法120条1項の禁止する利益供与に該当するとされた。

②**高松高判平成2・4・11金判859号3頁**　鉄道会社が株主優待乗車券を基準を超過して交付したことは特定の株主に対する無償の財産上の利益供与にあたるが、株主の権利の行使に関して行う意図はなかったことが認められるとして、商法266条1項2号（現在の会社法120条4項に相当する）の責任を否定した（ただし、代表取締役の善管注意義務違反を認定し、損害賠償責任を認めた）。

③**福井地判昭和60・3・29判タ559号275頁**　従業員の財産形成等を目的として結成された持株会の会員への会社による奨励金の支出が、禁止された利益供与にあたらないとされた。

④**最判平成18・4・10民集60巻4号1273頁**　会社からみて好ましくないと判断される株主が議決権等の株主の権利を行使することを回避する目的で、当該株主

から株式を譲り受けるための対価を何人かに供与する行為は、株主の権利の行使に関し利益を供与する行為にあたるとした。

【 *Answer* 】

　X社の株主への葉書による案内は、議決権の行使と関連づけて株主にプリペイドカードを交付するというものであり、株主の権利の行使に関し、X社の計算において財産上の利益を供与するものとして、利益供与の禁止に抵触するおそれがある。

　違法性が阻却されないかどうかについては、X社の規模は明らかではないものの、プリペイドカードの金額は500円であり、仮に株主約100名全員に交付したとしてもその総額は5万円程度であることからすれば、会社の財産的基礎に影響を及ぼすとはいえないと思われる。また、株主の議決権の行使を促すことを目的とする場合であれば、その供与の目的の正当性を肯定する余地もあると考えられる。

　しかしながら、Aが行おうとしている案内の文面からは、プリペイドカードの交付を会社提案への賛成と関連づける目的である印象が否めず、また、役員選任に関し会社提案に反対するBの動きがある中で、これに対抗するために賛成票の獲得を目的としている点からすると、本件のプリペイドカードの株主への交付は、会社の負担において取締役に都合のよい方向へと株主の意思を誘導ないし歪めるものであり、正当な目的に基づく供与とはいいがたいと評価されることは十分考えられる。したがって、Aの考えるプリペイドカードの提供は、会社法120条1項の禁止する利益供与に該当するおそれがある。

　案内文では会社提案への賛否には触れないようにするといった対応を検討すべきであろう。

第3章 ● 役員の責任について

15 …取締役の第三者に対する任務懈怠責任

Case
　X株式会社は、アクセサリーの輸入販売事業を営む会社である。X社は、雑貨の通信販売事業を営むA株式会社との間で新規に取引を開始し、X社が海外から日用雑貨を輸入し、A社がこれをX社から仕入れて通信販売することとなった。X社は、昨年5月から今年1月の間にA社からの発注に基づいて大量の商品を同社に売却して納入したところ、A社はこの取引の前後から経営状況が急速に悪化し、今年3月に銀行取引停止処分を受けて事実上倒産し、X社がA社から商品代金の支払いのために受け取った手形約4億円は不渡りとなった。X社は、A社の代表取締役Y1とA社の非常勤の取締役であったY2に対して責任を追及したいと考えている。

・・・

ノボル：A社が倒産して、X社が代金支払いのために受け取った手形は不渡りとなってしまいました。X社は、取り込み詐欺にあったようなもので、X社の怒りはもっともです。Y1とY2に対しては、会社ぐるみで詐欺をはたらいたものとして不法行為責任に基づいて損害賠償請求をする予定です。それに刑事告訴も検討しています。

兄　弁：Y1やY2に詐欺をはたらいたといえるだけの事情はあるのかな。

ノボル：A社は商品の納入を受けてほどなくして倒産していますから、納品を受けた時点で代金を決済する意思も能力もなかったと思います。十分詐欺といえるのではないでしょうか。

兄　弁：でも、商品の納入後に倒産した、という事情だけから詐欺と断定するのは少し無理があるように思うよ。A社の財務状況や資金繰りの見通し等

を詳細に検討しないと、A 社の代金支払いの見込みやその履行の意思の有無を判断することは難しいんじゃないかな。

ノボル：言われてみれば、そうかもしれません…。

兄　弁：Y1 と Y2 の資産については、何かわかっているのかな？

ノボル：Y1 についてはめぼしい資産は見つかっていませんが、Y2 は自宅マンションのほかにもそれなりの資産があるようです。

兄　弁：それで Y2 にも責任を追及したいというわけか。不法行為のほかにも会社法 429 条 1 項に基づく取締役の任務懈怠責任の構成も考えてみたらどうだろう。

ノボル：あ、そうか。Y1 には、X をだますつもりはなかったとしても、会社を倒産させてしまった点に任務懈怠があるというわけですね。

兄　弁：そういうことだね。そして Y2 には Y1 の業務執行に対する監視義務違反があったと構成する。それで、Y1、Y2 の任務懈怠によって A 社が倒産した結果、X 社は売掛金を回収できない損害を被った、ということだね。ところで、A 社の決算内容や財産状況については何か情報があるのかな。

ノボル：A 社の経営が思わしくなかったようであることは取引先からも聞いていますが、決算書等は残念ながら手に入っていません。

兄　弁：詐欺というにしろ、任務懈怠というにしろ、取引当時の代金支払いの見込みの有無や程度、Y1 や Y2 のそれらに対する認識がポイントになるだろうから、A 社の財務状況や資金繰りの状況に関する資料はぜひ入手したいところだね。

ノボル：どうやって入手したらいいでしょうか？

兄　弁：もし A 社が破産していれば、破産事件の記録を閲覧することである程度は調べられるかもしれないね。

ノボル：なるほど！　まずは A 社の登記で破産しているかどうか確認してみます。

Check List

□ 相手方が「役員等」に該当するか ［→ 3］

- □相手方に任務懈怠が認められるか〔→ 4〕
- □相手方に悪意・重過失が認められるか〔→ 5〕
- □当方は「第三者」に該当するか〔→ 6〕
- □損害の内容（直接損害・間接損害）は何か〔→ 2(2)〕
- □任務懈怠と損害との相当因果関係が認められるか〔→ 7〕
- □消滅時効にかかっていないか〔→ 2(3)〕

［解説］

1　会社法 429 条 1 項の責任の実務上の意義

(1) 役員個人に対する責任追及の必要性　会社法 429 条 1 項は、「役員等がその職務を行うについて悪意又は重大な過失があったときは、当該役員等は、これによって第三者に生じた損害を賠償する責任を負う」と規定し、取締役等の第三者に対する任務懈怠責任を定めている。

Case のように、会社が破たんした場合、会社の債権者は、会社の倒産によりその債権の満足を得られないこととなる。そこで、会社債権者（たとえば、売掛金債権を有する取引先や賃金未払いの従業員等）は、破たん会社の役員個人に対して責任を追及し、役員の個人資産からの回収を図ることによって債権の満足あるいは損害の回復を図ろうとすることがある。会社法 429 条 1 項に基づく役員の第三者に対する任務懈怠責任は、実務上、このような中小規模の会社の経営破たんの局面で、役員個人の資産からの回収を図るために用いられることが多かったといわれている。

もっとも、同条項が用いられる場面は、これに限られるものではない。経営者の社会的な責任を問いたい、あるいは、経営者に対する責任追及を通じて企業の違法行為を抑止する効果を意図する場合など、会社に資産があり債務履行に格別の不安がないケースであっても、会社に対する請求とともに、取締役等に対し、本条項に基づく損害賠償

請求をあわせて行うことも少なくない。

また、会社の株主が、取締役の任務懈怠により株式価値が減少して損害を被ったとして、取締役に対し本条項に基づく責任を追及することもある。

(2) 不法行為責任との異同　取締役の任務懈怠が問題となる事案では、同時に取締役の違法な行為があったとして不法行為責任が問題となることが多い。後述のとおり判例は、会社法 429 条 1 項の任務懈怠責任は、民法上の不法行為責任とは性質を異にする法定責任であると解しており、第三者に対する取締役の任務懈怠責任と不法行為責任との競合を認めている（参考判例①）。双方の成立が考えられるときには、会社法 429 条 1 項に基づく請求と不法行為に基づく損害賠償請求を併合して請求すればよいが、それぞれの要件が異なることを念頭において適切な主張立証を行う必要がある。両者の要件を比較すれば、次のとおりである。

▼図表 2　不法行為責任と会社法 429 条 1 項の責任の要件

	不法行為責任	会社法 429 条 1 項の責任
責任主体	特に限定なし	役員等
行為	他人の権利または法律上保護される利益の侵害	任務懈怠
主観的要件	（加害行為についての）故意または過失	任務懈怠についての悪意または重大な過失
損害および因果関係	加害行為と相当因果関係のある損害	任務懈怠と相当因果関係のある第三者の損害

このように、不法行為責任と会社法 429 条 1 項の責任とは、その

要件を異にしている。そのため、CaseのY2のように、第三者に対する違法な業務執行に直接関与していないと考えられる非常勤の平取締役については、代表取締役との間で共謀がなければ不法行為責任を問うことは困難であると考えられるが、監視義務違反の任務懈怠があると構成することによって、会社法429条1項に基づく責任を追及しうることになる。

2 会社法429条1項の責任の要件等

(1)責任の法的性質 会社法429条1項の役員等の第三者に対する任務懈怠責任の要件等（悪意・重過失の対象、損害の範囲、不法行為責任との競合の有無）をめぐっては、その責任の趣旨や法的性質との関係で議論がされていたが、判例は、この責任（現在の会社法429条1項に対応する商法旧266条ノ3の責任）について、「株式会社が経済社会において重要な地位を占めていること、しかも株式会社の活動はその機関である取締役の職務執行に依存するものであることを考慮して、第三者保護の立場から」規定した責任であると判示し、第三者保護のための法定責任であるとして不法行為責任との競合を認めた（参考判例①）。

(2)判例の示した要件 そのうえで判例は、「悪意又は重大な過失」は、任務懈怠、すなわち善管注意義務・忠実義務違反について必要であり、第三者に対する加害について悪意または重過失がある必要はないとする。

また、損害の範囲に関しては、取締役の任務懈怠との間に相当因果関係がある限り、会社がこれによって損害を被った結果として、第三者に損害が生じた場合（間接損害）であるか、直接に第三者が損害を被った場合（直接損害）であるかを問わず、取締役は賠償しなければならないとした（判例に基づいて要件をまとめると、前掲の**図表2**の「会社法429条1項の責任」欄のとおりである）。

(3)民法の諸規定の適用 ❶消滅時効： 第三者に対する任務懈怠責任は、不法行為責任とは性質が異なる法定責任であることから、その

消滅時効期間については民法724条ではなく同法167条が適用され、権利を行使できる時から10年であるとされる（参考判例②）。

このように、時効の起算点および消滅時効期間が異なるため、不法行為責任に基づく損害賠償請求権が時効により消滅していたとしても会社法429条1項の責任を追及しうる。

❷遅延損害金：　遅滞に陥る時期は加害行為時ではなく請求時であり、かつ、その損害賠償債務の利率は民法404条により年5パーセントである（参考判例③）。

❸過失相殺：　会社法429条1項の責任についても民法722条2項の規定が類推適用され、損害を受けたことについて第三者に過失があった場合には過失相殺がされる（参考判例④）。

❹相殺の可否：　会社法429条1項の責任について、民法509条の相殺禁止の規定は適用されず、取締役の側からの相殺は可能であると解するのが一般である（類型別Ⅰ343頁）。

3　責任を負う主体

第三者に対する任務懈怠責任の主体となりうる「役員等」とは、取締役、会計参与、監査役、執行役または会計監査人である（会423①）。会社法346条1項によって役員としての権利義務を有する者もここに含まれる。

また、取締役には就任していないものの、会社の重要事項の決定権を掌握し、対外的にも代表者と振る舞っていたような実質的経営者（事実上の経営者）については、「役員等」にはあたらないが、会社法429条1項の類推適用により責任を認めた裁判例がある（参考判例⑤）。

4　任務懈怠

(1)会社法423条1項との関係　会社法429条1項の責任の要件である「任務懈怠」とは、法令または定款違反その他の善管注意義務違反を意味し（類型別Ⅰ327頁）、同法423条1項の任務懈怠と同じであ

ると解するのが一般である。

　任務懈怠には、平取締役の監視・監督義務違反も含まれる。また、取締役の任務懈怠は、会社に対するものであれば足り、第三者に対する義務違反であることを要しないということは、前述のとおりである。

　したがって、違法な業務執行に関与した取締役が同条項の責任を負うことはもちろん、取締役の違法な業務執行に対して特段の対応をとらなかったことについて監視義務違反の認められる他の取締役も、第三者に対する損害賠償責任を負う。

（2）経営判断の原則　取締役の任務懈怠について経営判断の適否が問題となる事案では、いわゆる経営判断の原則が適用される。すなわち、取締役の判断の前提となった事実を認識する過程における情報収集やその分析に誤りがあるか、あるいはその意思決定の過程や内容に企業経営者として明らかに不合理な点があるか否か、という見地から判断される。

　なお、経営悪化時の履行見込みのない（あるいは乏しい）債務負担行為の適否は、広い意味での経営判断の一場面であるが、裁判例は、経営悪化時の債務負担の判断について、経営判断の原則を適用して取締役の広い裁量を認めることには慎重な傾向にあるといわれている。

5　悪意・重過失

　前述のとおり、悪意・重過失の対象は、第三者に対する加害行為ではなく、会社に対する任務懈怠である。

　重過失の有無については、取締役の注意義務は会社に対する善管注意義務（会330、民644）に基づくものであるから、取締役として一般に要求される能力および識見が基準となる。このような取締役として一般的に要求される能力および識見に照らして、著しい不注意により会社に対する任務懈怠を行った場合に重過失が認められると解される（類型別Ⅰ335頁。重過失の認定に関する裁判例の状況については、澤口実編『新しい役員責任の実務〔第2版〕』（商事法務・2012年）307頁以下に詳しい）。

6　第三者の範囲

　会社法429条1項における「第三者」とは、当該責任を負う任務懈怠をした役員等以外のすべての者をいう。

　この点に関し、株主が「第三者」に含まれるかどうかについて損害の範囲と関連して議論されていたが、前述のとおり、判例は、取締役の任務懈怠行為と第三者の損害との間に相当因果関係がある限り、間接損害も直接損害も賠償の対象となる旨判示しており（参考判例①）、「株主」も第三者にあたるとしている。ただし、裁判例の中には、会社財産の減少による株式価値の低下という間接損害について、株主による任務懈怠責任に基づく損害賠償請求を否定したものもある（参考判例⑦）。

7　損害との間の相当因果関係

　第三者に対する任務懈怠責任を追及するためには、役員等の任務懈怠と第三者の損害との間に相当因果関係がなければならない。

　直接損害の場合には、任務懈怠と第三者の損害との間に相当因果関係が認められるかどうかが問題となる。

　また、間接損害の場合には、任務懈怠と会社の損害との間、および、会社の損害と第三者の損害との間にそれぞれ相当因果関係が認められるかどうかが問題となる。なお、相当因果関係の判断は、民法416条における判断と同様である。

▶参考判例

①**最判昭和44・11・26民集23巻11号2150頁**　商法266条ノ3第1項前段（現在の会社法429条1項に相当する。以下同じ）の責任の法的性質等について判断し、経営破たんした会社の代表取締役が他の代表取締役らに会社業務の一切を任せきりにしていた事案において、当該代表取締役に任務懈怠を認めた。

②**最判昭和49・12・17民集28巻10号2059頁**　商法266条ノ3第1項前段所定の第三者の取締役に対する損害賠償請求権の消滅時効期間は10年と解すべきであるとした。

③**最判平成1・9・21判時1334号223頁**　商法266条ノ3第1項前段所定の損

害賠償債務について、期限の定めのない債務として履行の請求を受けたときから遅帯に陥ること、当該債務は商行為によって生じた債務ではないから、その遅延損害金については商事法定利率ではなく民法所定の年5分の割合によるべきであるとした。
④**最判昭和59・10・4判時1143号143頁**　商法266条ノ3第1項に基づく取締役の第三者に対する責任につき過失相殺を認めた。
⑤**東京地判平成2・9・3判時1376号110頁**　取締役にはなっていなかったものの、対外的にも対内的にも重要事項についての決定権を有する実質的経営者（事実上の代表取締役）であった者について、商法266条ノ3第1項の類推適用により責任を認めた。
⑥**最判平成22・7・15金判1347号12頁**　事業再編計画の一環としてA社がB社の株式を任意の合意に基づき買い取る場合の買取価格の決定について、A社の取締役らの判断は取締役の判断として著しく不合理なものということはできないとして、善管注意義務違反を否定した。
⑦**東京地判平成8・6・20判時1578号131頁**　会社代表者の行為により会社財産が減少し、株価減少等による損害を受けたとして会社の元代表者に対し商法266条ノ3等に基づいて損害賠償を請求した事案において、会社財産の減少による株式の価値低下という間接損害については、株主は商法266条ノ3に基づく請求を行うことはできないとした。

【　*Answer*　】

　Case のように、取引先の会社が倒産してしまい代金の支払いを受けられない場合、通常は債務不履行責任が問題となるにとどまるが、代表取締役Y1が履行の見込みがないのに当該取引を行ったという事情がある場合や、放漫経営によりA社の経営破たんを招いたような事情がある場合には、Y1に取締役としての任務懈怠があり、それによりX社が損害を被ったとして、会社法429条1項に基づく責任を追及することが考えられる。また、当該取引がY1による詐欺等の違法行為にあたる場合には、当該取引行為を行った者の不法行為責任も問題となりうる。

　Y2については、Y1との間で詐欺等の共謀が認められなければ不法行為責任を追及することは困難と考えられる。会社法429条1項に基づく責任については、Y2に、監視義務違反とそれについての悪意、重過失が認められるかが問題となろう（Case と類似の事案で非常勤取締役の責任を否定したものとして、東京地判平成7・1・31判タ885号252頁）。

第4章

会社の支配権に関する問題

第4章 ● 会社の支配権に関する問題

16…会社支配権をめぐる社長の解任（解職）

Case

　X株式会社は、取締役会設置会社で、株式の100%を保有していたオーナーが代表取締役社長となり、その長男Aと次男Bが取締役をそれぞれ務めていたが、オーナーが死亡し、株式については妻Cが50%、AとBがそれぞれ25%ずつ相続した。代表取締役社長にはAが就任し、Cが新たに取締役となった。

　その後、経営方針をめぐってAとBとが対立し、Bは、Aについて社長を解任したいと考え、Cの賛同を得た。

ノボル：X社の取締役であるBから、兄である社長（A）の経営方針に納得がいかないということで、社長を解任したいという相談を受けました。できれば取締役も解任したいということだったのですが、「正当な理由」があるとも思えず、損害賠償請求のリスクもあることを説明したところ、今後の会社経営のことは母（C）の了解もあり、取締役会での多数は確保できるので、せめてAの社長職だけでも解きたいとのことです。

兄　弁：社長という肩書きを外したところで、取締役であることは変わらないし、大株主としても残るんだから、かえって会社経営はかなり難しくなると思うけど、いいのかな。

ノボル：その点はよく検討したほうがいいと伝えました。ただ、それはそれとして、社長の解職についての手続を助言してもらいたいとの依頼なので、取締役会の段取りなどを検討しています。

兄　弁：まずは、社長解職のための取締役会を開催する時期をいつにするかが問題になるね。社長が交代した場合には、取引先との関係でも影響がある

だろうから、そのあたりも踏まえて時期を決めないと。

ノボル：そうですね。秘密裏に準備を進める必要がありますよね。取締役会で多数の賛成が得られることは確実なので、そこは安心ですが…。

姉　弁：ちょっと待って。取締役会は、社長が議長をしているんじゃないかしら？　そうだとしたら、社長解職の議題に入る前に議長を交代する必要があるかどうか検討が必要じゃないかな。

ノボル：たしかに。特別利害関係を有する、ということになりますもんね。

姉　弁：そもそも特別利害関係を有する者にあたるかというところから見解の対立もあるし、特別利害関係を有する者にあたると考えるなら、審議に参加できるのか、議長を務めることができるのか、十分検討しないと。

ノボル：わかりました。そもそも議長を誰が務めているのかというところから確認して、問題点を検討します。

兄　弁：実務的な段取りで決めなければならないことは、ほかにもいろいろあるよ。社長解職の動議をどのタイミングで出すのか、とか、社長に退席を求めるのか、とかね。

姉　弁：手続を確実にするために、弁護士が同席する場合もあるわね。

ノボル：取締役会での多数を確保しているというだけで安易に考えないほうがいい、というわけですね。Ｂともよく打ち合わせるようにします。

兄　弁：解職したい理由は聞いている？

ノボル：経営の方針に納得がいかないということ以上には…。

兄　弁：特に社長として問題があるということではないのであれば、損害賠償請求のリスクについても検討しておく必要があるんじゃないか？

ノボル：あれ？　会社法339条2項は、株主総会決議で取締役を解任した場合の規定ですよね。

兄　弁：そうだね。でも、代表取締役を解職した場面に類推適用を認めるという見解もあるし、民法上の損害賠償請求については考えておく必要があるだろ。

ノボル：そうか…。失礼しました。

姉　弁：ところで、今までＸ社の件で相談を受けたり、Ｘ社の代理人になったり

したことはないよね？
ノボル：はい。私の知人からの紹介で今回初めて相談を受けています。
姉　弁：弁護士職務基本規程の利益相反との関係では問題ないということね。

> **Check List**
> □ 取締役会で多数の賛成を得られる（代表取締役の解職を決議できる）状況か［→ 2］
> □ 代表取締役解職の決議には、対象となっている代表取締役が加わることができるか［→ 2・3(1)］
> □ 解職対象の代表取締役が取締役会の議長ではないか［→ 3(2)］
> □ 新たに代表取締役を選定する際の手続を確認したか［→ 4］
> □ 代表取締役解職後の登記手続を確認したか［→ 5］
> □ 解職された代表取締役から損害賠償請求を受ける可能性はないか［→ 6］
> □ 弁護士に利益相反の問題が生じるおそれはないか［→ 1］

［ 解説 ］

1　問題に対応するにあたって

　会社と取締役との間の問題や、取締役相互間の対立などが取締役の解任や代表者の交代といった事態に発展する場合もある。これに対処する弁護士は、手続を正確に把握することはもとより、どのような立場で対処するのかを明確にする必要がある。たとえば、**Case** のように、ある取締役が社長の解職を考えているという場合に、会社の顧問弁護士が当該取締役に助言をするということになれば、後に弁護士職務基本規程上の利益相反の問題が生じるおそれがある。
　取締役個人の代理人になるのか、会社の代理人になるのかを明確に

したうえで、それまでの会社や取締役との関係を踏まえて適切に対処することが必要である。

> ◀ コラム ▶ 会社法務と弁護士の懲戒
>
> 「会社法務は、ビジネスライクな世界なので、弁護士の懲戒などとは無縁」と思われている方もいらっしゃるでしょうか？
> しかし、会社法務に関連して弁護士が懲戒になる例は少なくありません。ここでは懲戒請求がなされる典型的な例を2つ挙げておきます。
> 第1は、支配権を争う株主総会等に弁護士が社長側の代理人として出席して強引にその進行を主導してしまうケースです。特に同族会社の支配権争いは、当事者の感情がむき出しになります。一方の代理人として弁護士が会社に出向いて、たとえば役員の選任あるいは解任の手続を強引に進めれば、反対当事者からの反発を買うのは必至です。弁護士は同席するだけで会議の進行は当事者が進める場合であっても、当事者の違法行為を助長したとして弁護士職務基本規程14条違反を理由に懲戒請求を受けることが往々にしてあります。そして、実際に懲戒処分を受けた例もあります。
> 第2の典型例は、会社と役員が対立し、その一方の代理人に弁護士がつく場合です。弁護士が会社と顧問契約を結ぶ場合、取締役と個人的に懇意になったことが契機になっていることがよくあります。交友関係は取締役個人との関係にありますが、顧問契約は会社との間にあります。このような場合で、会社とその取締役との間に対立が生じ、取締役が解任などとなったときに弁護士はその取締役から相談を受けることがあります。弁護士は会社との間で顧問契約を締結していますから、会社と対立する取締役から相談を受ければ、利益相反となります（同規程28条2号）。会社との間で顧問契約を解除したあとに取締役から相談を受け、受任したとしても、当該紛争が顧問契約を締結していた時の法律顧問業務と関連するような場合は

> 同規程27条1号または2号により利益相反となることもあります。
> 　会社法務であっても、いろいろなところから矢が飛んでくるので常に気を遣うことが求められます。　　　　　　　　　（市川　充）

2　代表取締役の解職と特別利害関係

　代表取締役の解職については、取締役会決議による必要があるが（会362②(3)）、解職の対象となっている代表取締役は特別利害関係を有する者にあたるとするのが判例である（参考判例①）。

　決議につき特別の利害関係を有する取締役は、決議の公正を期する必要上、議決に加わることができないので（会369②）、判例の見解を前提とすれば、解職の対象となっている代表取締役については、決議から除外する必要がある。この場合、定足数算定の基礎にも算入されない（会369①参照）。

　なお、この点について、閉鎖型の会社における代表取締役の解職は、取締役会の監督権限の行使というより経営方針等をめぐる争いそのものである例が多いと思われるとして、解職対象の代表取締役の議決権を排除すべき理由はなく特別利害関係を有する者にはあたらないとする見解もある（江頭422頁注15）。

3　審議参加および議長となることの可否

(1)特別利害関係を有する者が審議に参加できるか　Caseにおける A が特別利害関係を有する者にあたるとして、審議への参加を認めるかという問題が生ずる。

　この点については、審議への参加を肯定する説と否定する説とが対立している。しかしながら、肯定する説に立ったとしても、他の取締役が当該取締役に退席を求めることは可能であるし、否定する説に立ったとしても、他の取締役の判断で当該取締役を席にとどまらせ、意見陳述の機会を与えることも可能であるから、実務的な処理としては、

それほど大きな差異は生じない。

　Caseのような場合には、あらかじめ退席を求めるのか否か、意見陳述の機会を与えるか否かといったことを検討しておくことが望ましい。
(2)特別利害関係を有する者が議長を務めることができるか　多くの会社では、定款や取締役会規則等の内規により、取締役会の議長を代表取締役（社長）が務めることとされている。したがって、Caseのように代表取締役（社長）を解職する場合、その者が議長となることができるかという点も検討しておく必要がある。

　この点については、特別利害関係を有する取締役について、審議への参加を認めない立場からは、議長を務めることも当然に否定されることとなる（参考判例②）。また、審議への参加を認める立場を前提としても、審議の公正を期するという観点から、特別利害関係を有する取締役が議長となることについては否定的な見解が多い。

4　新たな代表取締役の選定

　取締役会において代表取締役の解職が決議された場合には、引き続き新しい代表取締役を選定する必要があるが、このときは当然ながら、解職された前代表取締役も決議から排除されないという点に注意を要する。

　たとえば、解職議案の審議にあたって、当該代表取締役を退席させていたにもかかわらず、そのまま呼び戻すことなく新たな代表取締役選定を決議したような場合には、当該決議には瑕疵があることになる。

5　登記手続など実務上の留意点

(1)解職による影響　Caseのような代表取締役の解職という事態は、社内だけではなく取引先などとの関係にも影響しかねない。そのため、対外的には辞任であると説明したい場合も多く、その場合は登記上も終任事由が「辞任」と表示されるように、本人から辞任届を取り付ける必要がある。

一般的には、本人の協力を得ることは難しい場合が多いが、解職が不可避であるという場合には、本人が任意に辞任届の提出に応じる場合もあるので、そのような説得を試みるか否かという観点からの検討もしておくべきであろう。

(2) 登記手続における留意点　代表取締役を解職した場合、2週間以内に登記しなければならない（会915①）。しかし、代表取締役の変更という場合には、金融機関その他の取引先に速やかに通知するなどの必要が生じることが考えられ、その際に登記事項証明書の提出を求められる場面もあるので、できるだけ速やかに登記手続を行うことが望ましい。

　登記手続にあたっては、代表取締役の解職と新たな代表取締役の選定を決議した取締役会の議事録が添付書類として必要になるが、代表取締役を解職された取締役が署名や押印（会369③）を拒否する場合も想定した準備（署名等が得られないことの理由を記載した上申書の作成など）も検討すべきである。

(3) 解職を決議する時期の検討　その他、代表取締役の解職にあたっては、解職を求める動議を出すタイミングをどうするか、当該代表取締役について退席を求めるか（上述）といった会議運営の段取りについての準備が必要となる。さらに、適法な手続がとられたことを担保するために弁護士に同席を求めたり、議事を録音したりといった対応がとられることもあるので、会社の実情に応じてどのような準備が必要か、十分な検討を要する。

　また、代表取締役の解職については、取引先との関係に対する影響が大きいことなども考慮し、決議を行う時期についても慎重に判断すべきであろう。

6　損害賠償請求について

　取締役の解任については、解任された者は、その解任について正当な理由がある場合を除き、会社に対して、解任によって生じた損害の

賠償を請求することができるとされている（会339②。第1章2参照）。

Caseのような代表取締役の解職の場合についても、この規定が類推適用されるという考え方もあるが（新・裁判実務体系(11)61頁）、仮にそうした類推適用は認められないという立場に立つとしても、民法651条2項や同法709条に基づく損害賠償請求の可能性は残ることから、代表取締役の解職にあたっては、会社が損害賠償請求を受けるリスクを踏まえた判断が必要となる。また、代表取締役を解職しただけでは問題が解消されず、結局、取締役の解任や株主からも排除したいという事態に発展することも多いと思われ、弁護士には、こうした点も見据えた助言が求められる。

▶ 参 考 判 例

①最判昭和44・3・28民集23巻3号645頁　代表取締役は、会社の業務を執行・主宰し、かつ会社を代表する権限を有するものであって、会社の経営、支配に大きな権限と影響力を有し、したがって、本人の意思に反してこれを代表取締役の地位から排除することの当否が論ぜられる場合においては、一切の私心を去って、会社に対する忠実義務に従い公正に議決権を行使することは必ずしも期待しがたく、かえって、自己の利益を図って行動することすらありうることから、代表取締役の解職決議について、当該代表取締役は特別の利害関係を有する者にあたるとした。

②東京高判平成8・2・8資料版商事法務151号143頁　特別利害関係人として議決権のない取締役は、当該決議から排除されるべき者であり、そのような者に議長として議事を主宰する権限は認められないとした。

【 *Answer* 】

代表取締役の解職にあたっては、これを決議する際の取締役会をどのように運営するかについて十分な準備が必要になる。また、適法な手続によるためには、「特別利害関係」をどのように解するか、特別利害関係を有する取締役をどのように取り扱うかといった会社法上の論点についても検討しておかなければならない。

往々にして、解職の決議を得るところまでに意識が向きがちであるが、実務上は、新たな代表取締役の選定やその後の登記手続、取引先への対応、解職後の会社運営といった事項も重要であり、これらも踏まえたうえで準備をすることが重要となる。

第4章 ● 会社の支配権に関する問題

17 少数株主の排除（スクイーズアウト）の方法

Case

　X株式会社は、株式の75％を創業者である代表者Aが、25％を設立時のビジネスパートナーであったBが、それぞれ保有していた。その後、Bが死亡してその子であるCとDがX社の株式を相続し、議決権の割合はCが10％、Dが15％となった。CとDはX社の経営に非協力的で、特にAとCとの間では経営方針をめぐってもたびたび対立が起きている。Aとしては、CとDを株主から排除して経営を安定させたいと考えているが、株式の買取りなどを打診しても話し合いがまとまらない状況にある。

・・・

ノボル：X社のオーナーAから、少数株主が何かにつけて対立的で困っているということで相談を受けました。オーナーとしては、株式を買い取るなどして株主から排除したいと思っているようなのですが。

兄　弁：株式を買い取るという話し合いはしているの？

ノボル：話を持ちかけたようですが、相手方は応じる意思はないようです。話し合いで株式を買い取ることが難しいようであれば、少数株主を排除するためのスキームを考えなければならないので今検討中です。

兄　弁：具体的にはどのような方法を検討しているの？

ノボル：1つは、全部取得条項付種類株式を使うことを考えています。

兄　弁：なるほどね。でも、その方法だと定款変更が必要だし、種類株主総会も必要になって、手続がかなり技巧的になるね。

ノボル：たしかにそうですね・・・。種類株式発行会社となるための定款変更をしたうえで、種類株主総会決議を経る必要もありますもんね。実際にはすべ

てを同じタイミングで行うにしても、X社にはそういう事務をサポートできる人員もあまりいないので、少し複雑すぎるかもしれません。

姉　弁：もう少し簡易な方法も考えて提案したほうがいいんじゃない？　たとえば株式の併合のほうがX社としても受け入れやすいんじゃないかしら。

ノボル：株式併合ですか…。たしか、平成26年の会社法改正で事前・事後の開示とか反対株主の買取請求などの制度が設けられたところでしたっけ。検討してみます。

姉　弁：任意の買取りは難しいという話だったけど、CとDとでは考え方が違う可能性もあるんじゃないかしら。

ノボル：そうかもしれません。経営方針をめぐってたびたび対立するのはCということですし。ただ、オーナーAとしては、この際少数株主をすべて排除したいという意向なので…。

姉　弁：それはわかってるわよ。もし、Dだけでも任意の買取りに応じてくれれば、オーナーAの持株比率が90%になるんでしょ。

ノボル：ホー、なるほど。そうなったら、特別支配株主の株式等売渡請求が使えますね。それが一番良い方法ですね。

兄　弁：どの方法によるとしても、手続に瑕疵が生じないように慎重に進めることが重要だよ。それから、株式の買取価格をめぐって紛争になる可能性もあるから、そのあたりのこともあらかじめ考えておいたほうがいいよ。

ノボル：わかりました。

姉　弁：ところで、Aは少数株主排除の受け皿になるような会社はもっていないの？

ノボル：どういうことですか。

姉　弁：もし、別会社があるならそれを活用して、X社をその会社の完全子会社にすることで少数株主を排除することもできるわ。

ノボル：はあ…。あ、でも、そういう会社はもっていないようです。

兄　弁：そもそも、そういうことを考えていなかったんじゃないの？

ノボル：い、いや、そんなことは…（バレたか…）。

17　少数株主の排除（スクイーズアウト）の方法

> **Check List**
> □ 会社の持株比率はどうなっているか [→ 1]
> □ 株式を任意で買い取ることは可能か [→ 2]
> □ 株主総会の特別決議を得られる状況か（全部取得条項付種類株式の活用）[→ 3(1)]
> □ 株主総会の特別決議を得られる状況か（株式併合）[→ 3(2)]
> □ 特別支配株主の株式等売渡請求によることができるか [→ 4]
> □ 完全子会社化による少数株主排除が可能か [→ 5]
> □ 税負担について確認したか [→ 5(3)]

[解説]

1 会社の持株比率によるスキーム選択

　少数株主を排除したいという場合、まずは、当該少数株主との間で交渉を行い、その保有する株式を買い取るという方法が考えられるが、少数株主の同意を得られない場合には、全部取得条項付種類株式を利用する方法、株式の併合による方法、特別支配株主の株式売渡請求による方法、金銭交付を伴う株式交換や合併を用いる方法を検討することになる。これらの方法は、少数株主の意思によらずに、いわば強制的に株式を取得することになるので、その権利が不当に害されないための法律上の手当てが用意されている。こうした手法は、「スクイーズアウト」「キャッシュアウト」などと呼ばれることがある。

　これらのうち、全部取得条項付種類株式を活用する方法や株式の併合による方法などは株主総会の特別決議を経る必要があることから、少数株主を排除したい大株主の議決権の割合（またはその方針に賛同する株主の議決権も合計した議決権の割合）が3分の2以上なければ実現することができない。また、特別支配株主の株式等売渡請求によるた

めには、売渡請求時、その承認時、取得日のすべてにおいて議決権の90％以上を有している必要がある。

このように、どのようなスキームを選択するかについては、その前提として当該会社の株主の議決権割合を確認することが必要となる。

2　任意に株式を買い取る方法

少数株主の意思にかかわらずこれを排除するには、会社法が定めるところに従った手続を経る必要がある。そのため、まずは当該株主との交渉によって任意に株式を買い取ることを検討することが一般的である。

この交渉では、株式の買取価格をどのように定めるかが中心的な問題となることが多く、第三者による鑑定を行う場合もある。また、単なる少数株主の排除にとどまらず、その後にM＆Aが予定されている場合（一人株主の状態にしたうえで、会社自体を売却しようと考えている場合）などは、その際の買収価格を踏まえた価格での買取りを相手方から求められることも考えられる。なお、譲渡制限付株式については、株式の譲渡について取締役会等の承認などの手続が必要になる。また、株式を買い取る主体が、大株主ではなく、会社である場合には、自己株式の買取りということになるから、いわゆる財源規制を含めて、会社法が定める規律に服する。

3　株主総会の特別決議が可能な状況の場合

(1)全部取得条項付種類株式の利用　株主総会の特別決議に必要な議決権を確保している状況で少数株主を排除したいという場合は、全部取得条項付種類株式を活用した方法が考えられる。全部取得条項付種類株式とは、会社が株主総会の特別決議によってその全部を取得することができる種類株式である（会171①柱書・108①(7)）。

この種類株式は、債務超過会社の事業再建などのために100％減資を円滑に行うための仕組みとして導入されたものであるが、従来か

ら少数株主排除のための手段としても多く用いられてきた。

その方法の概要をまとめると次のとおりである。

①種類株式を発行する旨の定款変更を行う
→このために株主総会の特別決議が必要であり（会466・309②⑾）、これにより当該会社は種類株式発行会社になる。

②もともと発行していた株式について、全部取得条項付種類株式に変更する旨の定款変更を行う
→これについては、通常の定款変更のための手続に加えて、種類株主総会の特別決議が必要となる（会111②・324②⑴）。この種類株主総会決議に反対する株主は、会社に対して保有する種類株式を公正な価格で買い取ることを請求（反対株主の買取請求）することができる（会116①⑵）。

③全部取得条項付種類株式を会社が全部取得する旨の株主総会の特別決議をする（会171①・309②⑶）
→ここでは、取得対価の内容（金額等）または算定方法、株主に対する取得対価の割当てに関する事項、取得日を定める必要がある。

④全部取得条項付種類株式の株主に対する通知または公告をする（会172②③）
→この通知・公告は、取得日の20日前までにしなければならない。なお、取得日の20日前から取得日までの間に、株主（③の株主総会に先立って会社に反対を通知し、かつ株主総会で取得に反対した株主など）は裁判所に対して取得価格の決定の申立てができることとされている（会172①）。

なお、上記①～③の決議は、すべて同じ株主総会で行うことが可能であると解されている。

また、会社において書類（または電磁的記録）の事前備置（会171の2、会規33の2）、事後備置（会173の2、会規33の3）も必要とされて

いる。手続に瑕疵が生じることがないように、こうした点についても漏れがないか十分に確認しなければならない。

　全部取得条項付種類株式の取得が法令または定款に違反する場合において、株主が不利益を受けるおそれがあるときは、株主が会社に対して全部取得条項付種類株式の取得をやめることを請求することができるとされている（会171の3）ので、注意が必要である。

（2）株式の併合による方法　これは、株式併合後の少数株主の保有株式数が1株未満となるような併合割合を設定して株式の併合（会180）を行い、1株未満の株式については会社や大株主が買い取ることで少数株主を排除するという方法である。

　たとえば、**Case** でAが75株、Cが10株、Dが15株を保有しているとして場合、25株を1株に併合すると、Aは3株、Cは0.4株、Dは0.6株ということになるから、CやDは株主として議決権行使などの権利を行使することができなくなる。

　そして、この1株未満の株式については、会社か大株主が買い取ることになる（会234・235）。

　株式併合を行うには、株主総会の特別決議（会309②(4)・180②）において、併合の割合、効力発生日、効力発生日における発行可能株式総数を定める必要がある（種類株式発行会社ではない場合）。なお、通常の株主総会の招集手続とは別に、株主に対する通知（効力発生日の2週間前まで）または公告が必要とされている（会181）。

　株式併合に関しても、書面等の事前、事後の備置（会182の2・182の6）、株式の併合が法令または定款に違反する場合における株式の併合をやめることの請求（会182の3）、反対株主の株式買取請求（会182の4）などが定められている。さらに、株式買取請求があった場合、効力発生日から30日以内に会社と株主との間で買取価格の協議が調わない場合には、株主または会社は、その期間満了の日の後30日以内に、裁判所に対して価格決定の申立てをすることができるとされている（会182の5②）。

このように、株式併合についても、会社法所定の手続を踏む必要はあるが、全部取得条項付種類株式を利用する場合に比べると手続が複雑ではなく、平成26年の会社法改正によって上記のような株主保護の制度が設けられたことから、最近では、少数株主排除は全部取得条項付種類株式の利用よりも株式併合の方法によることが多くなっているといわれている。

4 大株主が90％以上の株式を保有している場合

　大株主が90％以上の株式を保有している場合、特別支配株主による株式等売渡請求（会179）の方法により少数株主を排除することが可能となる。この場合は、株主総会決議も不要であることから、全部取得条項付種類株式の利用や株式併合による方法に比べて、手続が極めて簡易である。

　その方法の概要をまとめると以下のとおりである。

①特別支配株主が株式等売渡請求をすることを会社に通知する（会179の3①）
　→この通知の際には、当該株式の対価として交付する金銭の額またはその算定方法、特別支配株主が当該株式を取得する日などを定めて通知する必要がある（会179の2①）。
②会社が株式等売渡請求を行うことを承認する（会179の3③）
　→取締役会設置会社では、この承認は取締役会決議による。ここでは、売渡請求の条件が適正であるかや、きちんと対価が交付される見込みがあるかなどを検討・確認する。
③会社が、特別支配株主に株式等売渡請求を行うことを承認したか否かを通知する（会179の3④）
　→承認した場合も、しなかった場合も通知が必要となる。
④会社が売渡株主に、株式等売渡請求を承認したこと、特別支配株主の氏名・住所などを通知する（会179の4①）

→通知は取得日の20日前までにしなければならない。
　⑤取得日に特別支配株主が株式を取得する（会179の9①）
　　→対価の支払いについては会社法上の規定はなく、実務上は売渡株主の口座情報を特別支配株主に伝え、そこに送金するなどの方法がとられる。

　なお、株式等売渡請求に関しても、書面等の事前、事後の備置（会179の5・179の10）、株式等売渡請求が法令に違反する場合などにおける株式売渡請求をやめることの請求（会179の7）などが定められている。また、売渡株主は、取得日の20日前から取得日の前日までの間に、裁判所に対して、売り渡す株式の売買価格決定の申立てができることとされている（会179の8①）。

　上記の①〜④を同じ日に行ってしまえば、極めて短期間ですべての手続を完了することが可能となり、他の方法に比べて少数株主排除のための手続に要する期間は大幅に短縮できる。ただし、売渡しの価格をいくらに設定するかについてはあらかじめ十分な検討が必要である。

5　その他の方法

(1) 株式交換　上述した方法のほかに、少数株主を排除したいと考えている会社とは別の会社との株式交換（会767）を行うことで少数株主を排除する方法もある。**Case** で、仮に、同じように A がオーナーの Y 株式会社があるという場合に、X 社・Y 社間で株式交換契約を締結し、X 社は Y 社の完全子会社にするとともに、X 社の株主には対価として Y 社の株式ではなく、金銭を交付するというスキームによって、結果的に X 社の少数株主を排除することが可能となる。

(2) 吸収合併　同じように、Y 社を合併存続会社、X 社を合併消滅会社とする吸収合併（会748・749）を行い、合併の対価として Y 社の株式ではなく、金銭を交付するという方法もある。

(3) 税負担の確認　スクイーズアウトによる完全子会社化を行う場合、

従前は株式交換だけが組織再編税制の対象とされていたが、平成29年度の税制改正でこれが見直され、全部取得条項付種類株式の端数処理、株式併合の端数処理、株式売渡請求もあわせて「株式交換等」として、組織再編税制の対象となった。これにより、株式交換以外の方法をとった場合でも、適格要件をみたせば、資産の時価評価課税を回避できるなどのメリットが受けられることになった。

この点、吸収合併については、金銭の交付があると税務上の税制適格要件をみたさないことになるから、合併消滅会社の資産に含み益があるような場合には、時価評価によって課税された額の税負担が生じる可能性がある。

組織再編をめぐっては、そのほかにも税制改正がなされており、どのような手段を選択するかにあたっては、税負担の面にも目配りが必要である。

【 *Answer* 】

少数株主を排除したいという場合には、まずは当該少数株主から任意に株式を買い取ることを検討すべきであるが、それが困難な場合には、持株比率に応じてどのような手段が適当かを選択することになる。

いずれの手段によるとしても、少数株主から株式を取得する際の価格が重要なポイントになるため、手続に入る前に取得価格については十分な検討を尽くしておくことが重要である。また、受け皿会社を用意できる場合には、株式交換などの方法も選択肢となる。

なお、組織再編税制については近時重要な改正が行われているので、その点の確認も必要となる。

第4章 ● 会社の支配権に関する問題

18 … 資金調達時の支配権維持

> **Case**
> X株式会社は、3年前に上場したばかりのベンチャー企業で、創業者である代表取締役Aが発行済み株式総数の34%を保有している。このほか、会社を設立して間もない頃に出資したY株式会社がX社の発行済み株式総数の10%を保有していて、X社およびAとは友好的な関係にある。X社では、今般、新規事業の立ち上げに向けた資金調達のために、募集株式の発行を考えているが、株主構成や持株比率が大きく変動することによって経営が不安定になることは回避したいと考えている。

ノボル：X社から資金調達に関する相談を受けたのですが、上場企業からの相談はあまり経験がないので苦労しています。

兄 弁：具体的に、どのような資金調達を考えているの？

ノボル：借入金は増やしたくないので、募集株式を新たに発行することを検討しているとのことなのですが、これによって経営が不安定になることは避けたいということなんです。

兄 弁：つまり公募という形はとりたくないということだね。

ノボル：そうですね。それでX社と友好的なY社に引き受けてもらう形で第三者割当てをするという案も出ているのですが、そうなると社長の持株比率が3分の1を下回ることになるので、ほかに何か方法はないか考えています。

兄 弁：で、何か思いついたの？

ノボル：それが思いついていなくて…。

兄 弁：種類株式を活用する方法が考えられるんじゃないかな。

ノボル：あ、なるほど種類株式か…。たしかにそうですね。議決権がない株式を発行することも可能ですもんね。

兄 弁：X社は種類株式発行会社なのか、会社の定款はどうなっているのか、確認が必要だよ。

ノボル：そうですね。すぐに確認します。

姉 弁：ちょっといい？ ところで、そもそも資金調達の必要があるっていうのは具体的にどういう事情なの？

ノボル：新規事業の立ち上げに向けて、というくらいしか聞いていません。

姉 弁：それで大丈夫かしら。もし第三者割当ての方法で募集株式を発行するとしたら、不公正発行にあたらないかについて考えておく必要があるでしょ。

ノボル：はい。でも、今回のようなケースも不公正発行になるんでしょうか。

姉 弁：もし、会社のほかの大株主の議決権比率を引き下げたいとか、AとY社とで議決権の過半数を確保して反対派を排除したいとかいう思惑があったら？

ノボル：それだと、不公正発行であると主張される可能性がありますね。背景も含めて、改めて事情をよく確認します。

Check List

☐ 第三者割当ての方法により募集株式を発行する際の手続を確認したか［→ 1・2］
☐ 株式を割り当てる第三者との合意はどのようなものか［→ 2］
☐ 募集株式を発行する目的は何か［→ 3］
☐ 会社は種類株式を発行できるか［→ 4(2)］
☐ どのような種類株式を利用するか［→ 4(1)］
☐ 株主総会の特別決議が可能な状況にあるか［→ 4(2)］

[解説]

1 募集事項の決定方法

募集株式を発行するにあたっては、募集事項を決定する必要がある（会199）。募集事項の決定方法は、公開会社か非公開会社（全株式に譲渡制限が付いている会社）かによって大きく異なる。これは、公開会社の株主は、通常、持株比率の維持に関心を有していないとされる一方で、非公開会社の株主は、通常、持株比率の維持に関心を有しているとされることに起因するものである。募集事項の決定方法の概要を整理すると次のようになる。

▼図表3 募集事項の決定方法

	公募・第三者割当て	株主割当て
公開会社 （譲渡制限株式以外の株式の募集）	取締役会決議（会201①）ただし、有利発行のときは株主総会特別決議（会201①・199③）	取締役会決議（会202③(3)）有利発行のときも同様（会202⑤）
非公開会社	株主総会特別決議（会199②・309②(5)）	株主総会特別決議（会202③(4)・309②(5)）ただし、定款により取締役（会）への委任が認められる（会201①）

2 第三者割当ての手続

第三者割当ての方法により募集株式を発行する場合、会社と当該第三者との間で割り当てる株式の種類や数、払込金額等についてあらかじめ合意していることが通常である。さらに、**Case**のような事例であれば、募集株式を引き受けようとする者がその総数の引受けを行う

契約を締結する場合も多くあり、その場合は、募集株式の申込み（会203）や割当て（会204）に関する手続を省略できる（会205）。したがって、実務上は、この合意内容をどのように定めるかというところが実質的には最も重要になる。

　なお、第三者割当ての手続は、募集事項を決定したうえで、①株主に対する募集事項の通知または公告（公開会社の場合。会201③④）、②株式申込予定者に対する募集事項等の通知（会203①）、③株式申込者に対する株式申込証の交付（会203②）、④株式を割り当てる者の決定（会204①）、⑤株式を割り当てる者への通知（会204③）と進められ、払込みがなされることになる。各手続を行う期限も含めて十分に確認する必要があるが、募集株式を引き受けようとする者がその総数の引受けを行う契約を締結する場合には、②〜⑤の手続は省略することができる（会205）。

3　支配権の維持等を目的とした募集株式の発行

　募集株式の発行等について原則として株主総会の特別決議を要しない公開会社において、会社の支配権をめぐる紛争が生じている場合に、その支配権の維持等を目的として第三者割当ての方法により募集株式を発行すると、「著しく不公正な方法により行われる募集株式の発行」（会210(2)）に該当しないかという問題が生じる。

　この点について、多くの裁判例がいわゆる「主要目的ルール」を用いて判断をしている。これは、「会社の支配権につき争いがあり、既存の株主の持株比率に重大な影響を及ぼすような数の新株が発行され、それが第三者に割り当てられる場合に、その新株の発行が既存の株主の持株比率を低下させ現経営者の支配権を維持することを主要な目的としてされたものであるときは、不当な目的を達成する手段として新株の発行が利用される場合に当たる」（参考判例①）などとするものである。すなわち、支配権維持などの目的が、資金調達などの他の目的に優越する場合には、当該募集株式の発行等の差止めを認めるという

ものである。

　このルールを用いて差止めを認めた例としては、上場会社の取締役間に会社支配をめぐる争いがある中で、少数派の取締役を解任することに賛成の意思を表明している者を割当て先とした募集株式の発行について差止めを認めた事例（参考判例①）などがあるが、支配権維持などの目的が他の目的に優越していたとは認めない事例のほうが多い傾向にある（参考判例②）。

　とはいえ、会社とすれば、募集株式の発行等の差止めを求める仮処分命令を申し立てられるということ自体が好ましいものではなく、相談を受けた弁護士は、支配権をめぐる争いがあるか否かなど背景事情を踏まえたうえで助言することが必要である。

　なお、一般論として、公募による場合には、第三者割当てに比して支配権が維持される確実性は弱いことを指摘して、募集株式の発行の差止めを認めなかった事例もある（参考判例③）。

4　種類株式の活用について

(1)どのような種類株式を活用するか　新たに株式を発行して資金調達をしつつ、会社の支配権には影響を及ぼさないようにしたいという場合、種類株式を活用することが考えられる。Case では、創業者である社長の議決権割合は34％で、いわゆる株主総会の特別決議に対する拒否権を有している状況にあるところ、普通株式を第三者に割り当てれば、議決権比率が3分の1を下回ることもありうるが、種類株式を利用すればそのような事態を回避することも可能となる。

　このような場合には、議決権制限株式（会108①(3)）の利用が考えられる。議決権が一切ないという設計も、特定の事項についてのみ議決権を有するという設計も可能である。また、剰余金の配当において優先的に取り扱うことと組み合わせるといったケースもあり、内容によっては、将来会社の負担となる可能性もあることから、どのような設計にするかについては慎重な検討が必要である。

(2) 種類株式を発行する手続　種類株式を発行するには、種類株式発行会社になるために定款変更が必要であるし、すでに種類株式発行会社であったとしても新たな種類の株式を発行するとなればその内容を定款に定める必要があるから、いずれにしても株主総会の特別決議が必要になる。

そのため、種類株式を利用するか否かを判断するにあたっては、株主総会の特別決議が得られるかという観点からの検討も求められる。

なお、公開会社においては、議決権制限株式は発行済み株式総数の2分の1を超えることはできない（会115）。

▶ 参考判例

①東京地決平成20・6・23金判1296号10頁　会社（公開会社）の支配権につき争いがある状況下で、既存の株主の持株比率に重大な影響を及ぼすような数の新株が発行され、それが第三者に割り当てられる場合であって、かつ、それが、成否の見通しが必ずしもつかない反対派取締役の解任が議案となっている株主総会の直前に行われ、しかも、あらかじめ反対派取締役を解任する旨の会社提案に賛成することを表明している割当先に会社法124条4項に基づき議決権を付与することを予定している場合においては、ほかにこれを合理化できる特段の事情がない限り、当該新株発行は、既存の株主の持株比率を低下させ現経営者の支配権を維持することを主要な目的としてされたものであると推認できるとした。なお、この裁判例では、資金調達の一般的な必要性があったことは否定できないものの、これを合理化できる特段の事情の存在までは認められないため、新株発行は、既存の株主の持株比率を低下させ現経営者の支配権を維持することを主要な目的としてされたものであると認めるのが相当と判断している。

②東京高決平成24・7・12金法1969号88頁　会社（公開会社）の経営支配権につき株主間に争いがある中で、日本版ESOPの導入のため、第三者割当てによる新株発行が行われる場合につき、これは、従業員の意欲・士気を高め、従業員を通じたコーポレート・ガバナンスの向上を図ることを主たる目的としており、経営支配権を争う一方の株主の影響力を低下させることを主要な目的として行われるものではないとした。

③東京地決平成29・7・18金判1532号41頁　新株発行は、経営陣の全部または一部に、株主を巻き込んだ会社（公開会社）の支配権をめぐる実質的な争いにおいて自らを有利な立場におくとの目的が存在したものと推認される一方で、客観的な資金調達の目的も存在したものと認められ、両者は併存するとしたうえで、公募増資は、第三者割当増資の場合に比して、取締役に反対する株主らの支配権を減弱させる確実

性は弱いものと考えられることも事情の１つとして挙げて、新株発行の主要な目的が、客観的な資金調達の目的ではなく、支配権をめぐる実質的な争いにおいて自らを有利な立場におくとの目的であるとまで断ずるに足る証拠はないとした。

【 *Answer* 】

　募集株式の発行は、会社の支配権に大きな影響を及ぼすことから、これを行うにあたっては、単に手続などを確認するだけではなく、その目的などに照らして不当（不公正）な募集株式の発行であるとされる可能性はないかという点を十分に検討する必要がある。

　募集株式の差止めについては、**参考判例**で挙げたもののほかにも多くの裁判例があるので、判断にあたっての参考になる（新株予約権に関する事例も多いが問題点は同様である）。

　また、純粋に資金調達を目的とする場合には、種類株式を利用することが考えられるが、定款変更等の手続面での確認はもとより、種類株式の設計についても慎重な検討が必要である。

第4章 ● 会社の支配権に関する問題

19 … 支配権をめぐる争いを解決するには

Case
　X株式会社は、創業者である社長が株式の100％を保有していたが、その社長が急死した。法定相続人は、社長の長男、次男、長女の3人で、いずれもX社の取締役を務めていて、それぞれ所管する事業部門がある。後任の社長には長男が就くこととなったが、遺言がないため、株式をどのように相続するかは協議をしているが話がまとまらず、法定相続分に従って各人が3分の1ずつ相続するということも検討されている。また、今後の経営方針をめぐっては、3人の間の意見の相違が顕著になっている。

・・・

ノボル：X社の社長が急に亡くなって、新社長にはご長男が就くことになったのですが、株式の相続については話がまとまっていないようです。

姉　弁：ほかのお子さんたちも取締役だったわよね。経営の主導権を完全に新社長が握ることに抵抗があるということなのかしら。

ノボル：そうみたいですね。新社長としては、過半数の株式を相続したい意向のようなのですが、他の2人はそれは受け入れられないと主張しているようで、やむなく法定相続分に従って相続することも検討しているようです。

姉　弁：でも3人で3分の1ずつ相続するとなったら、会社の経営は混乱しないのかしら。

ノボル：経営方針をめぐっては対立もあるようなので、経営は難しくなると思います。それで、新社長から、どのような対応が考えられるかという相談を受けました。ほかの相続財産もあるようなので、そのあたりで調整し

　　　　て、X社の株式についてはある程度は新社長に集約するという形がとれ
　　　　るように交渉するしかないと思うのですが。
姉　弁：それがうまくいかないとしたらどうすればいいか、という相談なんじゃ
　　　　ないの？
ノボル：はい。でも何か方法がありますかね・・・。
姉　弁：経営方針をめぐっては、3人がそれぞれ別の考えなの？　それとも新社長
　　　　と他の2人との間で意見が対立しているという状況なの？
ノボル：どうも3人がそれぞれ別の考えをもっているようです。しかも、それぞ
　　　　れ担当している事業部門があって経営に直接関与しているので難しいん
　　　　です。
姉　弁：その状況では、1つの会社でやっていくのは難しいかもしれないわね。
　　　　会社を分けるということを検討してもいいんじゃない？
ノボル：えーっと・・・会社分割ということですか。
姉　弁：そう。ここできちんと対応しておかないと、さらに次の世代になったと
　　　　きに、今以上に複雑な問題になりかねないし。
ノボル：確かにそうですね。さらに株式が分散していくということも考えられま
　　　　すしね。分割型分割の会社分割をして対価として金銭を交付すれば資本
　　　　関係もなくなるし。
兄　弁：（横から入って）おいおい。対価を金銭にしたら、適格分割とは認められ
　　　　なくなってしまうよ。
ノボル：テ、テキカク分割、ですか・・・？
兄　弁：会社分割を助言するなら、税務上の問題をある程度は理解しておかない
　　　　と。詳しいところは税理士と相談するにしても、適格分割の要件の概要
　　　　くらいは押さえておいてよ。
ノボル：申し訳ありません。対価が金銭ではないとすると分割承継会社の株式で
　　　　すよね。それだと話がまとまらないような気がするんですけど・・・。
兄　弁：何段階かに分けて関係を整理することも含めて、いろいろな方法を考え
　　　　てみたらどう？
ノボル：かなり勉強しないとだめですね・・・。検討してみるので、また相談させて

ください。

> **Check List**
> □ 相続により株式の分散が生じるか〔→ **1**〕
> □ 相続後の会社経営に問題は生じないか〔→ **1**〕
> □ 株式がさらに分散する懸念はないか〔→ **1**〕
> □ 会社分割による解決が考えられないか〔→ **2**〕
> □ 従業員の転籍など円滑な事業の承継が可能な状況か〔→ **3(3)**〕
> □ 会社分割について取引先の理解は得られる状況か〔→ **3(3)**〕
> □ 会社分割をする場合の税務上の問題を確認したか〔→ **3(1)**〕

[解 説]

1　相続による株式分散のリスク

　いわゆるオーナー会社の場合は、スムーズな事業承継のためにあらかじめ準備をしておくことが望ましい。しかし、そのような準備がないままに世代交代が生じてしまった場合には、相続による株式分散という問題が生じる。

　Case のように相続人間で協議が調わず法定相続分に従って株式を相続することとなれば、もともとオーナー1人に帰属していた株式が複数の相続人に分属することとなるが、相続人間に対立があるような場合には、経営を不安定にさせる側面があることは否定できない。

　会社法に基づく手続という面に限ってみても、議決権の3分の2以上の賛成が必要な株主総会の特別決議はもとより、普通決議すら成立が困難になる可能性もある。そうすると、会社の重要事項を決定することができないという事態になりかねない。

　また、相続が数次にわたれば、株式はさらに分散することが想定さ

れる。そうなればますます経営が不安定になることが懸念され（なお、後述4参照）、株主総会開催のための準備、株主管理などの事務負担が増加する、迅速な意思決定という同族会社のメリットが発揮できないなどの不都合も生じる。

　会社経営に関心のある相続人が一部にとどまる場合には、相続財産の分割方法を決める中で利害を調整し、株式については特定の相続人に集約させるということが考えられるが、複数の相続人が会社経営に関心を有している場合はもとより、必ずしもそうではない場合でも感情的な問題で容易に話がまとまらないという事態は少なくない。

　そこで、株式が分散してしまった場合にどのように対応すべきかが問題となる。

2　会社分割の活用

　相続によって分散した株式を再び特定の株主に集約するには、相続人間で株式譲渡を行う、会社が自己株式を買い取るといった方法が基本になる。しかし、遺産分割において、株式を特定の相続人に集約させるという協議が調わなかった状況で、このような手法が奏功することはあまり期待できない。

　そうなると、大株主（取締役）の間で深刻な対立を抱えたままの状態が続くことになってしまうため、会社を事業部門ごとに分割して、相続人がそれぞれ別会社の経営を担う形をとることも考えられる。もちろん、会社を分割した結果、各社の規模が小さくなる（このような状況で分割した場合には分割後に各社が連携することが難しい場合も少なくない）などのデメリットが生じる場合もあるので、慎重な検討が必要である。

3　会社分割を利用する場合の問題点

(1) 税務上の問題点　会社分割によって資産・負債を移転したときは、原則として分割会社（**Case** のX社）が時価により資産・負債を譲渡し

たものと取り扱われるため、譲渡益が生じた場合には、分割会社において課税の問題が生じる。また、分割承継会社でも、譲り受けた資産・負債の時価より分割法人に交付した対価が小さい場合には、差額負債調整勘定として認識し、毎年の償却分が益金として認識されてしまう。さらに、分割会社の株主についても、みなし配当課税の問題などが生じることになる（分割会社の株主に分割承継会社の株式が交付される「分割型分割」の場合）。しかし、会社分割が適格分割に該当する場合には、分割直前の簿価で資産・負債を引き継いだものとして扱われるため、上記のような問題が生じない。

　したがって、会社分割の利用にあたっては、適格分割の要件をみたすかという観点からの検討が不可欠であり、かつスキームを選択するにあたって極めて重要なポイントとなる。そのため、公認会計士や税理士などの専門家による助力を得ることも考えられるが、弁護士としても、税務上の問題点を意識しながら対応にあたる必要がある。

(2) 適格分割における問題点　適格分割に該当するための要件の1つとして、分割の対価として分割承継会社の株式以外の資産が交付されないこと、がある。**Case** のように、会社の支配権争いを解決するために会社分割を活用しようとすれば、分割会社と分割承継会社との間には資本関係がない形が望まれることも多いと思われるが、適格分割の要件をみたすために、分割の対価として分割承継会社の株式が分割会社の株主や分割会社に交付されれば、分割会社と分割承継会社とは兄弟会社の関係に立つか（分割型分割）、分割承継会社が分割会社の子会社となる（分社型分割）ため、直ちに各会社や各株主（**Case** では相続人の3名）間の資本関係を解消することはできないという点は注意を要する。

　当面、そのような状況で経営を行う場合には、株主間契約（後掲コラム参照）を活用したり、各社を種類株式発行会社とし、議決権制限株式（会108①(3)）を利用したりして、各社について経営の主導権を明確にするなどの工夫も考えられよう。

◀ コラム ▶ 株主間契約を活用するには

　会社の運営や株主総会における議決権行使について、複数の株主間で行う合意を、一般に株主間契約といいます。

　株主間契約は、あくまで株主間における任意の合意ですから、その内容には様々なバリエーションがあります。たとえば、合弁会社で運営の方法を株主間で合意したり、出資比率が対等な場合などでいわゆる「デッドロック」の状態となった場合の取り決めをしたりする際などに用いられることがあります。また、少数派株主に一定数の取締役候補者を指名する権利を与えたり、重要事項の決定に関する拒否権を与えたりすることによってインセンティブを与えるというのもよくみられるケースです。このほかにも、株式を譲渡したいという場合には株主間契約の相手方である他の株主に先買権があることを定めたり、多数派株主による株式の譲渡を制限する内容を定めたり、いろいろな活用方法が考えられます。

　種類株式との比較という視点からも考えてみましょう。たとえば、役員の選任・解任に関する事項を定める場合などは種類株式を利用することも可能ですが、その場合は種類株式発行のための会社法所定の手続や登記手続等が必要になりますね。その意味では株主間契約のほうがはるかに簡便です。しかし、株主間契約では、たとえば多数派株主が株主間契約に違反して少数派株主の意向を無視して取締役を選任したとしても、少数派株主は契約違反の問題として債務不履行責任を追及できるにとどまり、当該取締役選任の効力を否定することはできないと考えられていますので、その拘束力には限界があります。

　その目的に応じて柔軟に内容を決めることができるという点が株主間契約の大きなメリットですが、拘束力の限界なども踏まえて活用を検討するようにしてください。

（安藤知史）

(3) 取引先や従業員に関する問題点　なお、会社分割を行うには、分割会社および分割承継会社において、原則として株主総会の特別決議により分割契約の承認を受ける必要がある（会783①・795①・309②⑿）。

しかし、実務においては、このような会社法上の手続について遺漏なく進めることは当然の前提として、主要取引先や金融機関などの理解を得ること、従業員の協力を得ることなど、関係者との調整も重要な問題であり、そのような調整が可能な状況にあるか否かがスキーム策定における重要なポイントとなる。

特に従業員については、分割対象となる事業に従事していた従業員のうちどの程度の者が分割承継会社に引き継がれるかという点が、適格分割に該当するか否かの判断に関わる問題であり、実質的にも分割承継会社に円滑に事業を引き継ぐためには従業員の協力は不可欠であるから、どの時期に、どのように説明するかも含めた検討が必要である。なお、会社分割における労働契約の取扱いについては、労働契約承継法に規定されているので、その確認も不可欠となる。

4　相続人等に対する売渡請求

会社は、相続その他の一般承継により譲渡制限株式を取得した者に対して、当該株式を会社に売り渡すことを請求することができる旨を定款で定めることができるとされている（会174。第5章**23**参照）。

これは、株式を相続した者など一般承継人の同意がなくても、会社が株式を買い取ることができる制度で、相続等の一般承継によって会社にとって好ましくない株主が現れるのを防ぐためのものであるが、相続による株式の分散を予防する方策としても有効である。

かかる定款の定めに従って会社が相続人等に株式の売渡しを請求するには、株主総会の特別決議を要する（会175①・309②(3)）。また、売渡請求は、会社が当該一般承継があったことを知ってから1年以内にしなければならない（会176①ただし書）。この場合の株式の売買

価格は、まずは会社と相続人等の間の協議によって定められるが（会177①）、会社による売渡請求から20日以内に裁判所に対して価格決定の申立てをすることができるとされており（同②）、この期間内に協議が調わず、価格決定の申立てもないときは、請求は効力を失う（同⑤）。

なお、売渡請求に基づく自己株式の取得に関しても、買取価格が当該買取りの効力発生日における分配可能額を超えてはならないという財源規制が設けられている（会461①(5)）。

【 *Answer* 】

相続による株式の分散は、相続人間に支配権争いを生じさせる原因になりかねず、会社経営の不安定化や株主管理コストの増加などの問題も生じることから、事業をどのように承継するかについてはあらかじめ十分な準備をしておくことが重要である。株式が分散して支配権をめぐる争いが顕在化した際には、株主間の協議によって解決することが基本となるが、それが困難な場合には、会社分割の利用なども検討する必要がある。ただし、こうした組織再編のスキームによる場合には、会社法上の手続を確認するだけではなく、税務面からの検討や関係者間の利害調整なども重要なポイントとなることに留意しなければならない。

第 5 章

株式に関する問題

第5章 ● 株式に関する問題

20…株式の譲渡承認請求

Case

　Aは、友人のB、Cと300万円ずつ資金を出し合ってX株式会社を設立し、Aが代表取締役、BとCが取締役に就任して、インターネットを介して人材マッチングサービスを行う事業を始めた。その後、X社の事業は軌道に乗ったが、AとBとの間で経営方針をめぐってたびたび対立が生じるようになり、協議を重ねた結果、BはX社の取締役を退任し、競合他社であるY株式会社に転職した。

　なお、Bの取締役退任にあたり、AとCはBが保有するX社株式（譲渡制限株式である）をすべて買い取ろうとしたが、価格の折り合いがつかず、断念した。

　Bが転職して半年後、BよりX社に対し、Bが保有するX社株式の全部について譲渡承認を求める書面が届いた。しかし、その譲受人はY社代表者であったため、X社は譲渡を承認したくないと考えている。

・・・

ノボル：X社は、Y社代表者に株をもたれたくないのであれば、譲渡を承認しないと決定すればいいんですよね。X社の株式を譲渡制限株式にしておいて、よかったですよね〜。

姉　弁：でもその場合、X社としては自社で買い取るか、第三者に買い取らせないといけないでしょう？

ノボル：Bとは関係が悪化していますし、BはX社の発行済株式の3分の1も保有しているので、X社としてはむしろ買い取ることができて良いのではないでしょうか。

姉　弁：X社が自分で買い取る場合、何か規制はないの？

ノボル：X社にとっては自己株式の取得になりますから、えーと、財源規制があります。X社の事業はうまくいっているという話だったけど、配当可能利益はあるのかな・・・。

姉　弁：そもそも買取価格はどう決まるか、ちゃんと調べた？ X社が払えない額だったら、第三者に買い取ってもらうことも検討しなくちゃ。

ノボル：当事者間で話し合って決まらなければ、裁判所に売買価格の決定の申立てをするんですよね。

姉　弁：そうなんだけど、売買価格の決定の申立てまでの間に、通知とか供託とか、やらなくちゃいけない手続があるよね。それぞれ何日以内と期間が決まっているから、それを過ぎないよう気を付けないといけないわよ。

Check List

□ 会社法上の譲渡制限株式か［→1(1)］
□ 譲渡の承認機関はどこか［→1(4)］
□ 譲渡承認請求において必要事項が明らかであるか［→2(1)］
□ 会社はいつまでに譲渡を承認するか否かを決めなければならないか［→3(1)］
□ 会社が譲渡を承認しない場合、誰を買受人とするか［→3(2)］
□ 買受人が当面用意しなければならない資金はいくらか。その資金調達は可能か［→3(3)］
□ 譲渡承認請求をしてきた者と売買価格について合意ができる見込みがあるか［→4(1)］
□ 売買価格について合意ができない場合、価格決定請求の手続をするか［→4(2)(3)］

▼図表4　譲渡承認請求のフロー

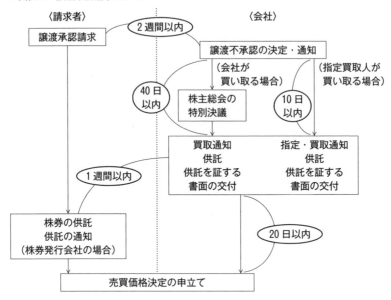

[解説]

1　株式の譲渡制限

　株主は、原則として会社に対し株式の払戻請求をすることができないので、投下資本の回収の機会を確保する方法として、その保有する株式を自由に譲渡できるという株式譲渡自由の原則がある（会127）。ところが、小規模の閉鎖会社の場合、会社にとって好ましくない者が株主になっては困るため、定款において株式を譲渡する場合には会社の承認を得なければならないと規定することができる。

　では、定款にそのような規定がある会社の株主が、投下資本を回収するために株式を第三者に譲渡しようとして会社に譲渡承認を求めた場合に、会社が承認をしないとどのようなことが生じるのか。このような相談を受けることが実務では少なくない。しかも、会社にとって

は極めて短い法定期限の中で決断を迫られるため、弁護士としては株式の譲渡承認手続について十分な理解が必要である。

(1)譲渡制限株式　譲渡制限株式とは、株式会社がその発行する全部または一部の株式の内容として譲渡による当該株式の取得について当該株式会社の承認を要する旨の定めを設けている場合における当該株式をいう（会2⑰）。

この株式を譲渡により取得することについて当該会社の承認を要する旨は、原則として定款に規定する必要がある（会107②(1)・108②(4)）。そして小規模の会社では、人的な信頼関係が重視され、好ましくない者が株主になることを防止したいというニーズがあるため、上記のとおり定款にこの譲渡制限の定めを設けることが多い。

当該会社の株式が譲渡制限株式であるか否かは、定款のほか、登記情報によっても確認することができる（株式の譲渡制限が定められている場合、「株式の譲渡制限に関する規定」として登記される（会911③(7)））。また、株券発行会社の場合、譲渡制限の定めは株券の必要的記載事項である（会216(3)）。

なお、株主と会社または他の株主等との間で、保有する株式を譲渡しない旨を合意する場合があるが、これは当事者間の債権的な合意にすぎず、当該株式は会社法上の譲渡制限株式にはあたらない。

(2)みなし承認の規定　会社は、譲渡制限株式について、一定の場合には承認をしたものとみなす旨を定款上で定めることができる（会107②(1)ロ・108②(4)）。たとえば、株主や従業員等、特定の者に対する譲渡について、このみなし承認の規定を設け、承認を要しないものとする例がある。

(3)会社の承認なく行われた株式譲渡の効力　譲渡制限株式が会社の事前の承認なしに譲渡された場合、当該譲渡は当該会社との関係では効力を生じないが、譲渡当事者間では有効である（参考判例①・②）。

(4)譲渡の承認機関　取締役会設置会社の場合、株式譲渡を承認するか否かを決定する承認機関は取締役会である（会139①）。取締役会

設置会社でない場合は、株主総会の普通決議によって決定する（会309①）。

　もっとも、定款でこれと異なる定めをすることは可能であり（会139①ただし書）、たとえば取締役会設置会社であっても、株式譲渡に株主総会の決議が必要である旨を定めることができる。

　なお、取締役会において承認決定を行う場合に、取締役が株式譲渡の当事者（譲渡人または譲受人）であるときは、当該取締役は特別利害関係人に該当するため、議決に加わることはできない（会369②）。

　株主総会において承認決定を行う場合は、株式を譲渡しようとする株主も議決に加わることは可能であるが、特別の利害関係を有する者に該当するため、その議決権行使により著しく不当な決議がされたときは、当該総会決議の取消事由となる（会831①(3)）。

2　譲渡承認請求の流れ

　株主等の会社に対する株式譲渡承認の請求は、どのように行われるか。

(1) 株主による譲渡承認請求　株主が譲渡制限株式を譲渡しようとするときは、当該会社に対して、承認するか否かの決定をすることを請求することができる（会136）。この場合、株主は以下の事項を明らかにして請求を行う（会138①）。

　　①当該株主が譲り渡そうとする譲渡制限株式の数（種類株式発行会社にあっては、譲渡制限株式の種類および種類ごとの数）
　　②①の譲渡制限株式を譲り受ける者の氏名または名称
　　③当該株式会社が譲渡承認をしない旨の決定をする場合において、当該株式会社または指定買取人が①の譲渡制限株式を買い取ることを請求するときはその旨

　譲渡制限株式の譲渡価格は明らかにする必要がない。また、譲り受ける者の住所または所在地は上記記載事項に含まれていないが、通常

は特定のため記載することが多いと思われる。

(2)株式取得者による譲渡承認請求　譲渡制限株式を会社による承認なく取得した者も、当該株式会社に対して事後的に、承認するか否かの決定をすることを請求することができる（会137①）。もっとも、譲渡制限株式の譲渡の場合、株式譲渡契約において、売主たる株主が会社の譲渡承認を得る義務を負うことが一般的であるため、買主たる株式取得者が譲渡承認請求を行うことは、実際にはあまり多くない。

　株式取得者が会社に対して譲渡承認を請求する場合、原則として、その取得した株式の株主として株主名簿に記載・記録された者またはその相続人その他の一般承継人と共同してしなければならない（会137②）。請求にあたり会社に対して明らかにする事項は、株主による譲渡承認請求の場合とほぼ同じである（会138②）。

3　会社側の対応（譲渡を承認しない場合）

　会社は、株式譲渡を承認する場合は、取締役会（取締役会を設置していない場合は株主総会）で承認する旨を決定したうえで、譲渡承認請求者に対し、その決定の内容を通知すればよい（会139②）。では、譲渡を承認しない場合は、どのように対応すべきか。

(1)譲渡を承認しない旨の決定　会社は、取締役会（取締役会を設置していない場合は株主総会）により承認しない旨を決定したうえで、譲渡承認請求者に対し、譲渡を承認しないという決定の内容を通知しなければならない（会139②）。

　会社が承認請求の日から2週間（これを下回る期間を定款で定めた場合にあっては、その期間）以内に決定の通知をしなければ、会社は譲渡承認を決定したものとみなされてしまうため（会145①）、まず、この2週間以内の決定の通知をなすことが必須となる。

(2)会社または指定買取人のいずれが株式を買い取るかについての方針の決定　株主は、通常、投下資本を回収するために株式を譲渡しようとしているので、会社に対する譲渡承認請求にあたって、会社が承

認をしないときは当該会社または指定買取人が当該株式を買い取ることを請求することが一般的である。この場合、会社は、①自ら当該譲渡制限株式を買い取るか、または②当該譲渡制限株式の全部または一部を買い取る者（指定買取人）を指定しなければならない（会140①④）。したがって、会社としては、承認をしない旨の決定をしたときは、①または②のいずれによるのか、その方針を決定する必要がある。

当該譲渡制限株式の一部について譲渡を承認し、残りを会社または指定買取人が買い取ることは認められない。当該譲渡制限株式の一部だけでは、もとの譲受人が拒絶する可能性が高いためである。なお、当該譲渡制限株式の一部を会社が、残りを指定買取人が買い取ることは可能である。

(3) 会社による株式の買取りの決定　会社が自ら買い取る場合、株主総会の特別決議によって、当該譲渡制限株式を買い取る旨および会社が買い取る当該譲渡制限株式の数（種類株式発行会社にあっては、対象株式の種類および種類ごとの数）を定める（会140①②・309②(1)）。なお、譲渡承認請求をした株主は、原則として、当該株主総会において議決権を行使することができない（会140③）。

会社は、この買取りにより自己株式を取得することとなるため、通常の自己株式の取得の場合と同様に、会社による買取りの対価として交付する金銭等の帳簿価額の総額は、その効力発生日の分配可能額を超えてはならない（会461①(1)）。

したがって、会社が自ら買い取ろうとする場合、この財源規制に抵触しない範囲で、どの程度の株式数を買い取ることができるか確認する必要がある。仮に財源規制のために株式全部を買い取ることができないときは、指定買取人を誰にするか検討しなければならない。指定買取人は、株式を買い取ることができるだけの資力を有し（または資金調達が可能であり）、かつ、会社にとって株主として受け入れ可能な属性（反対勢力になるおそれの小さい者が通常は好まれるであろう）でなければならないから、このような条件をみたす適当な個人または法人

が見つかるかどうかが重要となってくる。実務上は、指定買取人として、会社の役員や他の株主を指定することが多い。

(4) 買取決定後の通知・供託　会社は、自ら買い取る決定をしたときは、譲渡承認請求者に対し、当該譲渡制限株式を買い取る旨および会社が買い取る当該譲渡制限株式の数（種類株式発行会社にあっては、対象株式の種類および種類ごとの数）を通知する（会141①）。

また、会社は、上記の通知をしようとするときは、1株当たり純資産額（会規25）に当該譲渡制限株式の数を乗じて得た額を、その本店所在地の供託所に供託し、かつ、当該供託を証する書面を譲渡承認請求者に交付しなければならない（会141②）。

なお、譲渡承認請求者は、会社より上記の通知を受けたあとは、会社の承諾がない限り、買取りの請求を撤回することができない（会143①）。

会社が、譲渡承認をしない旨の通知の日から40日（これを下回る期間を定款で定めた場合にあっては、その期間）以内に、譲渡承認請求者に対する上記の通知と供託を証する書面の交付をしなかった場合は、譲渡承認を決定したものとみなされてしまうので、注意が必要である（会145(2)(3)、会規26(1)）。

(5) 指定買取人の指定　会社が指定買取人を指定する場合、取締役会の決議（取締役会設置会社でない場合は株主総会の特別決議）により指定買取人を指定する（会140⑤・309②(1)）。

指定買取人は、会社より指定を受けたときは、譲渡承認請求者に対して、指定買取人として指定を受けた旨および指定買取人が買い取る対象株式の数（種類株式発行会社にあっては、対象株式の種類および種類ごとの数）を通知しなければならない（会142①）。

この通知とともに供託および供託を証する書面を交付すること（会142②）、および上記通知を受けた後は譲渡承認請求者は買取りの請求を撤回できなくなること（会143②）は、会社が自ら買い取る場合と同様である。

また、指定買取人が譲渡承認請求者に対する上記の通知や供託を証する書面交付をしなかった場合に、会社が譲渡承認を決定したものとみなされる点も同様であるが、通知・書面交付をすることができる期間が、会社による買取りの場合の期間（40日）よりも短く、会社が譲渡承認をしない旨の決定を通知した日から10日（これを下回る期間を定款で定めた場合にあっては、その期間）以内と定められている（会145(2)(3)）。

　会社が指定買取人による買取りを予定していたにもかかわらず、万一この期限を過ぎてしまった場合は、指定買取人という選択肢がなくなり、自ら株式を買い取るほかない。その場合、財源規制のために、結果として株式譲渡を承認せざるをえないという事態も生じうるから、注意すべきである。

(6) 株主による株券の供託（株券発行会社の場合）　会社が株券発行会社である場合、会社（または指定買取人）から供託を証する書面の交付を受けた譲渡承認請求者は、交付を受けた日から1週間以内に、当該譲渡制限株式にかかる株券を株式会社の本店の所在地の供託所に供託し、会社（または指定買取人）に対して、遅滞なく、供託した旨を通知する（会141③・142③）。1週間以内に株券の供託がなされなかったときは、会社（または指定買取人）は、当該譲渡制限株式にかかる売買契約を解除することができる（会141④・142④）。

4　売買価格の決定

　会社（または指定買取人）が株式を買い取ることになった場合、当該株式の売買価格はどのように決めればよいか。

(1) 当事者間での協議　会社が譲渡を承認せず、株式を買い取ることになった場合の売買価格は、会社（または指定買取人）と譲渡承認請求者（譲渡人）との協議によって定める（会144①⑦）。

　もっとも、協議を行うことは当事者の義務ではない。また、実際にも、譲渡を承認しなかった場合、会社と株主とはすでに対立関係に入

っているといえる状態であるから、協議が円滑に進むこともあまり期待できない。そのため、実務上、次に述べる売買価格決定の申立てに進むことが多い。

(2) 売買価格決定の申立て 当事者間で協議がなされなかった場合、または協議したけれども売買価格が定まらなかった場合、会社（または指定買取人）または譲渡承認請求者は、会社（または指定買取人）より譲渡承認請求者に対する買取りの通知（会141①・142①）があった日から20日以内に、裁判所に対して、売買価格決定の申立てをすることができる（会144②⑦）。

この20日以内に、当事者間の協議が調わず、また、裁判所に対する売買価格決定の申立てもなされなかった場合は、1株当たり純資産額（会規25）に当該譲渡制限株式の数を乗じて得た額（つまり会社または指定買取人が供託した額）が売買価格となる（会144⑤⑦）。

(3) 裁判所による決定 売買価格決定申立事件は非訟事件であり、裁判所は、譲渡承認請求の時における会社の資産状態その他一切の事情を考慮して売買価格を決定する（会144③⑦）。この裁判所が決定した額が、当該譲渡制限株式の売買価格となる（会144④⑦）。

譲渡制限株式は、非上場株式であり、市場価格がないため、その評価は一般的に困難であり、株式価値の算定にあたっては、DCF方式、配当還元方式、収益還元方式、純資産方式、類似上場会社方式、取引先例価格方式などが用いられている（各評価方法の概要については、たとえば東京地方裁判所商事研究会編『類型別会社非訟』（商事法務・2009年）88頁以下にまとめられている）。

なお、裁判所による決定に対しては、即時抗告をすることができる（会872(5)）。

(4) 売買価格決定後 売買価格が確定したときは、会社（または指定買取人）が供託した金銭に相当する額を限度として、売買代金の全部または一部が支払われたものとみなされる（会144⑥⑦）。

売買代金の支払いが行われない場合、譲渡承認請求者は、相当な期

間を定めて支払いを催告したうえで、債務不履行により、売買契約を解除することができる。売買契約が解除された場合、会社は譲渡承認をする旨の決定をしたものとみなされる（会145(3)、会規26(3)）。

▶参考判例
①**最判昭和48・6・15民集27巻6号700頁**　会社の承認を得ない譲渡制限株式の譲渡は、当事者間では有効であるが、会社に対する関係では効力を生じないとした。
②**最判昭和63・3・15判時1273号124頁**　上記の参考判例①を引用したうえで、会社は譲渡人を株主として取り扱う義務があるとした。

【 *Answer* 】
　X社は取締役会設置会社であるから、取締役会を開催して、Bの譲渡承認請求を承認しない旨を決定し、Bの譲渡承認請求から2週間以内にBにその決定を通知する必要がある。
　そして、X社が自らB保有株式を買い取る場合は、上記の不承認の決定通知から40日以内に、株主総会を開催し、特別決議により買取りを決定したうえで、Bに対して買取通知を行う。また、買取額を供託所に供託しなければならない。
　買取額については、Bとの協議が過去に決裂しており合意に達する可能性は低いことから、Bと協議をしないで、買取通知後直ちに裁判所に対して売買価格決定の申立てをすることも考えられる。

第5章 ● 株式に関する問題

21…自己株式の取得と処分

> **Case**
> 　X株式会社の取締役Aが退任することになった。Aは、前年に他の取締役とともにX社株式の割当てを受け、X社株式100株を保有している。当時のX社とAとの間の募集株式総数引受契約書には、AがX社を退任または退職したときは、X社はAに対し、Aが割当てを受けた募集株式全部を、X社またはX社の指定する第三者に、募集時の払込金額と同額で売却するよう求めることができるという規定がある。
> 　X社代表取締役Bは、当初はX社でAが保有するX社株式を買い取るつもりであったが、自社の株式を取得する場合はいろいろと規制があると知人から聞いたため、Bの個人資産の管理会社であるY株式会社に買い取らせようと考えている。

　　　　　　　　　　…

ノブル：X社の社長から、もともと契約で決まっている内容なので、それに基づいてY社を指定して、Y社がAにお金を払って株を買い取ればいいんですよね？　と聞かれました。でも、譲渡契約書くらい作ったほうがいいですよね。

兄　弁：譲渡契約書の前に、そもそもY社で買い取ることは問題ないのか？　Y社はB社長の資産管理会社だろ。B社長はX社の創業者で大株主だから、実質的に、X社が買い取ることと同じとみられないかな。

ノブル：X社とY社はそれぞれ別の法人なので問題ないと思っていましたが、そう言われると、たしかにグレーな気がしてきました…。

兄　弁：もしX社による取得だとなった場合、自己株式の取得になるから、会社法の規制がいろいろあるだろ。

ノボル：…そういえば、自己株式の取得はいろいろ弊害があるんでした。
兄　弁：そう。どんな弊害があるんだっけ？
ノボル：えーっと、資本維持の原則に反する、あとは何だったかな…。試験のとき勉強したのになぁ。
兄　弁：あとでちゃんと確認しておくように。じゃあ自己株式を取得する手続として、何が必要？
ノボル：株主総会決議です。
兄　弁：株主総会の普通決議？　特別決議？
ノボル：えーっと…。あとで確認します。

Check List

☐ 自己株式の取得が認められる場合に該当するか〔→ **1(2)**〕
☐ 特定の株主との合意により自己株式を取得する場合に、株主総会の特別決議があるか〔→ **2(1)**〕
☐ 取締役会において取得価格を決定したか〔→ **2(1)**〕
☐ 株主に対する通知を2週間前までに行ったか〔→ **2(2)**〕
☐ 財源規制に抵触していないか〔→ **3(1)**〕
☐ (他人の名義を使用する場合) 誰の計算による取得か〔→ **4(1)**〕

[解説]

1　自己株式の取得

　会社による自己株式の取得は、一般的に後述**(1)**のような弊害を生じさせるおそれがあると指摘されている。そこで、会社法155条は、会社は後述**(2)**の場合に限り自己株式を取得することができると定めている。

(1)自己株式の取得による弊害　自己株式の取得について一般的に指

摘される弊害は、以下のとおりである。

①会社が自己株式を取得することは、会社が株主に出資の払戻しをすることと同様の結果となり、会社債権者の利益を害する（資本の維持）
②会社が一部の株主のみから取得する場合には、株主相互間の投下資本回収の機会の不平等を生じさせ、また、取得価額如何によっては残存株主との間の不公平を生じさせる（株主相互間の公平）
③反対派株主から株式を取得することにより、取締役が自己の会社支配を維持する等、経営を歪める手段に利用される（会社支配の公正）
④相場操縦やインサイダー取引などに利用される（証券市場の公正）

（2）平成13年改正による自己株式の取得規制の緩和　上記のような弊害を一般的に予防するため、かつては自己株式の取得が原則禁止されていた（商旧210）。しかし、特に上場会社における資本効率を高める等の財務戦略上の観点から、平成13年商法改正により、会社が株主との合意により自己株式を取得することや取得した株式を保有することを原則自由とする規制に転換された（会155(1)～(13)）。

実務上多い自己株式取得のケースは、この①株主との合意により取得する場合（会155(3)）であるが、これ以外に自己株式の取得が認められるケースとして、以下の場合がある。

②取得条項付株式の取得事由が生じた場合（会155(1)）
③譲渡制限株式について買取請求があった場合（会155(2)）
④取得請求権付株式の取得請求があった場合（会155(4)）
⑤全部取得条項付種類株式を取得する株主総会決議があった場合（会155(5)）

⑥譲渡制限株式の相続人等に対して売渡請求をした場合（会155(6)）

⑦単元未満株式の買取請求があった場合（会155(7)）

⑧配当を受領しない所在不明株主からの株式買取りを決定した場合（会155(8)）

⑨一株にみたない端数の買取りを決定した場合（会155(9)）

⑩他の会社・法人等の事業の全部を譲り受ける場合において当該他の会社が有する自己株式を取得する場合（会155(10)、会規27(7)）

⑪合併後消滅する会社・法人等から自己株式を承継する場合（会155(11)、会規27(6)）

⑫吸収分割をする会社から自己株式を承継する場合（会155(12)）

⑬自己株式を無償で取得する場合（会155(13)、会規27(1)）

⑭他の法人等が行う剰余金の配当または残余財産の分配により自己株式の交付を受ける場合（会155(13)、会規27(2)）

⑮他の法人等が行う次に掲げる行為に際して自己株式の交付を受ける場合（組織の変更、合併、株式交換、取得条項付株式の取得、全部取得条項付種類株式の取得）（会155(13)、会規27(3)）

⑯他の法人等の新株予約権等を当該他の法人等が当該新株予約権等の定めに基づき取得することと引換えに自己株式の交付をする場合において、自己株式の交付を受けるとき（会155(13)、会規27(4)）

⑰株式買取請求に応じて自己株式を取得する場合（会155(13)、会規27(5)）

⑱その権利の実行にあたり目的を達するために自己株式を取得することが必要かつ不可欠である場合（会155(13)、会規27(8)）

2　特定株主から合意により取得する場合

中小規模の会社が株主との合意により自己株式を取得する場合（会

155(3))、特定の株主から取得する（会156・160①）ことが実務上多いと思われる。

では、特定の株主から自己株式を取得しようとする場合、会社はどのように手続を進めなければならないか。

(1)手続の流れ　会社は、株主総会の決議によって、取得する株式の数（種類株式発行会社にあっては、株式の種類および種類ごとの数）、株式の取得と引換えに交付する金銭等の内容およびその総額、株式を取得することができる期間（1年以内）を定めなければならない（会156）。

この決議の際に、会社は、特定の株主にのみ売却の機会を与えることを定めることができる（会160①）。この決議は、特別決議である（会156①・309②(2)）。なお、原則として当該特定株主は議決権を行使することができず（会160④）、定足数にも算入されない（会309②柱書）。

この株主総会の特別決議は授権決議であり、取締役会設置会社では、実際に自己株式を取得する決定は取締役会にて行う（会157）。

取締役会決議後、会社は特定株主に対し、取得する株式数や取得価格等について通知しなければならない（会160⑤・158①）。通知を受けた特定株主は、会社に対し、株式の譲渡しの申込みを行う（会159①）。

なお、子会社からの取得の場合は取締役会の決議（取締役会設置会社以外の会社の場合は株主総会の普通決議）により取得することができる（会163）。

(2)売主追加請求　特定株主以外の株主は、原則として株主総会の日の5日前までに、売却の機会が与えられる特定株主に自己をも加えたものを株主総会の議案とすることを請求することができる（会160③、会規29）。この売主追加請求の趣旨は、特定株主以外のほかの株主にも、通常は換価困難な株式を売却する機会を平等に与えるためである。

そのため、会社は、原則として株主総会の日の2週間前までに、

株主に対して売主追加請求ができることを通知しなければならない（会160②、会規28）。招集通知の参考書類に、売主追加請求が可能であることをあわせて記載し、これをもって会社法160条2項の通知とすることも可能である。

なお、この通知の期限については、招集通知を発すべき時が1週間以上2週間未満の期間前である場合は当該通知を発すべき時まで、招集通知を発すべき時が1週間未満の期間前である場合または招集手続を省略する場合は株主総会の1週間前までと定められているので（会規28）、会社はスケジュールに注意する必要がある。

売主追加請求がなされた場合、株主総会の議案は売主追加請求をした株主を追加するよう修正される。

ただし、会社が、市場株価のある株式を市場価格以下の対価で取得する場合は、他の株主に売却の困難はない。また、相続人その他の一般承継人から取得する場合や、子会社から取得する場合は、一般株主ではない特殊な相手方から取得するケースといえる。そのため、これらの場合には、他の株主が売主追加請求をすることはできない（会161～163）。

(3) その他の株主との合意による自己株式の取得　株主との合意により取得する場合（会155(3)）として、特定の株主からの取得以外に、すべての株主に対して通知等を行い株式売却の機会を与えるミニ公開買付け（ただし上場株式は不可（会158・159））、市場取引による取得（会165①）、金商法に定める公開買付け（上場株式）がある。

3　財源規制

自己株式の取得については、実質的には資本の払戻しであることから、資本の維持を図るため（前述1(1)①の弊害の防止）、その取得資金の財源について規制が設けられている。自己株式の取得の際、会社にとって実務上一番ネックとなるのはこの財源規制と思われる。

(1) 財源規制の内容　株主との合意による自己株式の取得に際して、

会社が株主に交付する金銭等の帳簿価格の総額は、当該行為がその効力を生ずる日における会社の分配可能額を超えてはならない（会461①②③）。

分配可能額の計算は、剰余金の額を出発点として行うが（会461②）、実務では弁護士が自らその計算を行うことは少なく、会社に計算を委ねることが多いと思われる。

（2）財源規制に違反した場合　株主との合意による自己株式の取得に際して、財源規制に違反した場合、原則として、自己株式の譲渡人、その取得行為を行った会社の業務執行者、株主総会・取締役会の議案提案者は、会社に対し、連帯して、自己株式の譲渡人が交付を受けた金銭等の帳簿価格に相当する金銭の支払義務を負う（会462①⑴⑵）。

また、分配可能額の範囲内で合意により自己株式を取得した場合でも、取得をした日の属する事業年度にかかる計算書類において分配可能額がマイナスになった場合には、原則として、当該取得行為を行った会社の業務執行者は、会社に対し、連帯して、当該マイナス額と当該取得により株主に対して交付した金銭等の帳簿価格の総額とのいずれか少ない額を支払う義務を負う（会465①⑵⑶）。

財源規制に違反した自己株式の取得の効力については、無効であるという見解が学説上有力であるが、取得行為自体は有効であり、会社法462条1項に規定される者に法定の特別責任が発生するのみと解する見解もある（葉玉匡美「財源規制違反行為の効力」商事法務1772号（2006年）36頁）。

なお、株主総会決議等の手続規制に違反した自己株式の取得の効力は、原則として無効である。

4　第三者の名義による取得

会社が、自己株式取得に必要な手続や財源規制を回避するために、株式の取得にあたり第三者の名義を使用したらどうなるだろうか。

（1）第三者の名義で自己の計算による取得　第三者の名義による取得

であっても、それが会社の計算によりなされている場合は、自己株式の取得として規制を受ける（会963⑤(1)）。

会社の計算によるか否かの判断基準については、単に、会社が第三者に対して、自己の会社の株式の取得のために貸付け・保証をしたのみでは「会社の計算による」といえないが、貸付け・保証の形式をとっていても実質上利益配当ないし売却損益が会社に帰属するときはこれに該当するとの見解が通説である。

もっとも、近時は、①株式の取得資金の出所、②取得のための取引に関する意思決定の所在、および③取得した株式に対する支配の所在という要素を判断基準に挙げる見解もある（龍田節「会社の計算による自己株式の取得」法学論叢138巻4＝5＝6号（1996年）1頁）。

実務上は、保守的に考え、後者の見解に立って、会社の計算によるか否かを検討したほうが安全である。

(2)自己の名義で他人の計算による取得　会社名義ではあっても、信託や取次など他人の計算によって取得する場合は、弊害を生じるおそれがないので、解釈上の例外として可能であると考えられている。

5　取得後の自己株式の取扱い

会社が適法に自己株式を取得した場合、その後、その自己株式はどのように取り扱われるか。

(1)自己株式の法定地位　会社は、適法に取得した自己株式を、期間の制限なく保有し続けることができる。

もっとも、会社はその有する自己株式について議決権を有しない（会308②）。そのため、株主総会における定足数の計算からも自己株式は除外される（会309）。もしも自己株式に議決権を認めた場合、経営陣による会社支配に利用されるおそれがあるからである。同じ理由で、自己株式については、議決権以外の他の共益権も認められないと考えられている。

自益権についても、剰余金の配当請求権（会453・454③）、残余財

産の分配請求権（会504③）、株式および新株予約権の株主割当てを受ける権利（会202②・241②）等は認められない。

　また、会計上、自己株式は、換金性のある会社財産としての性格よりも、会社所有者に対する会社財産の払戻しの性格が重視され、純資産の部（株主資本）の控除項目として取り扱われている（「自己株式及び準備金の額の減少等に関する会計基準」8）。

(2) 自己株式の消却　会社は、任意の時期に、自己株式を消却することができる（会178①）。消却とは、株式を消滅させることである。自己株式を消却すると、発行済株式総数は減少するが、株主資本や総資産等の財務数値は変動せず、理論上1株当たりの株式価値が上がるため、株主還元策の1つとして認識されている。

　株式の消却を行う場合、会社は、取締役会設置会社の場合は取締役会決議により（取締役会設置会社以外の場合は取締役の過半数の決定により）、消却する自己株式の数（種類株式発行会社にあっては、自己株式の種類および種類ごとの数）を定める（会178①②）。

　自己株式を消却すると、その分、会社の発行済株式総数が減少する。そのため、会社は消却後2週間以内に、発行済株式総数ならびに種類および数について、変更登記を行う必要がある（会915①・911③(9)）。そのつど登録免許税がかかるので、実務上は、ある程度まとめて自己株式を消却することが多い。

　会計上は、登記手続がすみ、消却手続が完了したときに、消却の対象となった自己株式の帳簿価格をその他資本剰余金から減額する（会計規24③、「自己株式及び準備金の額の減少等に関する会計基準」11）。

(3) 自己株式の処分　会社は自己株式を処分する（譲り渡す）こともできるが、この場合も、募集株式の発行（会199）と実質は同じであるため、基本的に募集株式の発行の場合と同様の手続が必要となる。

【 *Answer* 】
　Y社によるX社株式の取得について、①取得資金の出所、②取得のため

の取引に関する意思決定の所在、③取得した株式に対する支配の所在という観点からＸ社の計算によるか否かを検討した場合、Ｙ社はＢの支配下にあることが推測されるため、さらにＸ社がＹ社に株式取得資金を貸し付けた等の事情があれば、Ｘ社の計算による取得であると解すべきである。

　この場合、Ｙ社名義による株式の取得であっても、Ｘ社による自己株式の取得となり、取得にかかる各種規制を回避することはできないので、そうであれば、実態に即してＸ社名義でそのまま買い取ったほうが望ましい。

第5章 ● 株式に関する問題

22 … 株券発行会社における株式の譲渡

> **Case**
> 　X株式会社は旧商法下で設立された株式会社である。X社の当初の株主は、代表取締役A（200株）、取締役B（100株）、同C（100株）、同D（100株）の計4名であったが、15年前、CおよびDが取締役を退任した際に、AはCおよびDから各100株を買い取り、新たに取締役に就任したEに100株を譲渡した。したがって、現在の株主は、A（300株）、B（100株）、E（100株）の3名である。なお、X社はこれまで一度も株券を発行していない。
> 　A、B、Eは、自身らが高齢となり、社内に適当な後継者もいないことから、数年前よりX社の売却を検討していたところ、M＆A仲介業者よりY株式会社を紹介された。その後、Y社との間でM＆Aの交渉を重ね、A、B、EがX社株式500株全部をY社に譲渡する方向で話が進んでいる。

　　　　　　　　　　　　・・・

兄　弁：今回のM＆Aは、Y社がX社株式を100％取得できることが前提だと思うけど、もしX社が株券発行会社だと、株式譲渡に株券が必要になるから、これまで株券を発行していないことが問題になるな。

ノボル：X社は設立が昭和60年頃で、会社法が施行される前ですから、たぶん株券発行会社だと思います。

兄　弁：株券発行会社かどうか、そこが重要なんだから「たぶん」じゃダメだろ…。そういうときは何で確認するの？

ノボル：えっと…会社の登記事項証明書か、定款です。

兄　弁：そう。じゃあX社が株券発行会社であった場合、実際には株券を発行し

22　株券発行会社における株式の譲渡　189

　　　　　ていないとなると、何が問題になるの？

ノボル：株券発行会社の場合、株式の譲渡に株券の交付が必要ですから、Ａ、Ｂ、Ｅが株券をもっていないのであれば、Ｙ社に株式を売却する前に、会社に株券を発行してもらう必要があります。

兄　弁：でも、これまでの株式譲渡についても株券の交付はなかったんじゃないの？

ノボル：あ、そうですね…。そうすると、過去に行われたＣ・ＤからＡへの譲渡も、ＡからＥへの譲渡も、株券の交付がないから無効ということになりますね。うーん…。でも、無効じゃマズいですよね…。

兄　弁：どうマズいの？

ノボル：その場合、株主はＡ、Ｂ、Ｃ、Ｄの４名ということになるので、退任したＣとＤにも協力を頼まないと、Ｘ社の株式全部をＹ社に移転させることができません。でも、たしか、Ａがこの前、Ｃ、Ｄとは現在音信不通と言ってましたから、協力してもらうことはおそらく難しいと思います。そうなると、このＭ＆Ａの話自体が壊れちゃいますかね…。いったいどうしたらいいんでしょう…。

兄　弁：そこを何とか考えろよ。株式譲渡をやり直すとか、無効であるとしてもＹ社に何か手当てを用意してあげるとか。

Check List

- 株券発行会社か否か［→ **1**］
- 譲渡人が株券を所持しているか［→ **2(1)(2)**］
- 会社において株券を発行するか［→ **2(1)**］
- 会社において株券不発行会社に移行するか［→ **2(3)**］
- 過去に株券交付のない株式譲渡があったか［→ **3**］
- 過去に株券交付のない株式譲渡があった場合に、株式譲渡のやり直しが可能な状況か［→ **3(1)**］

[解説]

1 株券発行会社か否か

　株券発行会社の株式の譲渡は、当該株式にかかる株券を交付しなければ、その効力を生じない（会128①）。そのため、株式譲渡の有効性を検討する場合、まず当該株式を発行している会社が株券発行会社か否かを確認し、株券発行会社である場合は、株券の交付がなされたか否かをさらに確認する必要がある。

(1)会社法における株券不発行の原則　会社法では、会社は、その株式にかかる株券を発行する旨を定款で定めることができると規定され（会214）、株券を発行しないことが原則となっている。これは、上場会社においては、株式の高度な流通性を確保するため株券のペーパーレス化（電子化）が求められたこと、他方、株式取引の頻度が少ない中小規模の会社においては、負担軽減のため株券の不発行という選択肢が求められたことによる。

　したがって、会社法施行後に設立された会社の多くは、株券を発行していない。また、設立が会社法施行前である上場会社についても、平成21年の決済合理化法の施行により、株券を発行する旨の定款の定めを廃止する定款変更の決議をしたものとみなされ（いわゆる株券電子化）、株券発行会社ではなくなった。

　他方、旧商法下で設立された中小規模の会社については、旧商法が、株式会社は株券を発行することを原則とし、例外として定款の定めにより株券を発行しないことを認めていたため（商旧227①）、その多くは株券発行会社である（会社法の施行時に、「会社法の施行に伴う関係法律の整備等に関する法律」76条4項により、定款に株券を発行しない旨の定めがない場合は、定款に株券を発行する旨の定めがあるものとみなされた）。

(2)株券発行会社において株券を発行しなくてもよい場合　上記のとおり、旧商法下に設立された株式会社の多くは株券発行会社であり、株券発行会社は、原則として、株式を発行した日以後遅滞なく株券を

発行する義務があるが（会215①）、その大多数は実際には株券を発行していない。

もっとも、公開会社でない株券発行会社においては、株主から株券発行の請求があるまでは株券を発行しないことができる（会215④）。また、株主が株券不所持の申出をした場合（会217）、また定款により単元未満株式にかかる株券を発行しない旨を定めた場合（会189③）にも、株券を発行しないことが認められている。

2　株券発行会社が株券を発行していない場合の対応

株券発行会社の株主がその株式を譲渡したい場合、譲受人に株券を交付する必要があるから（会128①）、もし会社から株券の発行を受けていない場合は、会社に株券の発行を請求することになる。

これに対し、会社は株券を発行することになるが（後述**(1)**）、株券発行会社であるために株券発行義務を負うのであるから、そもそも株券発行会社であることをやめ、株券不発行会社に移行するという対応（後述**(3)**）も考えられる。

(1)株券の発行　会社が株券を発行する場合、当該株券には、株券であることの表示のほか、会社の商号、当該株券にかかる株式の数、当該株券にかかる株式が譲渡制限株式（会2⑰）であるときはその旨、種類株式発行会社においては当該株券にかかる株式の種類・内容、株券番号を記載し、代表取締役（代表執行役）が署名（記名押印）する（会216）。

株主の氏名を記載することも可能だが、株券の必要的記載事項ではない。また、株券というと、一般的には丈夫な用紙に地紋入りで印刷されたものを想像することが多いと思われるが、上記の法定事項をみたしていれば、会社が自ら適当な用紙に作成することも可能である。

会社が会社法216条所定の形式を具備した文書を株主に交付したときに、当該文書に株券としての効力が発生する（参考判例①）。

(2)株券発行請求訴訟　株主は、株券発行会社が遅滞なく株券を発行

しない場合（公開会社ではない株券発行会社の場合は、株主が株券の発行を請求したにもかかわらず、これを遅滞なく発行しない場合）、当該株式会社に対し、「被告は原告に対し、被告の株式○株の株券を発行せよ」との株券発行請求訴訟を提起することができる。

この請求原因は、以下のとおりである。

①原告が被告の株式○株の株主であること
②被告の定款において、その株式にかかる株券を発行する旨の定めがあること
③被告が株式を発行した日（成立もしくは新株払込期日）または株式の併合もしくは分割が効力を生じた日の後、提訴（発行請求）までに合理的期間が経過したこと

(3) 株券不発行会社への移行　株券発行会社が、株券を発行する旨の定款の定めを廃止し、株券不発行会社に移行すれば、株券を発行する必要はなくなる。

株券不発行会社に移行する場合、会社は、株主総会を開催し、株券を発行する旨の定款の定めを廃止する定款変更決議を行う（会466条・309②(11)）。そして、当該定款の定めを廃止する旨、その定款変更が効力を生ずる日、および当該効力発生日に株券が無効になる旨を、当該効力発生日の2週間前に公告し、かつ、株主、登録株式質権者に通知する（会218①）。

なお、発行済み株式の全部につき、会社法215条4項・217条4項の規定により株券が発行されていない場合は、会社は、株券が無効となる旨ではなく、一定の日に株券を発行する旨の定めを廃止する定款変更が効力を生ずる旨を株主・登録株式質権者に通知または公告すれば足りる（会218③④）。

当該会社において過去に発行した株券がある場合、株券はその定款変更が効力を生じる日に無効になる（会218②）。株券提出手続は不要である（会219①参照）。

3　過去に株券の交付がない株式譲渡が行われていた場合

　特に中小規模の会社においては、株券発行会社であっても株券が発行されていないことが多い。その場合、過去に行われた当該会社の株式の譲渡は株券の交付がなされておらず、効力が生じていないから（会128①）、当該株式譲渡における譲受人は、法律上は株主ではないことになる。

　この点、M＆Aの際の株式譲渡契約においては、一般的に、株式の売主は、自身が対象株式を適法かつ有効に保有しており、株主名簿上および実質上の株主であること等につき表明保証を求められる。そこで、このような過去の株式譲渡の瑕疵をどのように治癒すればよいかが問題となる。

(1)株式譲渡のやり直し　株主としては、会社に株券の発行を請求し、過去に行った株式譲渡について、株券を交付したうえで改めてやり直すことが考えられる。

　もっとも、当事者がすでに死亡している場合や、相手方当事者に連絡がとれない場合など、やり直しへの協力を求めることが不可能または困難な事態もありうる。

　また、株式譲渡をやり直した場合でも、株式譲渡の効力はその時点で生じることとなり、過去の株式譲渡の時点まで遡って有効になるものではないため、たとえば、本来株主ではなかった者が関与した株主総会決議の効力をどう考えるかなど、法的問題は残る。

(2)補償責任等による対応　過去の株式譲渡のやり直しができない場合、当該株式譲渡の無効という瑕疵を抱えたまま、株式を譲渡せざるをえない。しかし、株式譲渡によるM＆Aにおいて、株式の所有権の帰属は重大な問題であるから、通常は買主がかかるリスクを何ら条件なく受け入れることは考え難い。そのため、売主としては、将来、株式の所有権等を主張する第三者が現れ紛争が生じた場合には、売主の責任と費用において対応すること、また、買主に何らかの損害が発生した場合は売主が補償することなどを合意することが考えられる。

◆ 参考判例

①**最判昭和 40・11・16 民集 19 巻 8 号 1970 頁** 会社が株券を作成し、株主に交付する前に、当該株主の債権者が株券を差し押さえた事案に関して、株券の発行とは、会社が商法 225 条（現在の会社法 216 条に相当する）所定の形式を具備した文書を株主に交付することをいい、株主に交付したとき初めて当該文書が株券となるものであり、したがって、たとえ会社が当該文書を作成しても、株主に交付しない間は、株券としての効力を有しないとした。

【 Answer 】

　X 社株式について過去に行われた C および D から A への譲渡、また、A から E への譲渡は、いずれも株券の交付がなされていないため、効力を生じていない。そのため、A、B、E が X 社の株式全部を Y 社に譲渡するというスキームを維持するのであれば、X 社において株券を発行したうえで、各譲渡について、株券の交付を伴う形でやり直す必要がある。

　もっとも、C および D から A への譲渡については、C や D と連絡をとることができず、やり直すことができない可能性が高い。その場合は、C および D の保有分合計 200 株について、Y 社が株主となったことを争う第三者が将来現れる可能性がある。

　A、B、E としては、そのリスクを Y 社に承諾してもらうとともに、Y 社との間の株式譲渡契約において、上記 200 株を株式の帰属に関する表明保証の対象から除外する必要がある。Y 社からは、かかるリスクが現実化した場合の補償責任の定めを求められる可能性が高く、その場合は、補償責任を負うこと自体はやむをえないとしても、その上限額等をあらかじめ定めておくことにつき交渉すべきであろう。

　また、A、B、E から Y 社への株式譲渡については、X 社において株券を発行するか、株券不発行会社に移行したうえで株式譲渡を行うことが考えられる。

◀ コラム ▶ 株券喪失登録

　もし株主から「株券を紛失してしまった」という相談を受けた場合、どのように回答すればよいでしょうか。紛失した状態のまま放

置すれば、当該株券が第三者に善意取得される可能性がありますし（会131②）、株券がなければ株式を譲渡することもできません（会128①）。そのため、株主としては、紛失した株券を無効にするとともに、株券の再発行を受ける必要があります。

　このような場合、株券喪失登録という制度（会221〜233）を利用します。具体的には、株主は、会社に対し、自己の氏名・住所や喪失した株券の番号等を株券喪失登録簿に記載するよう請求することができ、会社は株券喪失登録簿にこれらの事項を記載しなければなりません。

　株券喪失登録簿に記載されると、その翌日から起算して1年を経過するまでの間に株券喪失登録の抹消が行われない限り、1年を経過した日に当該株券は無効となり、会社は株券喪失登録者に対して当該株券を再発行します。なお、株券喪失登録がなされている間は、当該株券にかかる株式の名義書換えは禁止され、株券の再発行も禁止されます。

　もっとも、会社法は株券不発行を原則としていますので（会214）、株券発行会社の大半は旧商法下で設立された中小規模の会社であり（上場会社はいわゆる株券電子化により株券廃止会社となっています）、かつ、その大多数は、株券発行の手間を敬遠して実際には株券を発行していません。したがって、株券の喪失が現実に問題となる場面はあまり多くないと思われます。そのため、弁護士として株券喪失登録を経験する機会は少ないかもしれませんが、知識として押さえておく必要はあるでしょう。　　　　　　（美和　薫）

第5章 ● 株式に関する問題

23 … 株式の相続

Case
　X株式会社が株主に対して定時株主総会の招集通知を発送したところ、株主Aの妻と名乗る女性BからX社に電話がかかってきた。Bの用件は、「御社よりA宛てに『株主総会招集ご通知』が届いたが、Aは半年前に亡くなったので、Aが株主総会に出席することは不可能である。代わりに私が出席したい。Aの相続人は私と娘2人であるから、Aが保有していたX社株式100株のうち、半分の50株を私は相続している」というものであった。
　X社としては、Aが死亡したことが事実なのであれば、Bが今度の株主総会に出席することはやむをえないとしても、Bの素性がよくわからないので、早々にBやその娘2人からA名義のX社株式を全部買い取りたいと考えている。

・・・

兄　弁：これはノボルには勉強になりそうな相談だなぁ。Bは株式を相続したと主張しているけど、そもそも会社の株式は相続の対象になるのかな？株式って、会社の社員たる地位だろ？

ノボル：そうですけど、社員といっても、株式会社の場合、あんまり社員の個性は関係ありませんし、むしろ、財産的価値のほうが重視されているので、相続の対象になると思います。

兄　弁：そのとおり。株式が相続の対象になることは争いないよな。じゃあ、この相談のケースでは、Bが主張するとおり、Bは本当に50株を相続しているのかな？

ノボル：Bの話どおり、Aの法定相続人がBとその娘2人なのであれば、法定

　　　　相続分はBが2分の1、娘2人が各4分の1ですから、Aが保有して
　　　　いたX社株式は、Bが50株、娘2人が25株ずつ取得することになり
　　　　ます。
兄　弁：じゃあ、Bは、X社の株主総会に出席して、50株について議決権を行
　　　　使できるということ？
ノボル：そう思いますけど…。あ、その前に名義書換えはしないといけないと思
　　　　います。
兄　弁：ふ〜ん。株式が法定相続分に従って当然に分割されるという根拠はどこ
　　　　にあるの？
ノボル：いや、あの、その、それは…。
兄　弁：そこ、あとで調べること。じゃあ、X社はA名義の株式を全部買い取り
　　　　たいと言っているけど、そのためにはどうしたらいいんだ？
ノボル：それは、Bや娘2人にある程度いい金額を示して交渉して、売ってもら
　　　　うしかないんじゃないでしょうか。
兄　弁：まだまだ勉強が足りないなぁ。会社法に相続人に対する売渡請求の規定
　　　　があるだろ。それは使えないの？
ノボル：え、そんなのありましたっけ…。

Check List

- □ 相続人であることを戸籍謄本等により確認したか［→ **1**］
- □ 共同相続か、単独相続か［→ **2(1)**］
- □ 共同相続である場合、遺産分割協議は成立しているか［→ **2(2)**］
- □ 共有株式につき議決権を行使する者の指定があるか［→ **2(2)**］
- □ 定款に相続人等に対する売渡請求の定めがあるか［→ **3(1)**］
- □ 売渡請求をする場合に、会社に買取資金はあるか［→ **6(1)**］
- □ 売買価格につき相続人と合意する見込みはあるか［→ **5(1)**］

[解 説]

1 相続が発生した場合の株式等の取扱い

株主が死亡した場合、当該株主が保有していた株式は、当該株主の相続人に相続されるだろうか。株式とは社員権、すなわち社員が社員たる資格において会社に対して有する法律上の地位であるため、相続の対象となるかが問題となる。この点は、以下のとおり、会社の性質によって異なると考えられている。

(1)株式会社の場合 株式会社においては社員の個性は問題とされないことから、その社員権である株式は相続の対象となる。

そして、相続のような一般承継の場合、株式の譲渡にはあたらないので、当該株式が譲渡制限株式であっても、株式会社による承認は不要である。

(2)持分会社（合名会社、合資会社、合同会社）の場合 持分会社では、社員の死亡は法定退社事由である（会607①(3)）。そのため、当該持分会社の定款において、社員が死亡した場合に相続人等が当該社員の持分を承継する旨を定めている場合を除き（会608①）、社員権である持分は相続の対象とならない。

なお、死亡による退社を原因とする持分払戻請求権については、当然、相続の対象となる。

2 共同相続人間における株式の分割の有無

上記のとおり、株式は相続の対象になるところ、相続人が複数いる場合はどのような取扱いになるであろうか。金銭債権と同様に、相続開始と同時に当然に法定相続分に応じて各相続人に分割されるか否かが問題となる。

(1)遺産分割協議の要否 相続人が数人いる場合において、相続財産中に金銭その他の可分債権があるときは、その債権は法律上当然分割され、各共同相続人がその相続分に応じて権利を承継する（最判昭和

29・4・8民集8巻4号819頁）。

　そこで、株式も相続開始と同時に当然に相続分に応じて分割されるか否かが問題となるが、株主は、剰余金の配当を受ける権利（会105①(1)）、残余財産の分配を受ける権利（同(2)）などのいわゆる自益権と、株主総会における議決権（同(3)）などのいわゆる共益権を有するのであり、このような権利の内容および性質に照らせば、共同相続された株式は、相続開始と同時に当然に相続分に応じて分割されることはないと考えられている（参考判例①・②）。

　したがって、株式について相続が発生した場合、遺産分割がなされるまでは共同相続人が株式を準共有する状態となるから、相続人間で遺産分割協議を行う必要がある。本件のケースでは、被相続人Aの妻Bが2分の1、娘2人がそれぞれ4分の1の割合で100株を準共有していることになる。

（2）遺産分割がなされるまでの株主権の行使方法　遺産分割協議が未了である場合、株式は、共同相続人が法定相続分に応じて準共有する状態にある。そのため、株式共有の場合の権利行使方法に従い、共同相続人間で当該株式についての権利を行使する者1人を定め、会社にその氏名または名称を通知しなければならない（会106）。

　この権利行使者を指定する方法について、相続人全員の同意が必要なのか、または法定相続分による多数決で足りるのか議論があるが、その性質上準共有物の管理行為として、法定相続分による多数決で足りると解されている（最判平成9・1・28判時1599号139頁）。

　なお、上記の指定・通知をしていなくても、共有者全員が議決権を共同して行使する場合は議決権の行使も認められる（最判平成11・12・14判時1699号156頁）。

3　相続人等からの株式の買取り

　株主が亡くなり、相続人が株主となったときに、会社が何らかの理由により当該相続人を株主から排除したいと考えた場合、会社はどの

ような手段をとりうるだろうか。

(1)相続人等に対する売渡請求による場合　定款で株式の譲渡に会社の承認を要することを定めている場合であっても、一般承継である相続は「譲渡」には該当しないことになり、会社の承認なくして相続人が会社の株主になる。ところが、小規模閉鎖会社などの場合、会社にとって好ましくない者が株主にならないようにする要請は、特定譲渡の場合であろうと、相続の場合であろうと同じである。そこで、会社法は、相続の場合でも相続人が株主になることを阻止できるような手当てをしている。すなわち会社は、相続その他の一般承継により当該株式会社の譲渡制限株式を取得した者に対し、当該株式を会社に売り渡すことを請求することができる旨を定款に定めることができる（会174）。

　なお、相続人等に対する売渡請求に関する定款の定めについては、登記は必要とされていない。したがって、売渡請求が可能か否かを知るためには、定款の内容を確認する必要がある。

(2)相続人等との合意による場合　会社は、定款に相続人等に対する売渡請求の定めがない場合に、相続人に承継された株式を取得したいときは、相続人等との合意によって買い取るほかない。

　もっとも、相続等が生じた後に、会社が、定款変更によって、相続人等に対する売渡請求に関する定款の定めを新たに設け、その後に当該相続等にかかる相続人等に対して売渡しを請求することは可能である。

　会社が、相続人等との合意に基づき自己株式を取得する場合、特定の株主から自己株式を取得する一般的な場合と異なり、原則として株主総会の特別決議だけで足り、他の株主に対し、保有株式を会社が取得することを請求（いわゆる売主追加請求）できる旨の通知をすることは要しない（会162）。

4 相続人等に対する売渡請求の流れ

会社が、定款の定めに基づき、譲渡制限株式の相続人等に対して売渡請求を行う場合の流れは以下のとおりである。

(1) 株主総会の特別決議　会社は、売渡請求をしようとするときは、株主総会の特別決議によって、以下の事項を定めなければならない（会175①・309②(3)）。

　①売渡請求をする株式の数（種類株式発行会社にあっては、株式の種類および種類ごとの数）
　②売渡請求をする株式を有する者（相続人等）の氏名または名称

この際、複数の相続人の中から特定の相続人のみを選択し、当該相続人に対してのみ売渡しを請求することも可能である。

相続人等は、この株主総会において、売渡請求の対象となる株式についてだけでなく、その有するすべての株式について議決権を行使することができない（会175②）。したがって、オーナー経営者の相続人が売渡請求を受けた場合、オーナー経営者の持株比率が高かったとしても、他の株主の意向によって売渡請求の議案が承認可決され、その結果、オーナー経営者の一族が経営権を失ってしまうこともありうる。

なお、当該相続人等以外の株主の全部が当該株主総会において議決権を行使することができない場合は、この限りでない（会175②ただし書）。

(2) 売渡請求　会社は、株主総会の特別決議により売渡請求をする株式の数と当該株式を有する相続人等を定めたときは、当該相続人等に対し、会社が相続その他の一般承継があったことを知った日から1年以内に限り、売渡請求をする株式を会社に売り渡すことを請求することができる（会176①）。

会社が相続その他の一般承継があったことを知った日とは、相続の場合は、会社が相続の原因となる被相続人である株主の死亡を知った

日を指し、当該相続にかかる具体的な相続人の有無やその氏名を知ったことを要しない。遺産分割がなされておらず株式の帰属が確定する前に会社が売渡請求をする場合は、共同相続人全員を相手として行うことになる（東京地決平成18・12・19資料版商事法務285号154頁）。

売渡請求は、その請求にかかる株式の数（種類株式発行会社においては、株式の種類および種類ごとの数）を明らかにしてしなければならない（会176②）。

会社による株式の売渡請求は形成権の行使と捉えられており、当該株式についての売買契約は、売渡しを求める旨の会社の意思表示がその相手方である相続人等に到達した時点で成立する。

会社は、いつでも売渡請求を撤回することができる（会176③）。もっとも、会社による株式取得の効果が生じた後にまで撤回を認めることは妥当でないから、撤回をなしうる時期については議論がある。

5 売買価格の決定

会社が相続人等に対して売渡請求を行った場合、その売買価格はどのように決めればよいだろうか。

(1)売買価格決定の申立て　相続人等に対する売渡請求があった場合、当該株式の売買価格は、会社と相続人等との協議によって定める（会177①）。会社または相続人等は、売渡請求の日から20日以内に、裁判所に対し、売買価格の決定の申立てをすることができ（同②）、協議を行わずに申立てを行うことも可能である。

(2)裁判所による審理　売買価格決定申立事件は非訟事件である。なお、売買価格決定申立事件には、相続人等に対する売渡請求があった場合の会社法177条2項に基づく申立てのほか、株式譲渡承認請求があった場合の会社法144条2項および7項に基づく申立てがある。

裁判所は、売渡請求の時における会社の資産状態その他一切の事情を考慮して売買価格を決定する（会177③）。この裁判所が決定した額が、当該株式の売買価格となる（同④）。

もっとも、譲渡制限株式については、非上場株式であって、市場価格がないため、その評価は一般的に困難である。株式価値の算定にあたっては、DCF法式、配当還元法式、収益還元方式、純資産方式、類似上場会社方式、取引先例価格方式などが用いられている（東京地方裁判所商事研究会編『類型別会社非訟』（商事法務・2009年）88～91頁）。

　なお、裁判所による売買価格の決定に対しては、即時抗告をすることができる（会872(5)）。

(3) 申立てがなされなかった場合　売渡請求の日から20日以内に売買価格決定の申立てが会社および相続人等のいずれからもなされなかったときは、株式売渡しの請求はその効力を失う（会177⑤）。

6　自己株式取得に関する規制との関係

　会社が相続人等から売渡請求により株式を買い取る場合、自己株式の取得となり、通常の自己株式の取得の場合と同様に、取得財源について規制を受けるので、注意する必要がある。

(1) 財源規制　相続人等に対する売渡請求の場合においても、当該株式を取得するのと引換えに交付する金銭等の総額（売買価格）は、売買の効力が生じる日における当該会社の分配可能額を超えてはならない（会461①(5)）。

(2) 財源規制に違反した場合　財源規制に違反して売渡請求に基づく株式の取得がなされた場合、会社より金銭等の交付を受けた者（相続人等）、当該会社の業務執行者等は、会社に対して連帯して売買価格に相当する金銭を支払う義務を負う（会462①柱書）。また、期末に会社に欠損が生じた場合、業務執行者について、会社に対する支払責任が生じる可能性がある（会465①(7)）。

▶ 参考判例

①**最判昭和45・1・22民集24巻1号1頁**　株式を相続により準共有するに至った共同相続人は、商法旧203条2項の定めるところに従い、当該株式につき株主の権

利を行使すべき者1人を定めて会社に通知すべきであるとした。

②**最判平成26・2・25民集68巻2号173頁**　株主は、株主たる地位に基づいて、いわゆる自益権と共益権を有するのであって、このような株式に含まれる権利の内容および性質に照らせば、共同相続された株式は、相続開始と同時に当然に相続分に応じて分割されることはないものというべきである（最判昭和45・1・22民集24巻1号1頁等参照）とした。

【 *Answer* 】

　Aの死亡により、Aが保有していたX社株式100株について相続が発生しているが、Bは、うち50株を当然には取得しておらず、また、他の相続人（娘2人）との間で遺産分割協議も成立していないから、X社の株主総会において、50株につき議決権を行使することはできない。

　X社としては、Bが娘2人と協議のうえ、法定相続分に基づく多数決により権利行使者の指定を受け、その旨の通知がなされない限り、Bによる議決権行使を認める必要はない。

　また、X社の定款に、相続人等に対する売渡請求に関する定めがあれば、X社は、1年以内にBおよびその娘2人に対して売渡請求を行い、裁判所に売買価格の決定の申立てをすることができる。

第 **6** 章

会社のリスク管理

24…事業承継(親族内承継を中心に)

> **Case**
> X株式会社は、建築業を営む傍ら所有不動産の賃貸業を営む会社であり、代表取締役であるAが同社の発行済株式300株をすべて保有している。Aの妻はすでに死去しているが、Aには3人の息子がいる。Aは、X社を継いでもよいと言っている長男を後継者と考えているが、当面はA自身が会社経営にあたりたいという意向である。また、Aは、X社を引き継いでくれる長男にX社の株式をすべて承継させたいと述べている。

ノボル:X社のA社長から事業承継について相談がありました。先日、修習時代の同期から、事業承継にはこれからは信託だと聞いていたので、社長に伝えたところ、それなら信託を任せたいと言われました。

兄 弁:キミが受託者になるってことかな?

ノボル:ええ、そうです。せっかくの機会なので、この分野のパイオニアになるつもりです! 今は信託報酬をどれくらいにしようかと悩んでいるところです。

兄 弁:おいおい、営業として信託を引き受けるには信託業の免許が必要で、弁護士が信託の受託者となるにあたっても、この免許を取得する必要があるといわれているよ。

ノボル:え、そうなんですか!

兄 弁:まぁ、無報酬なら営利目的ではないといえるかもね。

ノボル:報酬なしでなんて受けられるわけないじゃないですか…がっかりです。

兄 弁:それで、事業承継については、どれくらい勉強したんだい?

ノボル：いえ、それが実はあんまりでして‥‥。

兄　弁：中小企業庁の出している事業承継ガイドラインに、事業承継の類型ごとの課題や手法などが紹介されているから、まずはそれを見てみたらどうかな。

ノボル：そうなんですね。ありがとうございます。

兄　弁：それから、いきなり最先端の方法に飛びつく前に、贈与や遺言のような既存の制度ではどんな不都合があるのか、そこから考えてみる必要があると思うよ。

ノボル：おっしゃるとおりです。社長は相続税のことも気にしていたので、それも勉強しないといけないです。

兄　弁：事業承継は、法律問題、税務、各種の許認可等が複合的に絡む問題だから、税理士や他の士業と連携をとることも重要だよ。

ノボル：ありがとうございます。仕切り直して頑張ります！

Check List

☐ 後継者の候補はいるか［→ 3］
☐ 後継者は親族内か、社外か［→ 3(1)(2)］
☐ 自社株・事業用資産を後継者に生前に贈与・売却するか
　［→ 5(2)❶❷］
☐ 遺言は作成しているか［→ 5(2)❸］
☐ 非後継者の遺留分への配慮や遺留分減殺請求への対策はあるか［→ 5(3)］
☐ 株式の分散への対策はあるか［→ 6］
☐ 名義株・所在不明株主の整理が必要な状況か［→ 6(3)］
☐ 贈与税・相続税への対策はあるか［→ 7］
☐ 債務や保証の承継への対策はあるか［→ 8］
☐ 事業承継の計画につき関係者（親族、従業員、取引先等）の理解を得ているか［→ 4］

[解説]

1 事業承継

(1)事業承継とは 事業承継とは、その文字の示すとおり、企業等の「事業」を「承継」するための取り組みである。事業承継には、経営の承継の側面と資産の承継の側面とがあり、これらを円滑に後継者に承継させることが重要である。そのためには、経営や資産をどのように後継者に承継させるか、相続等による自社株分散のリスクにどのように備えるか、後継者への自社株等の承継に伴う相続税や贈与税への対応をどうするか、などの課題に適切に対応していく必要がある。

(2)事業承継ガイドラインの活用 中小企業庁は、中小企業における事業承継の重要性の高まりから、平成18年に中小企業向けの事業承継の手引きとして「事業承継ガイドライン」を策定して公表し、その後平成28年12月にこれを全面改訂した。また、平成29年3月には改定後の事業承継ガイドラインに対応した事業者向けの「経営者のための事業承継マニュアル」が公表されている。

　事業承継ガイドラインでは、事業承継の類型（親族内の承継、従業員への承継、社外への引き継ぎ）ごとに、その課題や対応策が紹介されている。民法や会社法等に基づいた承継手続の解説のほか、承継手続の選択に実際上大きな影響を及ぼすことになる税務上の課題など、実務において活用できる内容が数多く盛り込まれており、参考となる。

2 現状の把握と承継計画の立案

　事業承継を円滑に行うためには、まずは会社の現状を把握し、事業承継を行うにあたっての課題を明確化し、早期の対応につなげることが必要である。相談を受けた弁護士としては、最低限、以下の事項を把握しておくべきである。

・会社の事業内容、規模、ビジネスモデル、将来性

・会社の経営理念
・会社の資産、負債、資金繰り
・株主の状況（名義株、所在不明株の存否を含む）
・現経営者の個人の資産、負債、保証、株式の保有状況
・後継候補者の有無、本人の意向・適性
・相続発生時の法律上の問題点の整理

　なお、事業承継ガイドラインには、事業者向けに事業承継に向けた準備の進め方や事業承継計画の策定にあたっての検討事項が述べられているので、適宜参照するとよい（事業承継ガイドライン 20 頁以下）。

3　承継先は誰か

　承継先が親族であるのか第三者であるのかによって、検討すべき事項や留意点が異なる。

(1) 親族内承継　中小企業における事業承継としてよくみられる事例は、Case にあるように、現経営者（以下「先代経営者」ということがある）の子をはじめとした親族である後継者に経営を承継させる、という類型である（「親族内承継」と呼ばれることがある）。親族内承継は、相続等によって財産や株式を後継者に移転させることで所有と経営の一体的な承継を期待できる反面、相続や贈与に伴う税負担への対応、株式・事業用資産の分散防止、債務の承継への対応について、特に大きな課題が発生しやすいという特徴があるとされる（事業承継ガイドライン 37 頁）。

　親族内承継の場合は、相続法制の活用が対策の中心となり、特に、遺留分への対処、相続税等の課税負担への対策が重要である。

(2) 親族外承継（役員・従業員への承継・第三者への売却）　近時、親族以外の従業員・役員への承継や M＆A 等による社外への引き継ぎの事例が増加しているとされる。M＆A 等による第三者への承継の場合には、株式をできるだけ高く売却するために経営改善を行い会

社の価値を高めること（事業承継ガイドラインの表現を借用すれば「磨き上げ」）や、適切な相手先とのマッチングが重要な課題となる。

4 親族内承継の主な手順等

　親族内承継の主な手順は、①後継者の選定・育成、②親族等との調整、③従業員・取引先・金融機関との事前協議、④経営の承継の実行、である。①から③は法律上の問題というよりは事実上の問題ではあるが、円滑な承継のためには重要である。

　④の経営の承継の実行は、具体的には代表取締役の交代による代表権限の承継（代表取締役の交代）と、自社株や事業用資産（以下「自社株等」という）の移転によって行われる。

　代表取締役の交代は、取締役会設置会社であれば取締役会決議が必要であり（会 362 ②(3)・③）、取締役会非設置会社では原則として定款の定めに従った手続が必要である（会 349 ③）。実務上は経営者の交代を一挙に進めるのではなく、後継の新経営者が代表取締役社長に就任するとともに、先代経営者は代表取締役会長となって経営陣に残り、経営に関する決定権限を段階的に委譲していく手順がとられることも少なくない。

　自社株等の後継者への承継方法等については、項を改めて述べる。

5 先代経営者から後継者への自社株等の承継

(1) 後継者の議決権の確保　経営の承継においてまず重要なことは、後継者に十分な議決権を確保させるということである。承継後の会社経営の安定のためには、後継者に自社株を集中させることが望ましく、少なくとも議決権の過半数、できれば定款変更等の重要事項を可決できるよう3分の2を確保させたいところである。

　この点に関連して留意しておきたいことは、共同相続された株式は当然に分割されるわけではない、ということである。共同相続された株式は相続人らの共有となり、権利を行使するためには権利行使者を

指定して会社に通知する必要がある（会106本文）。この権利行使者の指定は、持分の価格の過半数による決定が必要である（参考判例①）。また、権利行使者の指定通知なしに株主が権利行使することにつき会社の同意（会106ただし書）がある場合であっても、議決権の行使は管理行為として持分の価格の過半数をもって決せられる必要がある（参考判例②）。したがって、先代経営者が保有していた自社株について、遺言がなく相続の対象となった場合には、後継者は、他の相続人の協力なくしては、共同相続した自社株の議決権を行使することができないことになる。

このような事態を避けるためには、先代経営者から後継者に対して、安定した経営のために必要な株式を生前に売却、贈与しておくか、少なくとも、遺言等によって対策をしておく必要がある。ただし、生前贈与や遺言による場合には、非後継者の相続人の遺留分に配慮しておかないと、遺留分減殺請求によって株式が分散してしまうというリスクがある。

（2）後継者への自社株等の承継方法 ❶生前贈与： 先代経営者が後継者に自社株等を生前贈与して承継させる方法である。先代経営者と後継者との間だけで、自社株等の承継を確実に実現することができる。もっとも、生前贈与については、後日、後継者と他の相続人との間で贈与の事実の有無をめぐって紛争が生じがちなので、先代経営者と後継者との間で贈与契約書を作成しておくべきである。

生前贈与により株式を承継させる場合に特に留意しなければならない点は、i）贈与された株式が受贈者の特別受益として遺留分算定の基礎財産として減殺の対象となりうること、また、ii）（相続税よりも高額となることの多い）贈与税の課税負担が生ずること、である。遺留分の問題に対する対策としては、後述する「中小企業における経営の承継の円滑化に関する法律」（以下「経営承継円滑化法」という）における遺留分に関する民法の特例や種類株式の活用が考えられる。また、贈与税への対策としては、**7**で後述する相続時精算課税制度、事

業承継税制の利用が考えられる。

❷売買： 後継者が先代経営者から適正な代金で自社株を買い取る方法である。自社株の相続税等の課税上の評価額がさほど高くなく、後継者が買取資金を用意することができるときには有効である。ただし、場合によっては、先代経営者に譲渡所得税の負担が発生するので、注意が必要である。

❸遺言： 先代経営者が、自社株の承継方法を遺言により指定しておく方法である。これによって、後継者に自社株を承継させることが可能である。遺言は、遺言者である先代経営者の意思のみで作成することができ、いつでも撤回・変更が可能である。また、先代経営者は、相続開始まで株式を保有し続け、経営に関与することが可能である。

遺言により後継者に株式を承継させる場合の留意点は、i）生前贈与の場合と同様に遺留分減殺の対象となること（ただし、経営承継円滑化法の民法の特例の対象外）、ii）遺言の有効性をめぐって後日紛争が生じやすいことである。遺留分については、遺言において遺留分減殺の順序を指定しておくことにより、株式が減殺の対象となりにくくするという工夫が考えられる。遺言の有効性については、紛争リスクを低減するために、公正証書遺言を利用するべきである。

❹死因贈与： 先代経営者が後継者に株式を死因贈与により承継させる方法である。その効力は遺言とほぼ同様であり、また、遺言の場合と同じく遺留分減殺請求の対象となる（経営承継円滑化法の民法の特例の対象外）。

❺その他の方法： 事業承継ガイドラインでは事業承継の円滑化に資するその他の手法が紹介されており、経営の承継方法として、信託の活用と持株会社の利用が考えられる。

ア）信託： 遺言代用型信託と呼ばれるもので、現経営者がその生前に、自社株式を対象に信託を設定し、信託契約において、自らを当初の受益者として、現経営者死亡時に後継者が議決権行使の指図権と受益権を取得する旨を定めておくという方法がある（事業承継ガイ

ドライン 70 頁）。事業承継ガイドラインでは、そのほかに、他益信託や後継ぎ遺贈型受益者連続信託が紹介されている。

　イ）持分会社：　持分会社を用いた事業承継のスキームとして、後継者が持分会社を設立し、事業会社からの配当による返済を前提として金融機関から融資を受け、この資金によって現経営者から株式を買い取るといった手法がある（事業承継ガイドライン 72 頁）。

　ウ）留意点：　いずれの方法も、その活用にあたっては、関係法規や税務上の取扱いをよく調査、研究し、当該事案に適するかどうかを慎重に検討する必要がある。

（3）遺留分への配慮と遺留分減殺請求への対策　生前贈与や遺言による自社株の承継にあたっては、株式の分散リスクを避けるために、他の推定相続人の遺留分へ配慮しておく必要がある。また、万一遺留分減殺請求がされた場合に備えた代償金の用意が欠かせない。しかしながら、中小規模の会社の経営者には自社株以外に十分な資産を保有していないことも多く、遺留分の侵害が避けられないこともある。そのような場合の対策として、経営承継円滑化法による遺留分に関する民法の特例による「除外合意」「固定合意」（後述）や、会社法上の種類株式制度の活用が考えられる。

　❶遺留分に関する民法の特例（以下単に「民法の特例」という）：民法の特例は、経営承継円滑化法に基づき、後継者を含めた先代経営者の推定相続人全員の合意のうえで、先代経営者から後継者に贈与された非上場株式（自社株）について、一定の要件をみたしていることを条件として、①遺留分算定の基礎財産から除外（除外合意）、あるいは②遺留分算定基礎財産に算入する価額を合意時の時価に固定（固定合意）、するというものである（経営承継円滑化法 4 ①）。除外合意、固定合意をしておくことで、遺留分減殺請求のリスクを低減することが可能となる。

　ただし、除外合意や固定合意は、後継者が安定した経営権を確保するために特に民法の遺留分の規定を修正したものであることから、後

継者がすでに合意の対象となる株式等を除いて、議決権の過半数を保有している場合には対象とならない（経営承継円滑化法4①ただし書）。また、後継者が対象自社株をほかに処分した場合または先代経営者の生存中に代表者を退任した場合について被後継者がとることができる措置（合意の解除、制裁金等）を定めなければならない（同③）。

　また、除外合意、固定合意が効力を生じるためには、後継者が経済産業大臣の確認と家庭裁判所の許可を受けること（それぞれ期間制限がある）が必要である（経営承継円滑化法7・8）。

　❷種類株式の活用：　会社は、株主総会における議決権を行使できる事項を含め、定款によってその種類ごとに異なる内容を定めた株式（種類株式）を発行することができる（会108）。この種類株式を遺留分への対策に活用することが考えらえる。たとえば、先代経営者の相続財産の大部分を自社株が占めている場合、後継者に贈与や遺言により自社株を集中させると他の相続人から遺留分の主張を受けるリスクがある。そこで、会社の株式を普通株式と無議決権株式（種類株式）としておいて、後継者には普通株式を相続させ、他の相続人には無議決権株式を相続させ、遺留分減殺請求のリスクの低減を図ることが考えられる（事業承継ガイドライン68頁）。

　なお、種類株式の導入には定款変更手続を要するほか、発行済みの普通株式を種類株式に変更する場合には全株主の同意が必要である（会111①）。

6　自社株の分散の防止

　先代経営者の相続等により自社株が分散してしまった場合には、これを後継者のもとに集約する方策を検討する必要がある。

(1)株式の買取り　後継者や会社が、株主から自社株を任意に買い取ることがまず検討されるべきである（自己株式の取得については、第5章21参照）。

　経営者の死亡等に伴い必要となる資金の調達を支援するため、経営

承継円滑化法は、後継者や会社への金融支援（低利の貸付け、信用保証協会の保証枠の追加等）についての特例を設けており（経営承継円滑化法13・14）、買取資金の調達の際にこれを活用することができる。

また、自社株の買取りに関しては、非上場株式を相続または遺贈により取得した個人で、相続税を課された者が相続税の申告期限から3年以内に発行会社に相続した株式を売却した場合には、高率のみなし配当課税ではなく、譲渡益全体について譲渡益課税が適用される旨の特例が設けられているなど、税制面での優遇措置が設けられている。

（2）会社法上の売渡請求　株主が任意の買取りに応じない場合には、会社法上の相続人等に対する売渡請求や特別支配株主による株式等売渡請求による対応が考えられる（第5章**23**、第4章**17**参照）。

❶相続人等に対する売渡請求（会174）：　会社は、定款に定めておくことにより、相続等で株式が移転した場合、会社が当該株式を当該株式会社に売り渡すことを請求することができる（売渡請求のつど、株主総会の特別決議を要する）。この制度を利用することで、相続によって株式が分散することを防止することが可能となる。なお、この方法については、後継者が相続した自社株についても売渡請求がされる可能性があるというリスクが指摘されている（事業承継ガイドライン53頁）。すなわち、売渡請求の対象者である後継者は、売渡請求にかかる株主総会で議決権を行使できない（会175②）ことから、後継者以外の株主による議決によって売渡請求にかかる特別決議が成立し、結果として、後継者が相続により取得した株式について買取請求がされて支配権を失ってしまうおそれがあるので、留意が必要である。

❷特別支配株主による株式等売渡請求（会179）：　株式会社の総株主の議決権の90％以上を有する株主は、他の株主の全員に対し、その保有する会社の株式の全部を自己に売り渡すよう請求することができる。後継者のもとに株式を集約しようとする場合に、この制度を活用することができる。

（3）名義株・所在不明株主の整理　❶名義株：　名義株とは、名義上

の株主と実質的な株主が異なる株式のことである。平成2年の商法改正前は最低7名の発起人が必要で、各発起人が1株以上の株式を引き受ける必要があったことから、他人の承諾を得て、他人名義を用いて株式の引受けがされることがあった。このような名義株の株主は実質上の引受人（名義借用者）であるが、世代交代を経て、事情を知らない名義株主の相続人が権利を主張するなどトラブルとなる可能性がある。そこで、名義株がある場合には、事業承継に先立ち、株主の確定を行い、株主名簿の書換えや名義人との間で権利関係を確認する書面を取り交わしておくなどの対策を講じておくべきである。

❷所在不明株主： 株主に対する通知および催告が継続して5年間到達しないものについては、会社は取締役会決議によりその株式を競売または売却することができる（会197①②）。この制度を利用することによって、所在不明株主から株式を買い取り、自社株を集約したり株式の分散を防止することができる。

7 自社株等の承継に伴う税負担と対策

　親族内承継においては、一般に、先代経営者から後継者に対する贈与や相続によって自社株や事業用資産の承継がされる。ここで問題となるのは、このような贈与や相続に伴い後継者に生ずる贈与税や相続税への対応である。贈与税や相続税の納税猶予・免除制度など、事業承継の際に活用できる特例もある。これらの税制を理解したうえで、株式等の移転方法の助言をすることが必要である。贈与税、相続税、事業承継に伴う相続税・贈与税の負担を軽減する事業承継税制の概要は、以下のとおりである。

(1) 贈与税の概要　❶暦年課税： 自社株などの財産を生前に後継者に贈与した場合、後継者には贈与税が課税される。ただし、贈与税は、暦年課税として年間110万円の基礎控除があり、基礎控除額までの贈与については課税されない。基礎控除額を超えた部分については、10～55％の累進税率で課税される。なお、兄弟間、夫婦間、親子間

で子が未成年の場合等に適用される一般税率と、直系尊属から20歳以上の者への贈与税に適用されるより税負担の軽い特例税率がある。

この点、実務上留意すべきことは、親から子へ形式的に毎年110万円ずつ株式を贈与していても、自己所有の株式を一括して贈与する契約を締結して財産を取得したものと税務署からの認定を受け、贈与税を課税されるおそれがあるということである。毎年贈与契約を締結して株式を贈与していたのであれば、その事実に合致するように、毎年、贈与契約書を作成しておくべきである。また、受贈者の子の意思の確認も毎年行うべきである。

❷相続時精算課税： 贈与税の課税方式には、上述の暦年課税のほかに、贈与時には贈与税の支払いをしない代わりに、贈与者の相続時に贈与財産の贈与時の価額を相続財産に加算し、相続税を支払うという相続時精算課税制度がある。

この制度は、60歳以上の父母または祖父母から20歳以上の子または孫に対し財産を贈与した場合に選択することができる。この制度の選択時以降、贈与者と受贈者との間で期間に限定なく、累計で特別控除額2500万円の範囲内の金額には贈与税が課されない（なお、いったんこの制度を選択すると暦年課税に戻ることができない）。また、2500万円を超えた部分については、一律20％の税率で課税される。将来、贈与者が死亡して相続が発生したときは、贈与財産の価額（贈与時の価額である）を相続財産に合算して相続税額を計算し、すでに支払った贈与税額があるときには相続税額から控除することができる。

少しずつ株式を移転する時間がなく、後継者にまとめて株式を贈与するような場合では、通常、暦年課税贈与の贈与税よりも相続税の税率が低くなるので、相続時精算課税を選択することで納税額を抑えられる可能性がある。また、贈与時の価額で評価されることから、会社の業績が伸びているなど将来株式の評価額の値上がりが見込まれる場合には有利になる可能性がある（逆の場合には不利になる）。

（2）相続税の概要 相続税は、相続人が財産を相続や遺贈、相続時精

算課税制度にかかる贈与などによって取得した場合に、課税遺産総額が相続税の基礎控除額を超えるときに、その取得した財産の価額に基づいて課税される。相続税額の具体的な計算手順は、次のとおりである。

①課税価格の計算

　課税価格＝〔各相続人等が相続や遺贈等により取得した財産、死亡保険金（500万円×法定相続人の数までは非課税）、死亡退職金（同前）〕＋〔相続等により財産を取得した人が相続開始前3年以内に被相続人から贈与を受けた財産〕＋〔相続時精算課税制度の適用を受けた贈与財産〕－〔被相続人の債務、葬式費用〕

②課税遺産総額の算定

　課税遺産総額＝課税価格－遺産にかかる基礎控除額（3000万円＋600万円×法定相続人の数）

③相続税の総額の算定

　各人の算出税額＝〔各人の法定相続分に応ずる取得金額（※課税遺産総額×法定相続分）〕×相続税率（※に応じて10～55％）－控除額（※に応じて50万円～7200万円）

④各相続人等の納付税額の算定

　各人の納付税額＝相続税の総額（各人の算出税額の合計）×実際の取得財産の割合±〔納付済み贈与税控除（3年以内贈与や相続時精算課税の贈与税）、配偶者の税額軽減、未成年者・障害者の税額控除等〕

（3）相続税・贈与税の課税における自社株の評価方法　贈与税や相続税の課税における取引相場のない株式の評価については、国税庁の財産評価基本通達（以下「基本通達」という）178以下において、従業員数や総資産価額等の区分に応じた評価方法が示されている。

　原則として、相続や贈与によって株式を取得した者が、その取得時

点において、同族株主等である場合は原則的評価方式により評価され、同族株主以外の株主等である場合には特例的評価方式により評価される（基本通達178・179・188）。

原則的評価方式には、類似業種比準方式と純資産価額方式がある。

類似業種比準方式は、類似業種の株価を基とし、配当、利益、簿価純資産の面で評価会社と類似業種とを対比し、1株あたりの類似業種比準価額を評価会社の株式の価額とする方式である（基本通達180）。また、純資産価額方式は、通達により評価した総資産の評価額から負債の合計額等を控除した金額に基づいて算出した1株あたりの純資産価額をその評価会社の株式の価額とする方式である（基本通達185）。

特例的評価方式は、過去2年間の平均配当金額を10％の利率で割り戻して、株式の価額を求める方式（配当還元方式）である（基本通達188-2）。特例的評価方式による価額のほうが、原則的評価方式による場合よりも低めの価額となる傾向がある。

（4）非上場株式等についての相続税および贈与税の納税猶予・免除制度（事業承継税制）　経営承継円滑化法に基づき、平成21年度税制改正により「非上場株式等についての相続税及び贈与税の納税猶予・免除制度」（事業承継税制）が設けられた。これは、後継者が相続や贈与によって取得した自社株等について、後継者の事業継続等を要件として、相続税や贈与税の納税を猶予・免除する制度である。

適用要件をみたした場合には、後継者が相続または遺贈により取得した株式の相続税の80％の納税が（ただし、会社の発行済み完全議決権株式の総数の3分の2に達するまで）猶予される。また、贈与税については100％（同前）の納税が猶予される。さらに、一定の場合（相続税につき、後継者が対象株式を死亡まで保有した場合や後継者が次の後継者に対象株式を贈与し、事業の継続を図る場合等）には、猶予税額の免除を受けることができる。

この事業承継税制については、都道府県知事の認定や継続的な報告等の手続を要し、さらに、対象会社、相続人等（後継者）、被相続人

（先代経営者）について各種の要件があるほか、雇用維持条件（雇用の8割以上を5年間平均で維持すること）等の要件がある。適切に活用するためには、事業承継税制につき知見をもつ税理士の協力が不可欠である。

(5) 小規模宅地等の例外　相続または遺贈により取得した財産のうち、その相続の開始の直前において被相続人等の事業の用に供されていた宅地等について、相続時の課税価格から一定の割合を減額する制度である。先代経営者が所有する土地を会社に貸し付けていた場合等に、その相続人である後継者がこれを相続した場合に相続税の負担を軽減することができる。

8　債務・保証等への対応

　現経営者が、会社経営のために負った借入債務や保証債務については、対策をしておかないと、相続により後継者以外の会社経営に関与しない相続人にも承継されてしまい、トラブルとなる可能性がある。したがって、現経営者の債務・保証等に対する対応が必要であり、債権者との協議によって、債務引受け等により現経営者の債務を会社の債務に切り替えること等が検討されよう。

　また、経営者の個人保証については、一般に金融機関は事業承継時の保証の解除には消極的であったが、「経営者保証ガイドライン」（平成25年12月に日本商工会議所と一般社団法人全国銀行協会を事務局とする経営者保証に関するガイドライン研究会が策定）には、事業承継時における経営者の個人保証の取扱いについても記載されている。上記ガイドラインは法的拘束力をもつものではないが、債権者を含め自発的に尊重され遵守されることが期待されている。上記ガイドラインを活用し、会社としてこれに即した対応（会社側には、法人と経営者との関係の明確な区分・分離、財務基盤の強化、財務状況の正確な把握、適時適切な情報開示等による経営の透明性の確保等が求められる）に取り組むことで、金融機関から先代経営者の保証の解除等の対応を得られる可能性がある。

▶ 参考判例 ────────────────────────────────────

①**最判平成 9・1・28 判時 1599 号 139 頁**　旧有限会社法 22 条、商法旧 203 条 2 項にいう社員の権利を行使すべき者の指定方法につき、持分の価格に従いその過半数をもって決するとした。

②**最判平成 27・2・19 民集 69 巻 1 号 25 頁**　株式が共有されている場合に、会社法 106 条ただし書の会社の同意があるときであっても、議決権の行使は管理行為として持分の価格の過半数をもって決せられるとした。

【 *Answer* 】

　まずは会社の現状を把握したうえで、適切な事業承継計画をプランニングし、後継者である長男への株式の承継方法等を検討していくことになる。長男へ株式を承継させたいが当面は自ら経営にあたりたいというAの意向からすれば、X社株式の長男への承継は、一度の生前贈与で行うというよりは、段階的、計画的に移転していくということになろう。また、生前贈与の方法によるにしても、株式の承継が完了する前に相続が生じるおそれがあることから、遺言の作成もあわせて検討すべきである。

　次男や三男からの遺留分減殺請求を避けるために、次男らの遺留分に配慮したAの財産の承継方法を考える必要があるし、経営承継円滑化法による除外合意・固定合意を利用することも検討されてよい。

　また、遺言においては、遺留分減殺請求によって株式が準共有になることをできるだけ避けるために、遺留分侵害の場合の対象財産の指定を行い、遺留分の減殺は、預貯金等のX社株式以外の遺産から先にすべきことを定めておくことも考えられる。

　X社株の長男への承継に伴い生ずる贈与税、相続税等の税務上の問題に関しても、課税負担の軽減や納税資金の用意等につき、税理士等と連携をとって準備すべきである。

第6章 ● 会社のリスク管理

25 取締役による従業員の引き抜き行為と取締役の責任

Case

　X株式会社は、児童向けの英会話教材の販売やその教材を使用した英会話教室の運営等を行う会社であり、東京本社のほか、大阪、札幌、仙台にそれぞれ10名程度の従業員が所属する支社がある。X社の取締役で営業部長をしていたYは、X社の代表取締役Aとの間の意見対立からX社の取締役を退任し、独立して英会話教材の販売等を行うZ株式会社を設立して事業を開始した。Yは、独立の前後に、X社取締役在任中に部下だった従業員らに接触して、各支社から数名以上を一斉にZ社に移籍させようとしている。

ノボル：X社のA社長から、Yによる従業員の引き抜き行為をやめさせたいという相談がありました。元取締役のYが自分で競合会社を作って従業員を引き抜くなんて、背信行為もいいところですよね！　当然、取締役としての義務違反だと思います。

兄　弁：Yが、X社の従業員に対してZ社に来るように勧誘を始めたのはいつからなのかな。

ノボル：Yが取締役を退任して数日後くらいに従業員に届いたZ社への移籍を勧誘するYからのメールがあります。今のところはっきり証拠をつかめているのはその時期ですが、在任中から働きかけていたかもしれません。

兄　弁：取締役在任中であればともかくとして、もしYが退任後に勧誘をし始めたのだとすれば、そのような退任後の行為について、X社の取締役としての忠実義務や善管注意義務違反があるとは当然にはいえないと思うよ。

ノボル：はい…。たしかにそうですね。

兄　弁：ところで、Yが退任する際、退任後の競業避止義務について、何か取り決めはしなかったのかな。

ノボル：すみません。その点は、まだ会社に確認していません。

兄　弁：もしX社とYとの間で退任後の競業避止義務の取り決めをしていれば、それを根拠として、Yに対して、引き抜き行為を中止するよう警告したり、そもそもZ社としてX社と競合する事業をすること自体をやめるよう求めることができそうだね。もっとも、そのような競業避止の合意については、Yの営業の事由や職業選択の自由を不当に制限するもので無効ではないかという問題があるから、競業を禁止している範囲を含め、そのような合意に合理性があるかも検討する必要があるね。

ノボル：わかりました。さっそくA社長に確認してみます。もし退任後の競業避止義務を定めていなかったときには、打つ手なしでしょうか。

兄　弁：あきらめるのはまだ早いよ。勧誘の方法や態様が悪質で社会的に是認できないような場合には不法行為の問題になるだろうね。また、こういったケースでは、顧客を奪うために会社の内部情報や顧客情報等の持ち出しを伴っていることもあるよ。それらの情報の不正な持ち出しや利用がされているときには、それはそれで問題になる。

ノボル：A社長は、まずは従業員を引きとめるように対応したいけれども、万一、Yの勧誘に応じて引き抜かれたときにはYに対して損害賠償の請求をしたいとも言っています。

兄　弁：Yの勧誘行為が違法であることに加えて、従業員が引き抜かれたことによって会社が具体的にどんな損害を被ったといえるのか、また、従業員が辞めてしまったことはYの勧誘行為によるものなのか、X社の損害額の算定や因果関係が問題となりそうだね。あと、Yに不法行為が成立するときには、Z社に対して責任を追及することも視野に入れておいたらどうかな。

ノボル：そうですね、ありがとうございます。

Check List

- □ 勧誘行為は在任中に行われたものか〔→ 1〕
- □ 勧誘行為はどのような態様、方法で行われたか〔→ 2・3〕
- □ 勧誘の対象となっている従業員の職種、業務内容、人数はどうか〔→ 2・3〕
- □ 引き抜いた先の会社の事業は何か〔→ 2・3〕
- □ 退任後の競業避止義務の取り決めはあるか〔→ 3(2)、4〕
- □ 競業避止義務の取り決めにつき必要性、相当性があるか（競業を禁止する必要性・合理性、地域・期間等の制限の範囲、代償措置等）〔→ 4〕
- □ 会社の情報の持ち出しや利用がされていないか〔→ 3・4〕
- □ 退任後の秘密保持の取り決めはあるか〔→ 3・4〕
- □ 従業員が引き抜かれたことにより損害は生じたか〔→ 5(2)〕
- □ 従業員が退任したことは勧誘行為によるものか〔→ 5(1)〕

[解説]

1　従業員の引き抜き行為に対する責任

(1) 引き抜き行為がされた時期　退任予定の取締役が、退任後に会社と同一、あるいは類似の事業を開始することを企図して、在任中に部下の従業員に対して会社を退職して自己の事業に参加するよう勧誘する等、取締役によって会社の従業員に対する引き抜き行為がされることがある。このような従業員の引き抜きが行われるケースには、当該引き抜き行為が、取締役在任中にされる場合と、退任後にされる場合とがあるが、以下のとおり、取締役在任中のものかどうかによって、会社に対する責任の根拠が異なる。そこで、当該引き抜き行為が取締役在任中のものか、退任後のものであるのか、引き抜きや退職勧誘が

された具体的な時期の確認が必要である。

（2）取締役在任中の従業員の引き抜き　取締役がその在任中に会社の従業員を自己または第三者のために引き抜くことは、会社の利益の犠牲のもとに自己の利益を図ろうとするものとして、忠実義務（会355）、善管注意義務の違反の問題となる。

　また、取締役が、その在任中に自己または第三者のために会社の従業員を引き抜く場合には、競業取引が伴っていることが多い。典型的には、取締役在任中に競合会社を設立してその事業を開始し、その新会社に従業員を引き抜くような場合である。このような競業取引がされているときには、会社法356条1項1号に定める競業避止義務にも抵触する。したがって、この点の調査、検討も必要である。

　なお、従業員の引き抜き行為自体は、競業取引そのものとはいえないから、取締役在任中には競業事業を開始しておらず、その準備行為として従業員への勧誘がされているにとどまるような場合は、競業避止義務違反とはいえない。

（3）取締役退任後の従業員の引き抜き　取締役が、その在任中ではなく、退任した後になってから行った元の会社の従業員に対する引き抜き行為は、取締役としての競業避止義務や忠実義務の違反の問題ではない。この場合には、不法行為あるいは退任後の競業避止義務の特約等の契約違反の問題となる。

2　取締役在任中の引き抜き行為と忠実義務違反

（1）忠実義務違反となる場合　取締役在任中にされた引き抜き行為について、どのような場合に忠実義務違反となるだろうか。

　この点については、①取締役在任中に従業員に退職勧誘をすれば当然に忠実義務違反となるとする見解や（吉原和志「取締役による従業員の引抜きと忠実義務違反」ジュリスト920号（1988年）37頁）、②取締役退任の事情、退職従業員と取締役との関係（自ら教育した部下か否か）、人数などの会社に与える影響の度合い等を総合し、不当な態様のもの

のみが忠実義務違反となるとする見解がある（江頭442頁）。

(2) 裁判例の傾向　取締役による従業員の引き抜きには様々なケースがありうるから、一律に忠実義務違反となるとすることは硬直的で形式的にすぎよう。原則として、在任中の取締役による従業員の引き抜きは忠実義務違反となるとしつつ、退任の経緯や、従業員と取締役との人的関係、退職する従業員の人数や職務内容、退職時期が一斉かどうか、引き抜いた先の会社の事業内容等の事情から会社に生じる影響を勘案して、取締役の営業の自由と会社の不利益とを比較衡量して、引き抜きが正当化されるかどうかを検討するのが裁判例の主流である。

　裁判例には、取締役が在任中に従業員に対し同業他社に入社するよう働きかけ、従業員が同時期に大量に退職したという事案において、取締役による従業員の引き抜き行為は会社に対する善管注意義務、忠実義務に反する違法な行為である、と判断したものがある（参考判例①）。

3　取締役退任後の引き抜き行為と責任

(1) 退任した取締役の責任　取締役の会社法上の競業避止義務や忠実義務は、取締役在任中の義務であるから、取締役を退任した後は、特に退任後の競業避止義務を会社との間で合意した場合でなければ、これらの義務は及ばないと解される。したがって、引き抜き行為が取締役退任後に行われた場合は、それらの行為は取締役の地位を離れた後の行為であるから、競業避止義務や忠実義務違反の問題とはならない。もっとも、それが無制限に許容されるのかが問題となる。

(2) 退任後の引き抜き行為が違法となる場合　取締役は、その退任後は、自身の職業選択の自由や営業の自由に基づいて、自己の知識、経験および技能を活かして会社と同種の事業を行うことができるというべきである。そして、そのために元の会社の従業員に移籍するようアプローチしたり、それに応じた従業員を引き抜くことは、自由競争の範囲内の行為として原則として違法ではないと、一般に解されている。

ただし、従業員への引き抜き行為や勧誘が、取締役が在任中に知った会社の営業秘密を利用して行われた場合には不正競争防止法違反の問題が生じる（不競2①(7)・3・4）。また、不正競争行為とまではいえない場合であっても、引き抜き行為が、虚言や著しい誇張等の不当な方法を用いたものであったり、不当な顧客奪取が伴う場合など、社会的に許容される範囲を逸脱するような態様で行われた場合には、不法行為の問題となろう。たとえば、取締役として在任中に知った内部情報に基づいてそこに憶測や意見を織り交ぜながら会社の状況が非常に悪いものであるかのように伝え、必要以上に危機感を煽って行う退職勧誘は不当な方法であると評価される可能性があるが、このような不当な方法が用いられていることの立証は容易ではない。

　そこで、実務上は、退任後の競業避止義務や秘密保持義務等を在任中に取り交わしておいて、取締役退任後の従業員に対する引き抜き行為を防止しようとすることが多い。

（3）元従業員による引き抜き行為に関する裁判例　裁判例には、従業員が勤務先の会社を退職したあとに当該会社の従業員に対して引き抜き行為を行うことは原則として違法性を有しないとしたうえで、その引き抜き行為が社会的相当性を著しく欠くような方法・態様で行われた場合には、違法な行為と評価され、引き抜き行為を行った元従業員は、当該会社に対して不法行為責任を負うと判断したものがある（参考判例②）。上記は退職した従業員による引き抜き行為が問題となった事例であるが、退任した取締役による引き抜き行為についても同様に考えることができよう。

4　取締役退任後の競業避止義務について

　ところで、実務上、退任取締役の競業行為を防止するため、退任後の秘密保持や競業禁止の特約が取締役と会社との間で締結されることがある。そのような特約は、退任時に作成される合意書において定められる場合のほか、就任の際の契約書や役員規定に定められていること

ともある。

　退任取締役が従業員を引き抜くケースでは、退任取締役が元の会社と競合する事業を行っていることが多いであろうから、このような退任後の競業避止義務の特約との抵触が問題となる。

　ただし、退任後の競業避止義務の特約は、取締役の職業選択の自由に対する制約となることから、無制限に許されるものではない。あまりにも広範な競業避止義務の定めは、公序良俗に反して無効となる。

　退任後の競業避止義務の特約の有効性については、競業が禁止される時間的・地域的な範囲、対象となる職種、競業避止義務を負うことに対する代償措置の有無等を考慮し、必要性、相当性が認められるかという見地から判断されている（参考判例③・④等）。

5　従業員の引き抜き行為によって生じる会社の損害等

(1)違法な引き抜き行為の責任　取締役による違法な引き抜き行為によって従業員が退職し、会社に損害が生じた場合には、当該取締役は、会社に対する損害賠償責任を負うことになる（取締役在任中の引き抜き行為であれば会社法423条1項に基づく責任、退任後であれば競業避止の特約違反や不法行為責任）。

　引き抜き行為をした取締役に対する損害賠償請求がされた事案においては、引き抜き行為の違法性の問題のほか、勧誘行為と従業員の退職との間の因果関係や会社の損害の有無に関して、取締役の側から、退職は勧誘以外の他の事由（処遇や労働条件等）に基づく従業員の自由意思によるものであるから、因果関係を欠く、あるいは会社に損害は生じないとして争われるケースが少なくない。

(2)引き抜き行為による会社の損害　また、会社が引き抜き行為によって具体的にどのような損害を被ったといえるのかも問題である。

　従業員が引き抜かれたことによって生じる会社の損害としては、従業員の教育費用、従業員の募集費用、従業員が退職しなければ得られたであろう会社の逸失利益、従業員の集団退職による会社の信用低下

による無形損害、等が考えられる。

　裁判例では、新人研修期間中に引き抜かれて退職した従業員に対して会社が支給済みであった固定給および退職後6か月間の逸失利益（在職中の売上実績から経費を控除して算出）を会社の損害と認めた事例（参考判例⑤。退職した従業員の募集費用と信用低下による無形損害の賠償は否定）や、従業員の退職後3か月間の逸失利益（退職した従業員に割り当てられていた業務による粗収入から給与や事業者負担の保険料等を控除して算出）を認めた事例（参考判例⑥）、営業損害について民事訴訟法248条を適用して、売上減少額、引き抜き行為に至った経緯や引き抜き行為の態様等に照らして損害額を認定するとともに、退職した従業員を補充するための募集広告費用を損害と認めた事例（参考判例①）等がある。

▶ 参考判例

①**東京高判平成16・6・24判時1875号139頁**　電子制御機器の開発等を目的とする会社の取締役が、自社の従業員を引き抜いて同業他社に就職させたことにつき、取締役の善管注意義務、忠実義務違反を認定し、民事訴訟法248条を適用し、売上減少額、引き抜き行為に至った経緯や引き抜き行為の態様等に照らして営業損害額を認定するとともに、退職した従業員を補充するための募集広告費用を会社の損害と認めた。

②**大阪地判平成14・9・11労判840号62頁**　従業員が勤務先の会社を退職した後に当該会社の従業員に対して引き抜き行為を行うことは原則として違法性を有しないが、その引き抜き行為が社会的相当性を著しく欠くような方法・態様で行われた場合には、違法な行為と評価され、引き抜き行為を行った元従業員は、当該会社に対して不法行為責任を負うとした。

③**東京地決平成5・10・4金判929号11頁**　代表取締役と会社との間の退任後の5年間の競業禁止の特約について、かなり広範な禁止条項であるが、合意がされるに至った経緯、金銭的補償の程度等を総合すると合理性がないとはいえないとして、公序良俗に反しないとした。

④**東京地決平成7・10・16判時1556号83頁**　会社の役員（代表取締役、監査役）との間で締結された退任後2年間の競業避止義務を定める特約の効力について判断した。

⑤**東京地判平成11・2・22判時1685号121頁**　教育図書の販売等を目的とする会社の代表取締役が、取締役在任中に従業員を競合他社に集団で転職させたことが

忠実義務に違反するとされ、退職した従業員の教育費用および6か月間の逸失利益の賠償を認めた。

⑥**東京高判平成1・10・26金判835号23頁**　プログラマーやシステムエンジニアを派遣することを目的とする会社の取締役が、在任中に独立を考え、会社の従業員（プラグラマーら）に参加するよう勧誘し、当該取締役がした新会社に引き抜いたことにつき、当該取締役に重大な忠実義務違反があると認定し、従業員の退職後3か月間の逸失利益を認めた。

【　*Answer*　】

　Caseでは、まずはYによる従業員への勧誘の時期や態様、会社に生じる影響について、事情を詳細に調査、確認することが必要であろう。

　そのうえで、取締役在任中から勧誘を行っていた事実が判明したときには、Yに対し、在任中の勧誘が忠実義務違反に該当し、これにより従業員が移籍したときには損害賠償責任を追及する旨指摘して、勧誘を中止するよう警告することが考えられる。

　また、勧誘が退任後に行われているときには、退任後の競業避止義務の特約があれば、これに違反することを指摘し、競業行為およびそれに伴う勧誘行為を中止するようYに警告することが考えられる。退任後の競業避止義務の特約がないときには、Y退任の経緯、引き抜き行為の態様（勧誘に際して虚偽やX社の信用を毀損する言辞が用いられていないか、勧誘やZ社の事業のためにX社の情報や資料が用いられていないか、勧誘の時期や対象からみて顧客の奪取が目的とされていないか等）や会社に及ぼす影響等から、勧誘が社会的相当性を著しく欠くといえる事情があるかどうかを検討することになろう。

　また、このようなYによる勧誘をやめさせるための措置の検討と同時に、従業員や顧客の離脱や剝落を防ぐためのケアも必要である。

第6章 ● 会社のリスク管理

26 企業の営業秘密の保護
(従業員による情報の持ち出し)

> **Case**
> X株式会社は、投資用マンションの販売を目的とする会社である。X社では、顧客の住所、氏名、連絡先のほか、年収、所有物件、資産や借入れ状況等の顧客情報を顧客名簿にまとめて管理しており、営業担当者は、それらの顧客情報を用いて、顧客からの問い合わせに迅速に対応したり、購入余力を検討して買い増し余力のある見込み客を選定するなど、営業活動に役立てていた。ところが、近年、X社の従業員が顧客名簿のこれらの情報を持ち出して、X社を退職した後に競合他社の営業活動に用いたと疑われる事態が数件生じている。

● ● ●

ノボル：X社の社長から、顧客情報を持ち出したとされる元従業員への対応について相談がありました。X社では従業員に対して退職後の秘密保持の取り決めをしていなかったようなのです。ですが、顧客情報は、不正競争防止法の営業秘密にあたると思いますので、元従業員や競合他社に対しては、同法3条に基づく使用の差止めや同法4条による損害賠償を請求しようと考えています。

兄 弁：元従業員が顧客情報を持ち出して退職後に競合他社のために使用していることが、不正競争防止法2条1項各号の不正競争行為にあたるというわけだね。ところで、そもそも、本件の顧客情報は営業秘密といえるのかな。

ノボル：会社にとって営業上価値のある情報ですから営業秘密にあたるといえると思いますが…。

兄 弁：不正競争防止法2条6項では、営業秘密とは、秘密管理され、有用であ

　　　　り、非公知である情報とされているよ。営業秘密に該当するかどうかが争いになることが多いから、よく検討したほうがいいね。

ノボル：ありがとうございます。では、営業秘密にあたるかどうかについて、どんな点が問題になることが多いのでしょうか。

兄　弁：特に多いのは、秘密管理性だね。営業秘密の定義や営業秘密として認められるための具体的な情報の管理の程度については、経済産業省が公表している営業秘密管理指針が参考になるよ。

ノボル：わかりました。顧客名簿の管理状況についてよく事情を確認してみます。

兄　弁：あと、営業秘密が持ち出されたことや、それが使用されたことを立証するのは、実際にはそう簡単なことじゃないから、その点もよく検討しないといけないね。それから何よりも、営業秘密の流出は、顧客や信用を失うことにつながり、事業活動に深刻な悪影響を及ぼすことになるから、今後の適切な管理方法を助言することも必要だと思うよ。

ノボル：今後の再発防止の方策も重要ですね。ありがとうございます、さっそく検討します。

Check List

□ 機密保持の定めはあるか〔→ 1(1)〕
□ 当該情報に秘密管理性があるか〔→ 1・2〕
□ 当該情報に有用性があるか〔→ 1(2)❷〕
□ 当該情報に非公知性があるか〔→ 1(2)❸〕
□ 営業秘密の不正取得や不正利用の証拠はあるか〔→ 1〕
□ 情報漏えいへの対策は十分か〔→ 3〕

[解説]

1 不正競争防止法による営業秘密の保護

(1)不正競争防止法 企業においては、顧客情報等の営業上の重要な情報や価値のある技術情報、ノウハウ等を管理するために、従業員や取引先との間で機密保持の契約を締結することが多い。情報の持ち出しに対してはこうした機密保持契約によって対処することが考えられるが、企業と従業員等との間の機密保持契約のみでは、当該契約の第三者に対する効力の問題もあり、機密情報の漏えいに対して必ずしも十分に対応することができない。また、機密保持義務違反を理由とした損害賠償請求については、損害額を立証することが極めて困難であるという問題がある。これらの事情から、機密保持契約のみでは、十分かつ実効的な解決を得られない。

そこで、このような企業の価値の高い情報を保護し、その持ち出しや不正利用を防ぐために、不正競争防止法（以下「不競法」という）の活用を検討する必要がある。不競法は、企業が保有する秘密情報が不正に持ち出されるなどの被害にあった場合に、民事、刑事上の措置をとることができることを定めている。同法は、持ち出された情報の使用の差止めや損害額の推定を含めた実効的な解決手段を用意している。

ところが、同法による保護を受けるためには企業の保有する秘密情報が同法の定める「営業秘密」に該当する必要があるところ、実際には、そもそも情報の管理体制が十分ではないことを理由として営業秘密該当性が否定されてしまい、不競法による差止請求等が認められない事案が少なくない。また、営業秘密の侵害行為を立証することは、必ずしも容易ではない。

情報の持ち出しがされてしまった場合の事後的な対応としては、当該情報が営業秘密に該当するかどうか、また、その侵害行為が立証できるかどうかがポイントとなる。

(2)営業秘密とは 不競法による保護の対象となる「営業秘密」とは、

「秘密として管理されている生産方法、販売方法その他の事業活動に有用な技術上又は営業上の情報であって、公然と知られていないもの」である（不競2⑥）。すなわち、①秘密管理性、②有用性、および③非公知性の3要件をみたす情報が、営業秘密として保護されることになる。

❶秘密管理性：　秘密管理性とは、客観的に秘密として管理されている状態をいう。秘密管理性が認められるための重要なポイントは、次の点である。

　ア）情報に対するアクセス制限がされていること
　イ）情報にアクセスした者が営業秘密であることを認識できるようにされていること

　営業秘密性が認められるために具体的にどのような情報管理が必要であるかについては、2で述べる。

❷有用性：　有用性とは、当該情報が事業活動に使用・利用されたり、または使用・利用されることによって費用の節約、経営効率の改善等に役立つことであり、情報保有者の主観ではなく客観的に判定される。秘密管理されている顧客情報や技術情報は、通常、有用性が認められる。

❸非公知性：　非公知性とは、当該情報が公刊物に記載されていない等、保有者の管理下以外では入手できない状態にあることをいう。雑誌に掲載されてしまった情報、パンフレットや取扱説明書に掲載して配布した情報等は、非公知性に欠ける。

（3）営業秘密侵害行為　不競法2条1項4号から10号において、不正競争に該当する営業秘密の侵害行為態様が列挙されている。

　たとえば、従業員が、営業秘密が記録された媒体を企業に無断で持ち出した場合には、営業秘密の不正取得行為（窃取、詐欺、強迫その他の不正の手段により営業秘密を取得する行為）や不正取得した営業秘密を使用・開示したものとして、不競法2条1項4号の行為に該当す

るかどうかが問題となる。

　また、従業員が企業から開示されていた営業秘密を競合他社に開示した場合には、営業秘密の保有者からその営業秘密を示された者が不正の利益を得る目的や保有者に損害を加える目的で営業秘密を使用・開示したものとして不競法2条1項7号の行為に該当するかどうかが問題となる。さらに、その事情を知りながら営業秘密の開示を受けて取得して使用した競合他社があるときには、競合他社につき同項8号が問題となる。

(4) 侵害行為の立証　営業秘密の侵害が疑われる場合であっても、情報を不正取得したことについて自白等の直接証拠がない場合には、その侵害行為を立証することは、相当困難であることが多い。

　侵害行為の立証は、ケースバイケースで対応するほかない問題ではあるが、たとえば、**Case** にあるような顧客名簿の持ち出しが疑われる事案では、顧客名簿の管理状況との関係でどのような持ち出しが考えられるか（コピー機や写真撮影による複写、データの複製等）、持ち出しの証跡があるか（コピー機の使用状況、データのログ、他の従業員の目の届かない時間帯の不審な出勤等）、当該秘密情報を使用しなければなしえないような営業行為がされていないか（名簿記載の見込み顧客ばかりを狙い撃ちにした営業アプローチがされていないか、更新がある契約であれば更新時期を狙ったアプローチがされていないか等）を検討することになろう。

(5) 営業秘密の侵害に対する法的効果　民事上の責任として、営業秘密の侵害行為によって営業上の利益を侵害され、または侵害されるおそれがある場合、その侵害の停止または予防を請求できるほか、その侵害行為を組成した物（たとえば、顧客情報のデータ取得に用いた記録媒体等。また、侵害行為により生じた物も含まれる）の廃棄等を請求することができる（不競3①②）。また、営業秘密の侵害行為によって損害が発生した場合、営業秘密を侵害された者は侵害者に対して損害賠償を請求することができる（不競4）。営業秘密を侵害した者が、その侵害

行為によって得た利益の額は損害額と推定される（不競5②）等、被侵害者の立証負担の軽減が図られている。

さらに、不競法は、営業秘密の侵害について、刑事上の責任（10年以下の懲役、2000万円以下の罰金またはこれらが併科される）を定めているが、営業秘密を侵害する行為のすべてが刑事罰の対象となるのではなく、悪性の強い行為に限られている（不競21①(1)〜(9)）。

2　営業秘密の具体的な管理方法

(1) 営業秘密管理指針　前述のとおり、企業の保有する情報が不競法によって保護されるためには同法上の営業秘密に該当する必要があるが、企業の情報管理の観点から重要なのは、秘密管理性がどのような場合に認められ、そのためには情報管理の具体的方法をどのようにすればよいか、という点である。

この点については、経済産業省がとりまとめた「営業秘密管理指針」（平成27年1月28日改訂版）を参照することが有用である。営業秘密管理指針は、法的拘束力があるものではないものの、国内外の裁判例を踏まえて、営業秘密として、不競法による差止め等の法的保護を受けるために必要となると考えられる最低限の情報の管理水準を示したものである。

上記指針は、営業秘密として保護されるためにはどうしたらよいか、という観点から述べられたものではあるが、従業員等による情報の持ち出しの予防、防止のための具体策を検討するうえでも参考となる。

(2) 営業秘密管理指針に示された具体的な情報管理方法　営業秘密管理指針は、秘密管理性がみたされるために、当該情報を秘密として管理するという企業の意思が秘密として管理するための措置（秘密管理措置）によって従業員等に対して明確に示され、従業員等が当該情報を営業秘密であると認識できるということの重要性を強調している。

そのうえで、秘密管理措置には、①対象情報（営業秘密）が一般情報（営業秘密ではない情報）から合理的に区分されていること、②当該

対象情報について営業秘密であることが従業員等に明らかにされる措置がされていること、が必要であるとしている。

①の一般情報からの区分とは、要するに、営業秘密が記載された資料をその他の資料とは別のファイルに分けたり、保管するロッカーを分けたりすることである。また②の秘密であることがわかる措置とは、営業秘密が記載された資料に、当該情報が営業秘密であることがわかるように「マル秘」等と表示したり、コピーする場合には通し番号を付けて管理するような措置のことである。秘密管理性が肯定される情報管理体制を構築するために、このような営業秘密管理指針の考え方および管理の具体例が参考となろう。

営業秘密管理指針には、典型的な秘密管理措置として次頁の**図表5**に掲げたようなものが挙げられている。なお、**図表5**には記載していないが、同指針では営業秘密を企業内外で共有する場合の秘密管理性の考え方についても述べられている。

3　情報漏えいの予防措置

(1) 情報漏えい予防の重要性　ひとたび営業秘密が流出すれば、顧客の喪失や企業の信用力の低下といった事後的に回復困難な損害を招くおそれがある。また、不競法に基づく差止めや損害賠償の手段をとろうにも、営業秘密の持ち出しや不正利用行為を立証することは必ずしも容易ではない。そこで、企業としては、情報の漏えいを未然に防ぐ管理体制を設けておくことが重要である。

(2) 秘密情報の保護ハンドブック　前述の営業秘密管理指針は営業秘密として保護されるための最低水準を示したものであるが、経済産業省から別途「秘密情報の保護ハンドブック～企業価値向上に向けて～」が公表されており、そこでは営業秘密として保護される水準を超えて、漏えい対策として有効と考えられる対策や、漏えい時に推奨される対策等が包括的に紹介されている。上述の管理体制を検討するうえで参考となろう。

▼図表5　媒体ごとの秘密管理措置

媒　体	典型的な管理方法
紙媒体	・ファイルの利用等により一般情報（営業秘密ではない情報）からの合理的な区分を行い、当該文書に「マル秘」等の秘密であることを表示する ・秘密表示をする代わりに、施錠可能なキャビネットや金庫等に保管する ・（通常の状況では必須ではないが、情報漏えい事案が社内で多発しているなど不正取得のリスクが顕在化している場合の追加的な措置として）紙媒体のコピー・スキャン・撮影の禁止、コピー部数の管理（余部のシュレッダーによる廃棄）、配布コピーの回収、キャビネットの施錠、自宅持ち帰りの禁止
電子媒体	・記録媒体への「マル秘」表示の貼付 ・電子ファイル名・フォルダ名への「マル秘」の付記 ・電子データ上に「マル秘」を付記（ドキュメントファイルのヘッダーに「マル秘」を付記等） ・閲覧のためのパスワードの設定 ・記録媒体を保管するケース等への「マル秘」表示の貼付 ・（通常の状況では必須ではないが、不正取得のリスクが顕在化している場合の追加的な措置として）人事異動・退職ごとのパスワード変更、私用メールへの転送制限、USBやスマートフォンとの接続の物理的な遮断
物件に営業秘密が化体している場合（製造機械や金型等）	・扉に「関係者以外立入禁止」の張り紙を貼る ・警備員の配置や入館IDカードを要するゲートの設置による部外者の立ち入り制限 ・「写真撮影禁止」の貼り紙 ・営業秘密物件をリスト化し、これに接触しうる従業員内で閲覧・共有化
媒体が利用されない場合（従業員が体得した無形のノウハウや従業員が職務として記憶した顧客情報等）	・営業秘密のカテゴリーのリスト化 ・営業秘密の文書化 ※内容を紙その他の媒体に可視化して、媒体として管理
複数の媒体の場合	・原則として、各媒体について秘密管理措置が必要 ・従業員が同一の情報につき複数の媒体に接する可能性がある場合、いずれかの媒体への秘密管理措置（「マル秘」表示等）によって当該情報について秘密管理意思の認識可能性が認められる場合は、それ以外の媒体のみでは秘密管理意思を認識しがたい場合でも秘密管理性は通常維持される

「秘密情報の保護ハンドブック」においては、秘密情報の漏えいへの対策について、①秘密情報への接近の制御、②秘密情報の持ち出しの困難化、③視認性の確保、④秘密情報に対する認識向上、⑤信頼関係の維持向上、の５つの目的に分け、その目的に応じて有効とされる対策例が紹介されている。たとえば、①秘密情報への接近の制御については、IDとパスワードによる情報へのアクセスのコントロール、執務スペースのゾーニング、ペーパーレス化、電子記録媒体の破棄方法など、②持ち出しの困難化については、電子データの暗号化、社外へのメール送信・Webアクセスの制限、コピー防止用紙やコピーガード付きの記録媒体による複製の困難化などが挙げられている。③視認性の確保（漏えいが見つかりやすい環境とすること）については、職場のレイアウト変更、防犯カメラの設置、情報システムにおけるログの記録・保存などが挙げられている。これらは、情報の持ち出しが行われた場合に、持ち出した者への責任追及の際に必要となる証拠の確保手段としても重要である。④秘密情報に対する認識向上については、秘密情報の取扱いに関するルールの整備と社内への周知、秘密保持契約の締結、秘密情報であることの表示などが挙げられており、⑤信頼関係の維持向上については、企業への帰属意識の醸成や業務へのモチベーションの向上などが挙げられている。また、あわせて、秘密保持誓約書等の書式を含む参考資料が公表されている。

──────────────────────────────

◀コラム▶　会社は従業員の電子メールを本人の了解なく閲読してよいか？

　情報漏えい等の不正行為を予防したり、その疑いのあるときの調査のために、会社が従業員の電子メールを本人から了解を得ずに閲読することは許されるでしょうか。
　従業員に割り当てた電子メールは、その管理権限が会社にあり、会社業務に用いられることが予定されていることからすれば、必要

に応じて会社がその内容をチェックできることは当然のようにも思われます。しかし、会社が従業員による私的なメール利用を黙認していたり、会社がメールをチェックする可能性のあることを従業員に事前に伝えていないような場合には、会社が本人の了解なくメールを閲読すると、従業員からプライバシーの侵害であるという指摘を受け、トラブルとなることがありそうです。この点に関し、上司が部下の私的な電子メールを本人に無断で閲読、監視したことが不法行為にあたるかどうかが争われた事案で、監視の目的、手段およびその態様等を総合考慮して監視される側に生じた不利益とを比較衡量して、社会通念上相当な範囲を逸脱した監視がされた場合に限りプライバシー権の侵害となる、という判断を示した裁判例があります（東京地判平成13・12・3労判826号76頁）。また、社内の規律違反行為の調査のために会社が行ったメールファイルの調査について、調査を実施する必要を認め、その方法も社会通念上許容される範囲を超えないとした事例があります（東京地判平成14・2・26労判825号50頁）。実務上は、無用なトラブルを避けるために、メール利用の明確なルール（私的利用の可否、会社による閲読の可能性等）を策定して、従業員に周知しておくべきでしょう。

（吉田大輔）

▶ 参考判例

①**知財高判平成24・7・4裁判所ウェブサイト**　顧客情報の関係書類が上司等に配布されたり自宅に持ち帰られたり手帳等で管理されて成約後も破棄されなかったりしていたとしても、それは営業上の必要性に基づくものであるうえ、営業関係部署に所属する従業員以外の者が上記関係書類や手帳等に接しえたことをうかがわせる事情も見当たらず、従業員が本件顧客情報を秘密であると容易に認識しうるようにしていたとして、秘密管理性を肯定した。

【 *Answer* 】

　Caseでは、顧客情報が営業秘密にあたるとして、その使用の差止めや損害賠償の請求を検討することになろうが、その際は、当該顧客名簿の情報

が不競法上の「営業秘密」に該当するかどうか、また、顧客名簿の情報の持ち出しの立証ができるかどうかが問題となろう。

　顧客情報の「営業秘密」の該当性については、有用性や非公知性はさほど問題なく認められると考えられる。秘密管理性については、企業規模、従業員の職務、情報の性質に照らし相当な秘密管理措置（秘密情報であることの表示等）が講じられ、営業秘密としての会社の管理意思が客観的に従業員に認識可能な程度に表示されていたといえるかどうか、検討する必要があろう。

　X社の顧客名簿の情報が持ち出されたかどうかについては、顧客名簿の管理方法との関係で持ち出しが可能であったかどうか、複製や持ち出しがされた形跡（ログ、不審な残業や休日出勤、コピー機の利用等）があるか、X社の営業秘密を利用しなければ到底できないような営業活動が行われていないか等を検討することが考えられる。

　また、顧客情報の持ち出しが繰り返されており、不正リスクが高い状況からすれば、秘密管理性が否定されることのないよう営業秘密管理指針の示す追加的な措置を講ずることの検討や、「秘密情報の保護ハンドブック」等を参考にしたより高度な水準の秘密情報漏えい対策の検討を助言することが考えられる。

第6章 ● 会社のリスク管理

27 … 契約書レビューの留意点

> **Case**
> X株式会社は、北海道に本拠地のある化粧品の製造・販売を事業としている会社であり、道内で自社製品の販売を行ってきた。最近口コミでの評判が広がり、売れ行きは好調で、他府県でも知名度が上がっていた。X社は、北海道以外の地域への進出を検討していたところ、関東地方に美容商品の販売店網をもつY株式会社から、X社の製品を取り扱いたいという申出があった。X社は、Y社との間で販売提携に向けて契約締結を交渉中である。

ノボル：X社から、Y社との販売店契約を締結したいので、その契約書のチェックをしてほしいと頼まれました。相手方はそれなりに大きな会社で定型的に用いている契約書ということなので、大きな問題はないですよね。

姉 弁：そういう思い込みは危ないわよ。特に初めて取引する相手の場合にはまだ信頼関係が十分形成されていないし、相手の法務部門がどれくらいしっかりしているのかもわからないのよ。

ノボル：たしかにそうですね…。よし、まずは契約書のひな形を探して…と。最近は、様々な契約の類型のひな形や書式が売られていて便利なんですよね。

姉 弁：定型的な契約だと、ひな形を利用して必要な条項の漏れがないかをチェックすることもあるけど、契約案件はそれぞれ事情や依頼者のニーズも異なるんだから、漫然とひな形に頼るのは考えものよ。

ノボル：すみません…おっしゃるとおりですね。でも契約書をチェックしろって言われても、正直どこから手を付けたらいいかわからないんです。

姉　弁：依頼者の意図を正確に理解して、法的にその実現の手段を考えるという点では、契約書のレビューだって弁護士のほかの業務と変わるところはないと思うわ。まずは依頼者がどんな取引を行ってどのような利益を目指しているのか、取引の背景を含めてよく事情を聴かないとね。
ノボル：なるほど。それで取引の流れを理解してリスクを検討すればいいんですね。なんだか、できる気がしてきました！
姉　弁：言うは易く行うは難し、契約書への助言や修正を的確にすることは簡単なことではないわよ。がんばってね。
ノボル：はい、ありがとうございます。

Check List

（一般的なチェック事項）
□要式契約として作成されるものか〔→ 2(1)〕
□契約書の形式面（表題、前文、本文、後文、作成日付、署名・押印）に不備はないか〔→ 2(2)〕
□契約の当事者は適切か〔→ 2(2)❻、3(3)❶〕
□契約書案は誰が作成したものか〔→ 3(2)❸〕
□当事者の意図が条項に明確・正確に表現されているか〔→ 3(2)〕
□法的有効性や法的拘束力に問題はないか〔→ 3(3)〕
□契約違反への適切な救済手段が確保されているか〔→ 3(4)〕
□法令対応として必要な条項（個人情報保護条項、暴力団排除条項等）が設けられているか〔→ 3(3)❷〕
□紛争解決手段・準拠法・合意管轄等の条項は適切か〔→ 3(4)❷〕
（継続的な商品売買取引の取引基本契約に関するチェック事項）
□相手方とすでに取り交わしている契約書はあるか〔→ 4❶〕
□契約の目的および範囲は明確か〔→ 4❷〕
□契約の目的物、数量、金額の定めは明確か〔→ 4❸〕
□引渡しの期日、場所、方法の定めは明確か〔→ 4❸〕

□代金の支払方法の定めは明確か［→ 4 ❹］
　　□検査・検品に関する定めは適切か［→ 4 ❺］
　　□商品等についての品質保証の定めは適切か［→ 4 ❻］
　　□アフターサービスに関する定めは適切か［→ 4 ❼］
　　□第三者からのクレーム処理に関する定めは適切か［→ 4 ❽］
　　□債権譲渡の可否に関する定めは適切か［→ 4 ❾］
　　□所有権の移転時期、危険負担に関する定めは適切か［→ 4 ❿］
　　□契約の解除・解約・終了に関する定めは適切か［→ 4 ⓫］
　　□遅延損害金・損害賠償に関する定めは適切か［→ 4 ⓬］
　　□瑕疵担保責任に関する定めは適切か［→ 4 ⓭］
　　□期限の利益喪失に関する定めは適切か［→ 4 ⓮］

［解説］

1　契約書の作成目的

　契約書を作成する目的は、①契約が成立したことを確認すること、②契約によって発生する権利と義務の合意内容を明確にして確認すること、③紛争が生じた場合の証拠や解決の基準とすること、にある。依頼者から、契約書の文案を示されて、修正や法的助言（このようなことを「契約書のレビュー」などということがある）を求められた場合には、この契約書の作成目的に立ち返った検討が必要である。

　実務上しばしば、相手方が契約書の作成の手間やコストを嫌がりその作成に協力してくれないという場合がある。できる限り契約書の作成に向けて協議を行うべきであるが、相手方が契約書の作成に応じないときには、打ち合わせの議事録やメモを作成して当事者双方がこれを確認したうえサインして、協議内容や合意事項の証拠を残しておいたり、契約交渉中のメールでのやりとりを保存しておくなどの措置をとっておくことが、後日の紛争の予防のために重要である。

2　契約書の作成実務と形式面の留意点

(1) 契約書の作成方法の助言　契約書は、要式契約とされている場合を除けば、その内容や作成方法は当事者の自由である。しかし、一般的には以下のような作成方法がとられていることから、これらの形式面についても、適宜、点検・助言すべきである。

　ア　契約書は当事者の数だけ作成し、原本を双方が1部ずつ保管する。
　イ　誤字などの訂正があるときには、訂正箇所を二重線等で抹消したうえで正しい文言を加筆し、「○字削除、○字加入」等と付記して、当事者全員が訂正印を押印する。
　ウ　契約書が複数ページに及ぶときには、ホッチキス等でとめたうえで各ページの継ぎ目に当事者全員で契印を押す（製本テープ等で袋とじをして契印することもある）。
　エ　印紙税法上の課税文書であるときには、作成される契約書の原本の通数に応じて印紙を貼付し、消印する。

(2) 契約書の基本的な構成および作成上の留意点　契約書は、①表題、②前文、③本文、④後文、⑤作成日付、⑥当事者の署名（記名）・押印、の構成で作成されることが一般的である。

❶表題：　表題には、「売買契約書」のように契約内容を端的に表現することが通例である。表題によって契約の効力が左右されるものではないが、表題と契約書の内容との乖離があることは適切ではない。なお、事案によっては相手方が作成に応じやすいよう「覚書」や「合意書」といった表題とすることもある。

❷前文：　前文には、誰が誰とどのような契約をしようとしているのかを端的に表現する（例、「○○と××は、○○が××に対して別紙商品について販売権を付与することにつき、以下のとおり契約を締結する。」）。

なお、前文において、当事者を「甲」「乙」等と定義しておくと契約条項の作成上便宜である。

❸本文： 本文は、契約条項を記述する部分であり、契約書の核心である。必要となる条項は具体的な契約事案に応じて様々であるが、代表的な規定として次のものが挙げられる。これらの契約条項を検討する際の視点や検討事項については、後述する。

①権利・義務の発生に関する条項
②条件・期限に関する条項
③契約期間・契約終了事由・終了方法（解約の予告通知の要否等）に関する条項
④契約違反があった場合の救済方法（解除、損害賠償、期限の利益喪失等）に関する条項
⑤契約の締結・履行に要する費用負担に関する条項
⑥法令対応として必要な条項（個人情報保護条項、暴力団排除条項等）
⑦紛争解決手段・準拠法・合意管轄に関する条項

❹後文： 後文には、契約書の作成通数や原本の所持者等を記載することが一般的であるが、これらを前文に記載して後文を設けないこともある。

❺作成日付： 契約書の作成日付は、後日の証明の手段として重要な意味をもつことになる。したがって、記入漏れがないか、実際の作成日が記載されているか、点検すべきである。

❻当事者の署名（記名）・押印： 当事者の署名（記名）・押印欄には、契約当事者が署名（記名）・押印する。契約の当事者が、権利能力を有する者（自然人、法人）であるか、契約に署名した者に締結権限があるかどうかの確認が必要である。

契約主体の特定のために、契約当事者は氏名や会社の商号だけでなく、住所を併記することが通常である。なお、契約主体として、会社の一事業部門が表示されていることがあるが（○○株式会社△△事業部）、法人名とするよう修正を求めるべきである。

また、会社が当事者である場合には、契約書には代表取締役の記名押印がされることが通例であるが、代表取締役が誰であるのかは商業登記簿で確認すべきである。代表権限のない部長等の職位の使用人の名での契約書の作成を求められることがあるが、その場合にはその者に締結権限（代理権）が授与されているかどうかの確認が必要である（会14①参照）。

(3)取引基本契約と個別契約　企業間で反復継続して行われる取引については、各取引に共通に適用されるルールを取引基本契約書に定めておき、個別契約（注文書と請書のやりとり等）によって個々の取引を成立させることが広く行われている。取引基本契約の対象範囲の取引については、別段の意思表示のない限り、取引基本契約で定めた共通ルールが適用されることになり、迅速かつ効率的な商取引を可能としている。

(4)条項の形式面の点検　契約条項の構成や文言は、一義的で明確であることが望ましい。また、日常用語と法律専門用語との相違（たとえば、依頼者が提示する契約書案には従業員を指して「社員」の用語が用いられていることは少なくない）を意識して、法的に正確な表現となっているか点検すべきである。

　また、依頼者が提示する契約書案には、各種のひな形や類似の契約書が使い回された結果、必ずしも当該契約には必要のない条項が残されていたり、条項間の矛盾や不整合が生じていることがあり、それらは当然指摘して修正しなければならない。そのほかにも、用語の統一などの形式面についても注意を払いたい。

(5)要式契約の場合　法律によって、法的効力が認められるためには書面によることが要件とされている契約（要式契約）の場合には、当然のことながら、その契約書は法定された方式（公正証書による必要があるかどうか）に従い、所定の内容が備わっていることが必要である。要式契約には、保証契約（民466②）、定期借地契約（借地借家22）、事業用定期借地契約（同23③）、定期借家契約（同38①）、任意

後見契約（任意後見契約に関する法律3）等がある。このうち事業用定期借地契約や任意後見契約は公正証書によってされることを要するのに対し、定期借地契約や定期借家契約については公正証書は例示にすぎず書面による契約であれば足りる。契約書のレビューにあたっては、このような要式性が求められる契約に該当するかどうかの確認が必要である。

3 契約条項を検討する際の留意点

(1)基本的な視点　契約内容を定めた本文は、契約書の核心部分であり、細心の注意を払って検討しなければならない。検討すべき事項や重点のおき方は契約内容によって様々であるが、契約書のレビューを行う際の基本的な視点として次の3点が挙げられる。

　　①当事者の意図が条項に明確かつ正確に表現されているか
　　②法的有効性や法的拘束力に問題はないか
　　③契約違反が生じた場合の適切な救済手段が確保されているか

(2)依頼者の意図の把握　❶依頼者の意図の把握とリスクの検討：
企業間における契約は、当事者が一定の経済的利益の実現に向けて締結するものであるから、内容が、依頼者が実現を意図している利益が確保できる内容となっているかどうか、という視点が必要である。

　そこで、依頼者が当該契約で実現することを意図している取引の枠組みやそこから獲得したい経済的利益を的確に把握することが出発点となる。取引の背景や内容について事情をよく聴取して、その理解に努めることが必要である。その際には、依頼者の説明する取引の流れを具体的に思い描き、その中で生じうる問題や引き受けるリスクを想像しながら依頼者と質疑するなどして、その意図をより明確化、具体化していくことが肝要である。

　Caseのメーカーと販売店との間の販売提携の契約であれば、販売店がメーカーから商品を買い取ってそれを顧客に販売する形式もあれ

ば、メーカーと顧客との間でのみ売買契約が成立する販売代理店とする形式もある。また、販売店に当該商品の独占的な販売権を付与する場合もあれば、非独占的な販売権とする場合もある。販売店に独占販売権を付与するときには、販売店に最低購入量を定めることも考えられる。さらに独占的販売権を付与した場合には、メーカー自身による販売も制限されるのかという点も問題となりうる。

　様々に考えられる取引の枠組みの中で、依頼者がどのような選択を行い、いかなる取引の実現を期待しているのか、そこからどのような経済的利益を獲得したいのか、引き受けるリスクは何か、を具体的に把握し、それが当該契約によって的確に実現されるかどうかを確認しなければならない。

　❷依頼者の意図の条項への反映：　条項の実際の検討作業は、契約書案がある場合にはそれに基づいて、当事者の意図する内容を実現するものとなっているかを確認し、必要に応じて修正しながら進めていくことになる。その検討においては、権利や義務の発生規定はもちろんのこと、通常時の取引の手続や手順の定めについても、実情と合致しているかを確認することが必要である。たとえば、受発注の方式、納品、検品の方法、代金決済方法（税込税抜の別、振込手数料の負担者等を含む）は明確で、実施困難な点はないかを確認すべきである。

　また、契約書案にすでに記載されている条項の検討だけではなく、ほかに定めておくべき事項がないかという点も常に意識しておくことが必要である。

　たとえば、販売店契約においては、メーカーがブランディングのために販売店にメーカー保有の商標の使用を求めるということも考えられる。その場合には商品の供給に直接関係する事項のほかに、商標の使用許諾の規定を設ける必要があるし、販売店側からは、当該商標の使用に起因する第三者からのクレームが生じたときの対応の責任をメーカーが負うよう求めることが考えられる。

　❸契約書案の作成者：　契約書の文案は、作成した側に有利に作ら

れることが多い。そのため、契約書の条項を検討するにあたっては、当該契約書案が、依頼者、相手方のいずれが作成したものであるかを確認すべきである。相手方が文案を作成した場合には、依頼者の意図が的確に条項に反映されているか、一方的に依頼者の利益が制限されていないか、より慎重な検討が必要である。

(3) 法的有効性・法的拘束力の具備 次に、契約の法的有効性が損なわれる点がないか、裁判によって実現可能な法的拘束力を具備する内容となっているかどうか、という視点が必要である。

❶契約の当事者が適切かどうか： 契約の主体は、権利能力を有する者、すなわち自然人、法人であることが原則である。当事者に関する実務上の留意点は、前述 **2(2)**❻で当事者の署名（記名）・押印について述べたところと同様である。

❷契約内容に強行法規等への違反、公序良俗違反がないか： 契約条項について、各種取締法規、強行法規、判例との抵触がないか、著しく不平等な内容である等の公序良俗違反として私法上の効力が否定されないかの確認が必要である。また、その際は、主務官庁が定めている各種ガイドラインも確認すべき対象となる。

Case の販売店契約では、販売店の営業地域を制限する条項が設けられることがあるが、その内容によっては独占禁止法の「不公正な取引方法」との抵触が問題となりうる（独禁2⑨(6)ニ）。

さらに近時は、個人情報保護法や各都道府県が制定している暴力団排除条例への対応（個人情報保護条項や暴力団排除条項の設定）が求められる。

❸契約内容は法的拘束力を具備しているか： 契約書は後日紛争となった場合における解決のための基準、規範となるものである。契約書の条項や文言が、不明確である、実現可能性を欠く、といった理由で法的拘束力が否定されることのないよう、できる限り一義的に明確で確定したものとなるよう努めなければならない。

(4) 契約違反の場合の救済手段の確保 ❶契約上の依頼者のリスクの

洗い出し：　契約の実体面における内容決定（代金額や取引内容等）は、当事者間の交渉力の大小によって左右されることから、依頼者の利益を確保することには現実には限界がある。もっとも、依頼者が納得してリスクを引き受けることができるように、取引の流れを具体的に想起しながら、想定されるリスクや想定される紛争を洗い出して指摘しておくことが必要である。

　Case の販売店契約では、販売店側は宣伝広告のために相応の資本投下をすることになるから、何らかの事情で契約を短期間で打ち切るような場合には、契約の終了をめぐって紛争となるリスクが想定される。したがって、終了事由や更新の有無、更新拒絶できる場合やその手続等については、特に慎重に検討すべきである。

　逆の立場からすると、継続的契約において、契約からの離脱の方法が定められているかという点も重要なポイントになる。

　❷救済手段の検討：　契約内容には当事者の交渉力が反映される結果となるとしても、契約違反があった場合の救済手段は対等とされるべきである。このような見地から、紛争が発生した場合における解決の条項（解除、損害賠償、期限の利益喪失等）が対等な内容となっているかどうかのチェックは重要である。

　具体的には、解除事由が明確かどうか、民法の規定と対比して、解除権が制限あるいは拡大されているかどうか、損害賠償の範囲や額は制限されていないか等を確認し、それらの規定が、依頼者にとって一方的に不利なものとして規定されていないかどうか点検が必要である。この点、前述のとおり、相手方が作成する契約書のドラフトでは、解除権や損害賠償の制限が一方当事者についてのみ定められていることがあるが、対等な内容となるよう修正を求めるべきである。

　また、実効的な救済手段を確保するという観点からは、紛争解決手段・準拠法・合意管轄の定めについても、依頼者にとって不利益な規定とされていないか確認することが重要である。

4　契約書のチェック事項（継続的な売買契約を題材に）

　契約の様式や内容は多種多様であり、検討内容や重点のおき方は当然に変わりうるが、以下においては、（Caseからはやや離れるが）継続的な商品売買の取引基本契約を題材にして、代表的なチェック事項と留意点を挙げる。

❶同じ相手とすでに取り交わしている契約書はあるか：　他の契約がある場合で重複して適用されるようにみえる場合には、どちらの契約が優先するのか等、相互の関係を明らかにしておく。

❷契約の目的や範囲は明確か：　当該契約で実現を意図する目的を明らかにする。契約の目的が達成できないことが解除事由となる場合には、契約の目的が重要な意義をもつ場合がある。

❸契約の目的物、数量、金額、引渡し期日、場所、方法は明確か：　これらは売買契約の要素に関わるものであり、明確に定める必要がある。継続的取引においては、取引基本契約書では概括的なルールのみを定めておいて、別途、発注書や請書による個別契約によって明確化することが一般的である。

❹代金の支払方法は明確か：　代金の支払方法はトラブルの原因となりやすい。できる限り明確に定めるべきである。現金、振込、手形等の支払いの形態のほか、締め日と支払日も明確にする。

❺検査・検品に関する定めは適切か：　検査・検品に要する適切な期間を設定する、検査・検品に合格した場合の検収書の授受を取り決める、検査・検品で不合格となった場合の取扱いを定める。

❻商品等についての品質保証の定めは適切か：　提供する商品について、一定の品質を保証する旨の条項が設けられることがある。売主の立場からは、そのような品質保証が受け入れられる内容であるかどうかよく検討する。

❼アフターサービスに関する定めは適切か：　製造終了後も修理用部品の用意等のアフターサービスが必要な商品については、修理用の部品の提供に関する規定を設けることがある。売主の立場からは、そ

のような負担を受け入れられるかよく検討する。

❽第三者からのクレーム処理に関する定めは適切か： 製造物責任の追及や知的財産権の侵害など、第三者からクレームを受けた場合の処理や損害賠償のための費用負担を誰が担うのかを必要に応じて定める。

❾債権譲渡の可否に関する定めは適切か： 代金債権が反社会的勢力などの予期せぬ者に移転することを防止するために、買主が売買代金債権の譲渡禁止の特約を求めることがある。売主の立場からは、債権譲渡によって代金を回収することへの制限となるから、このような制限を受け入れられるか検討する。

❿所有権の移転時期、危険負担に関する定めは適切か： 民法の原則に従えば、売買契約の時に商品の所有権が移転することになるが、取引実務上は、商品引渡時、検査合格時、代金完済時等と定めることが多い。

⓫契約の解除・解約・終了に関する定めは適切か： 契約の終了事由、終了時期、更新の有無、更新拒絶の手続等を明確に定めておく。

⓬遅延損害金・損害賠償に関する定めは適切か： 代金支払いの遅れや納品の遅れが生じた場合の遅延損害金や損害賠償について、その金額や範囲を適切に定める。

⓭瑕疵担保責任に関する定めは適切か： 商人間の売買においては、商法526条により瑕疵担保責任の期間が短期間に制限されることに留意して、必要に応じて適切な期間を定める。

⓮期限の利益喪失に関する定めは適切か： 商品を納品してから代金支払いまで1、2か月の期間があることが通常である。その間の買主の信用不安に対応するため、売主としては期限の利益の喪失条項を設けたいところである。

⓯管轄裁判所の定めは適切か： 紛争が生じた場合の管轄裁判所（実務上は専属的合意管轄裁判所とすることが通例）を定める。当事者のいずれか一方の所在地の管轄裁判所が指定されることが多い。依頼者

にとって遠隔地が指定されていないか確認する必要がある。

【 *Answer* 】
　Ｘ社がＹ社との販売提携により実現したい意図をよく確認し、当事者の意図が条項に明確かつ正確に表現されているか、法的有効性や法的拘束力に問題はないか、契約違反が生じた場合の適切な救済手段が確保されているかといった観点を踏まえて、契約書案が適切であるか検討することになる。また、契約書の方法や形式面についても、必要に応じて助言、修正すべきである。

事項索引

あ行

遺言代用型信託…214
一時取締役…111
一人会社…63, 98
遺留分…215
売主追加請求…183, 201
売渡請求…163, 201
営業秘密…50, 235
閲覧謄写請求…48, 79
お手盛り…33, 42

か行

会計帳簿…48
会社分割…161
解任の訴え…15
価格決定の申立て…147, 153, 160, 183, 201, 202
確定報酬…33
確認の利益…77
可決要件…62
株券…192
　の供託…176
株券喪失登録…195
株券電子化…191
株券発行会社…77, 176, 191
株券発行請求訴訟…192
株券不発行の原則…191
株式共有…200
株式交換…149
株式譲渡自由の原則…170
株式等売渡請求…148, 217
株式の消却…187
株式の併合…147
株主間契約…162
株主総会議事録…78
株主総会決議取消しの訴え…75
株主総会決議不存在確認の訴え…75
株主総会決議無効確認の訴え…75
株主総会参考書類…69

株主代表訴訟…89
株主の権利行使に関する利益供与の禁止…115
株主優待…120
株主割当て…187
仮取締役…112
監査役の兼任禁止…26
監視・監督義務…92, 129
間接損害…127
間接取引…101
議決権制限株式…155
議事録…79
キャッシュアウト…144
吸収合併…149
競業避止義務…98, 227
　取締役退任後の――…229
経営承継円滑化法…213
経営判断の原則…92, 129
計算書類…49, 69
契約書のレビュー…246
決議事項…69
原告適格…53, 76
検査役選任請求権…49
権利義務取締役…13, 111
公開買付け…184
固定合意…215

さ行

財源規制…165, 174, 184, 204
財産評価基本通達…220
裁量棄却…71, 78
事業承継…160, 210
事業承継税制…221
事業報告…69
自己株式…174, 180
事実上の経営者…128
質問権…67, 119
指定買取人…174, 199
社員権…199

事項索引　257

社外監査役…28
重過失…129
従業員持株制度…120
主要目的ルール…154
種類株式…155,216
常勤監査役…29
招集通知…21,60
少数株主…144
譲渡承認請求…172
譲渡制限株式…171,199
使用人兼務取締役…41,70
消滅時効…127
剰余金…186
除外合意…215
職務代行者…112
所在不明株主…218
書面決議…23,63
スクイーズアウト…144
正当な理由…13
責任限定契約…89
責任の一部免除…89
説明義務…34,66
全員出席総会…63
善管注意義務…44,97,127,227
全部取得条項付種類株式…145
総会決議の取消し…71
総会屋…116
相続時精算課税…219
相続人等に対する売渡請求…164,201,217
組織再編税制…150

た行
大会社…4
第三者に対する任務懈怠責任…127
第三者割当て…153
退職慰労金…41,45,70
代表取締役の選定…138
担保提供命令…80
忠実義務…44,97,127,227
直接損害…127
直接取引…101
提案権…119
定款違反…75,87,91
DCF方式…177,204

提訴期間…78
提訴請求…90
定足数…61,186
適格分割…162
登記簿上の取締役…110
謄本交付請求…49
特定株主…183
特別決議…147,153,160,183,201,202
特別支配株主による株式等売渡請求…148
特別利害関係…75,138
特別利害関係人…35,172
取締役の任期…6
取締役の任務懈怠責任…87
取締役の報酬…32,70
取締役非設置会社…7
取締役会の招集…21
取締役会の目的事項…21

な行
任務懈怠…87,128
納税猶予・免除…221

は行
売買価格決定の申立て…177,203
反対株主の株式買取請求…147
非金銭報酬…33
100％減資…145
非公知性…236
秘密管理性…236
不確定額報酬…33
不正競争…229,235
分配可能額…76,174,204
平均的な株主…71
報告事項…68
法令違反…75,90
募集株式…153
　　――の発行等の差止め…154

ま行
みなし承認…171
みなし配当課税…162
ミニ公開買付け…184
無過失責任…88,117
名義書換…77

名義株…217
名目的取締役…107
持株比率…49
持分会社…199, 215

や行
有用性…236

ら行
利益供与の禁止…115
利益相反取引…88, 100
暦年課税…218

【編著者】

市川　充（いちかわ・みつる）／弁護士（リソルテ総合法律事務所）
1960年生まれ。東京大学法学部卒業。1995年弁護士登録（第47期）。主著として、『弁護士の失敗学』（共著、ぎょうせい・2014年）など。

安藤知史（あんどう・さとし）／弁護士（大西昭一郎法律事務所）
1974年生まれ。早稲田大学法学部卒業。2001年弁護士登録（第54期）。主著として、『担当部門別・会社役員の法務必携』（共編著、清文社・2007年）など。
※1～4、6、16～19執筆

【著　者】

美和　薫（みわ・かおり）／弁護士（フォーサイト総合法律事務所）
1971年生まれ。慶應義塾大学総合政策学部卒業。2003年弁護士登録（第56期）。主著として、『新株予約権・種類株式の実務〔第2次改訂版〕』（分担執筆、第一法規・2013年）など。
※5、7～10、20～23執筆

吉田大輔（よしだ・だいすけ）／弁護士（虎の門法律事務所）
1980年生まれ。一橋大学法学部卒業。2006年弁護士登録（第59期）。主著として、『労働契約法と労務管理の実務』（分担執筆、三協法規出版・2009年）など。
※11～15、24～27執筆

【編著者】
市川　充　　弁護士（リソルテ総合法律事務所）
安藤知史　　弁護士（大西昭一郎法律事務所）

【著　者】
美和　薫　　弁護士（フォーサイト総合法律事務所）
吉田大輔　　弁護士（虎の門法律事務所）

会社法務のチェックポイント【実務の技法シリーズ１】

2019（平成31）年２月28日　初版１刷発行

編著者　市川　充・安藤知史
発行者　鯉渕友南
発行所　株式会社　弘文堂　　101-0062　東京都千代田区神田駿河台１の７
　　　　　　　　　　　　　　TEL 03(3294)4801　振替 00120-6-53909
　　　　　　　　　　　　　　http://www.koubundou.co.jp
装丁　青山修作
印刷　三陽社
製本　井上製本所

Ⓒ 2019 Mitsuru Ichikawa & Satoshi Ando. Printed in Japan
JCOPY 〈(社)出版者著作権管理機構　委託出版物〉
本書の無断複写は著作権法上での例外を除き禁じられています。複写される場合は、
そのつど事前に、(社)出版者著作権管理機構（電話 03-5244-5088、FAX 03-5244-
5089、e-mail: info@jcopy.or.jp）の許諾を得てください。
また本書を代行業者等の第三者に依頼してスキャンやデジタル化することは、たとえ
個人や家庭内での利用であっても一切認められておりません。

ISBN 978-4-335-31381-3

実務の技法シリーズ

〈OJTの機会に恵まれない新人弁護士に「兄弁」「姉弁」がこっそり教える実務技能〉を追体験できる、紛争類型別の法律実務入門シリーズ。未経験であったり慣れない分野で事件の受任をする際に何を「勘所」としておくべきかを簡潔に確認でき、また、深く争点を掘り下げる際に何を参照すればよいのかを効率的に調べる端緒として、実務処理の「道標（チェックポイント）」となることをめざしています。

- ☑ 【ケース】と【対話】で思考の流れをイメージできる
- ☑ 【チェックリスト】で「落とし穴」への備えは万全
- ☑ 簡潔かつポイントを押さえた、チェックリスト対応の【解説】
- ☑ 一歩先へと進むための【ブックガイド】と【コラム】

会社法務のチェックポイント　市川　充＝安藤知史　編著
役員人事や株主総会、株式の譲渡や相続、支配権争いなど、中小企業の顧問弁護士が悩みがちな会社関係事案を幅広くピックアップ。　A5判　2700円

債権回収のチェックポイント　市川　充＝岸本史子　編著
取引先の支払遅延から始まって、準備段階・法的手続の段階……と、事案の段階ごとに潜むさまざまな落とし穴を避ける勘所を伝授。　A5判　2500円

相続のチェックポイント　髙中正彦＝吉川　愛　編著
遺産分割、遺留分、相続放棄、遺言等の相続関連紛争に必須の実務知識を整理する。関連の相続法改正もコラムでフォローした最新版。A5判　2500円

交通賠償のチェックポイント　髙中正彦＝加戸茂樹　編著
交通賠償事件に精通する弁護士が、基本的な考え方を、必読文献の読み方の解説とともに、丁寧に説明する。A5判　予価2800円【2019年3月刊行予定】

==《以降、続刊予定》==

- ■倒産処理のチェックポイント　　　　　髙中正彦＝安藤知史　編著
- ■離婚のチェックポイント　　　　　　　髙中正彦＝岸本史子　編著
- ■不動産賃貸借のチェックポイント　　　市川　充＝吉川　愛　編著
- ■労働のチェックポイント　　　　　　　市川　充＝加戸茂樹　編著
- ■交渉・和解技能　　　　　　　　　　　髙中正彦＝市川　充　編著
- ■文書作成・尋問技術　　　　　　　　　髙中正彦＝市川　充　編著
- ■事務所経営　　　　　　　　　　　　　髙中正彦＝市川　充　編著

※表示価格（税別）は2019年2月現在のものです。